首丘の人

大西郷

平泉澄

錦正社

西郷隆盛の肖像（西郷家蔵）

西郷隆盛のたしかな寫眞は殘つてゐない。この肖像画は、明治十六年、イタリア人技師キヨソネ(Edoardo Chiossone)がコンテやクレヨンで描いた素描である。大西郷の面影を最もよく伝へたものと言はれてゐる。

猶ふかくれ思ひしるかたなうて
おもひ焦るゝ思ふとくつらさしるらむ

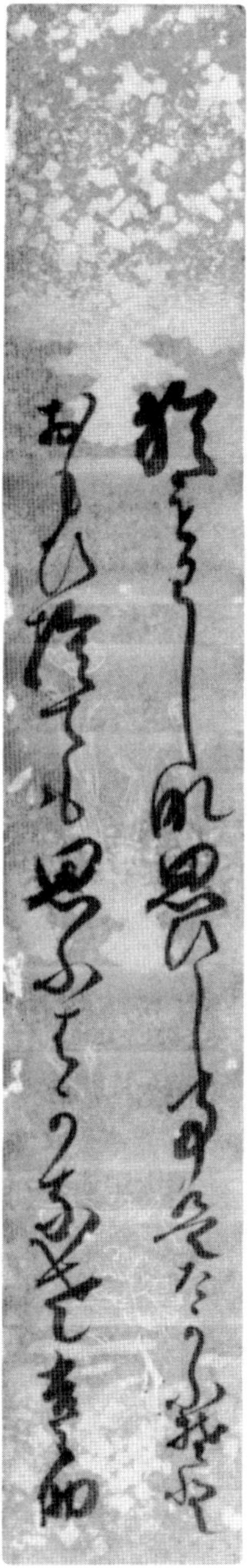

大西郷自筆の短冊（著者蔵）

おもわしな　思ひし事は　たかふそと
おもひ捨ても　思ふはかなさ　吉之助

縦　三六・四糎　横　六・〇糎

首丘の人　大西郷――目次

再刊の序

平泉隆房

本書は祖父平泉澄の遺稿である。執筆に至つた動機は、「あとがき」で私の父洸が述べてゐるやうに、自伝ともいふべき『悲劇縦走』（皇學館大学出版部、昭和五十五年刊）を書き上げ、いよいよ長年の懸案だつた大西郷についてまとめようと思ひ立つたことによる。昭和五十六年三月号の雑誌『日本』に掲載されたのが初回であるから、前年には書き始めてゐたに相違ない。祖父は既に八十五歳を超えてゐた。

祖父自ら最終章（本書三五四頁）に記したやうに、正編わづか三回に対して、続編が四十一回に及び、紆余曲折があるのは、「前途の予想が立てられない為に、どこで打切となつてもよいやうに」といふ配慮からであつた。予想が立てられないといふのは、体調を懸念してのことである。その最終章が書き上がつたのは、昭和五十七年六月十一日のことといふ（本書三六五頁）。私の記憶では、祖父が体力の不安を口にするやうになつたのは昭和五十七年に入つてからであるが、自身は、それ以前から体の衰へを自覚してゐたに違ひない。

私の手許に「洸に期待して」と題する祖父のノートがある。祖父最晩年のものであることが筆致よりわかり、そこには、自分の歿後、時には私の父洸が雑誌『日本』に寄稿することを期待して、父にふさはしいタイトルやおおまかな筋書きをメモしてゐる。そこに「昭和五十九年十月までは首丘の人」といふ記述があり、ノートのこの記事が書かれた正確な年月はわからないものの、その時点では、昭和五十九年十月号分までの原稿が完成してをり、そこで擱筆とする判断があつたことは明らかである。「どこで打切となつてもよい」ことを想定しての執筆であつたことは確かである。

昭和五十八年頃、祖父が私に、連載中の原稿のごく一部について簡単に話したことがある。それは、井伊直弼の願文に関することで、今から思へば、「続の二十五　井伊の願文」の内容についてであつた。祖父が昭和三十三年、京都の古書肆で一見した、嘉永六年（一八五三）八月二十五日付で、直弼が自身の祖神に宛てた願文について種々考察を加へ、井伊直弼のために弁護した明治大正期の研究者も知らなかつた史実を導き出してゐる。三十年以上前に実見し手帳に書きとめた史料を活用してゐることは、生涯現役であつた祖父の、歴史学者としての一面を雄弁に物語るものだと思ふ。

昭和五十七年夏頃より体調すぐれず、しかも養生中の九月に祖母が急逝した。「続の十九　高潔の心事」の「附記」末尾に「昭和五十七年十月一日喪中執筆」と見えてゐる。これは附記を記した日付であつて、本論の執筆時期は「昭和五十六年八月五日」と明記されてゐる。祖母の歿後、やや経つてから健康状態は奇跡的に快復した。思ひがけない事態に、病どころではないとして精神力が体力を引き上げたのであらう。

祖父は、その翌々年昭和五十九年二月十八日、数への九十歳で帰幽した。その後も、『日本』巻頭には「首丘の人」が掲載されつづけた。昭和六十年正月号を手にして、それが最終回であることを知つたその瞬間、私は神葬祭とはまた別の意味で、改めて祖父が逝つたことを強く実感したのである。高弟の方々をはじめ祖父を知る多くの人々も、同じ気持ちだつたのではなからうか。

今回、本書が錦正社より再刊されることになつたのは、ひとへに印藤弥寿男様の強い熱誠とご支援によるものである。深く感謝してやまない。本書によつて、大西郷の豪快にして温かく、質素な暮らしを好んだその無私無欲の人となりを、改めて多くの人に知つていただきたい。時代が生んだこの英雄の精神が、本書を通じて永遠に顕彰されることを願つてやまず、それは私だけでなく、白山麓に鎮まる祖父の御霊の願ふところと信ずる。

平成二十八年八月

首丘の人 大西郷

首《しゅ》丘《きゅう》の人（上）

物理学の先達中村清二先生は、奇縁に導かれて『芭蕉の俤』を一読せられ、「老齢でも達者でさへあれば、此様な面白い事にあふものだと自祝しました」と、懇切なお手紙を寄せて下さつたが、『日本』昨年（昭和五十五年）十一月号及び十二月号に載せた「昔の人」も、いくつかの反響を呼んで、私をして故人に再会するが如き喜びを感ぜしめてくれた。その一つは、東京は本郷曙町の印判屋愛信堂である。昭和二十年四月の戦災を境として、相互連絡を絶つ事三十数年、想出は夢のやうになつて来た時、「昔の人」を読んだ同学K氏、寸暇を以て捜索に行き、そして奇縁に導かれて全然別の場所、本駒込に於いて偶然発見して連絡してくれられた。主人岩井氏八十歳、記憶正確にして情緒優雅、曙町の住人として藤島武二画伯と平泉とを語り、そして其の二人との交際を語るに、必ず愛信堂の番地を起点として、「私の元の家は曙町の一番地、平泉家は十二番地、藤島先生は何番地、藤島先生にも親切にしていただいて、御描《か》きになつた画を頂戴した事がある」といふ調子であつたと云ふ。「私の家は一番地」、之を起点として想起する所が面白い。是れだけでも論文が一篇書けるであらう。藤島先生のやうな大家巨匠と此の印判屋との交游も珍しく、まことにゆかしい話である。私は先生には一度お目にかかつた事があるだけであるが、それはある時郵便局へ行くと、品の良い和服姿、豊な老紳士、窓口で困つて居られる。聞くとも無しに聞くと、紳士の出される郵便物、料金不足、然し金は持つて来られないと云ふ事であつた。私が横から口を出して、「失礼ですが、不足分、私に出させていただきます」。埒《らち》は明いた。紳士は礼を述べて、「私は藤島武二です」と名乗られた。あとで美しい林檎をお盆に盛《も》つて、女中さんが届けてくれた。「どうぞ少しお遊びにおいで下さい」といふ口上であつた。

話変つて石川県の近衛兵竹腰実氏、粟津での講演に私を迎へに来てくれられ、そして翌日の送りは別の人の仕事に宛ててあつたのに、それを拒否して譲らず、徹頭徹尾自分の責任として、自分で送つてくれ、私を驚かせてくれた事は、前に述べた。その「季札《きさつ》の劒」も目ざましいが、今一つ重大なるは「首丘《しゅきゅう》」の志である。

私の家は平泉寺に在る。平泉寺と粟津とは、大日岳《だいにちがだけ》を中心とする高山峻峯の一群を中にして、表裏隔絶してゐる。行きには丸岡廻りで山麓を迂回した。帰りは竹腰氏、手取川沿ひに白峯へ登り、谷峠へ出る道を選んだ。その道、手取の峡谷から白峯へ出る少し手前に、桑島村がある。それが竹腰氏の故郷である。故郷といふのも落着かぬ言ひ方であるが、此の村、ダムの建設によつて、湖底に没する事となり、村は移転のやむなき時を迎へてゐた。村は二百三十戸、先祖代々安住の地を去るのであるから、利害さまざま、思慮まちまちである。

平泉寺は雪の深い所である。高さは、それほど高くないのに、雪は案外に深い。福井で積雪五寸と仮定すれば、小舟《こぶなと》渡を渡つては勝山一帯二尺はあらう。勝山二尺とすれば、平泉寺では三尺を越えるであらう。平泉寺の村が三尺積る時、大鳥居から上、白山社の境内は四尺を越えるにきまつた。今年の冬は意外の大雪で、大正六年以来、六十三年ぶりの積雪に、人々は悩んでゐる。正月を迎へる準備もそこそこにして屋根の雪おろしに精を出さねばならぬ。初詣にも、講義始にも、差支が多い。一メートルを越える積雪では、ブルトーザが通れなくなる。此の稿、筆を執つてゐる正月五日、うちの屋敷内、二米を越えて、三米に近い（脱稿した十五日、雪は四米であつた）。平泉寺で三米に近い時、谷峠を越えて白峯村では三米を越えてゐるに違ない。桑島村は、白峯村より手取川沿ひに下る事、約一里（四キロ）である。従つて雪は稍少なくなるであらうが、たとへ積雪は平泉寺と甲乙なしとしても、その地、左右に屏風をめぐらした如く山々迫り、谷は狭く西向きに開いてゐるので、日当りがわるい。いかにも暗く、ジメジメした感じであつた。その村二百三十戸、今や湖底に沈むので移転しなければならぬ。「何処へ移転するのですか」とたづねると、竹腰氏は答へた。これは大変むつかしい問題であるが、先祖代々の隣組であるから、四分五裂せずに、なるべくまとまつた行動をとりたいと云ふのが、区長たる自分の願であつて、分散も多いが、此の谷に残り、湖面より高い地を選んで移る者も数十戸あるだらう、その世話をするのが、自分の責任である。話を聞いてゐるうちに、車は桑島を過ぎて白峯へ出た。ここは雪の深い所ではあるが、空が開いて気持は明るい。更に進んで谷峠にかかると、南の斜面で、日の光サンサンと照り、草木皆喜色を湛《たた》へてゐる。私は云つた。「ここは日当りが良いですね、どうせ移られるのであれば、ここまで移られては、どうですか」。途端に竹腰氏は答へた。「良い所があれば、何処へでも移るといふものではありませぬ。私共の考へてゐるのは、先祖の事です。桑島の地、暗くて、寒くて、雪は深いですが、先祖代々此処に生き、此処に骨を埋めて来たのですから、今日やむを得ずして移転するにしても、先祖ゆかりの地を選びたいのです」。

私は驚嘆した。竹腰実氏、古人忠愛篤実の気象を伝承して、操持堅固、あつぱれの義人である。その深く蔵し、固く守る所を、察知せずして、世上一般の雑談をした自らを、深く慚愧した。斯《こ》の人、これ首丘《しゅきゅう》の士である。

右の問答は、昭和四十九年の七月の事、その後相見る機会なくして、昨年春遂に亡くなられた由、風のたよりに聞いたが、その移転先は、その志向した通り、同じ桑島地籍の、湖面より高い山を削つた丘地で、そこに踏留まるもの六十戸であると云ふ。

先きに竹腰氏の言行、季札の劒を連想せしめると云つたのは、一たび約諾する所、死生を貫いて必ず之を実行する気象の為であるが、今はまた斯《こ》の人を讃へて首丘の士と評したに就いては、少しく解説しなければならぬ。首丘の出典としては、礼記《らいき》と楚辞《そじ》とがあげられる。楚辞には、「鳥飛んで故郷に反《かへ》り、狐死するや必ず首丘」とあり、礼記の檀弓《だんぐう》には、「古の人言へるあり、曰く、狐死するとき正しく丘首す」とあり、その註に、「死に及んで猶その首を正して以て丘に向ふは、その本を忘れざる也」とある。丘は狐の棲息してゐた所、元のすみか、古巣である。死に臨んで故郷を忘れず、元の丘の方へ首を向けて死ぬのが、狐のならはしであるとして、一生涯故郷を忘れず、父母を思ひ、祖先を思ふ徳義操持を讃へたのである。

よく云はれる事であるが、鮭の特性、その産卵の川を下つて大洋に出で、大海原を周游する事三年、成長の後、ふたたび元生れた川を溯つて産卵すると云ふ。これが即ち首丘であつて、狐の事はいざ知らず、むしろ鮭に於いて此の性質顕著である。

また先きに『悲劇縦走』（五五四頁）に於いて述べたところであるが、ヴェルダンの激戦地を見舞つたフランスのペタン元帥、両足を粉砕せられて瀕死の少年兵、助かる見込は無いと軍医の云ふを聞いて、少年兵に近より、「友よ、何か希望は無いか、何でもして上げたいが」とたづねた時、少年は答へた。「母に会ひたい」。「分つた。すぐ会はせて上げよう」。元帥は直ぐに命令した。「母を呼べ。母の為にすべての関門を開き、全速力で来られるやう手配せよ」。これが首丘である。

首丘の人、之を国史の中に尋ねて見るに、顕著なる例、数多い中に、ここに其の一、二を挙げよう。第一に菅公である。菅原道真、無実の罪によつて右大臣の栄官を剝奪せられ、遠く九州の大宰府に流される。大宰権帥に貶《へん》せられたといふは、単に名目の上の事であつて、実際は重き罪人として僻地に拘置幽囚せられたのである。

海ならず　たたへる水の　底までも
　きよきこころは　月ぞ照らさむ

菅公は身の潔白、心の忠誠、必ずや神明の洞察し加護し給ふ所であらうと、確信し期待せられたが、たたへる水の層は厚く、且つ濁つて、月光は水底に到る事、あまりに遅かつた。

こち吹かば　にほひおこせよ　梅の花
　あるじなしとて　春なわすれそ

これ既に首丘の歌である。更に

去年の今夜、清涼に侍《じ》し、
秋思の詩篇、独り腸を断つ、
恩賜の御衣、今此《ここ》に在り、
捧持して毎日、余香を拝す、

に至つては、いよいよ首丘の操持、堅固なりと云はねばならぬ。

次には源義経を挙げよう。源氏の旗上げは治承四年であるが、堅固なる地盤固めを考へてゐる頼朝の動き、はかどらないうちに、義仲の進撃によつて平家の都落となり、関東の頼朝、京都の義仲、西国の平家、三つの勢力鼎立の形勢となつた。頼朝は自らは動かず、弟の範頼《のりより》と義経とを遣して先づ義仲を討たしめた。主力は大手範頼にある筈であるが、戦略の絶妙なる、先づ勝機をつかむのは、搦手《からめて》の義経である。義経は宇治の戦に勝つて京に入り、義仲は敗死する。次には平家との戦、一の谷に勝ち、屋島に勝ち、遂に壇の浦に於いて平家を全滅せしめた。義経は見事にその責任を果した。しかるに其の功労に対して兄頼朝より与へられたものは、感謝で無く、賞讃で無くして、嫉妬であり、憎悪であつた。勇敢の気、戦術の妙、朝野の声望、それが面白くないといふのである。凱旋将軍として帰つて来た義経は、鎌倉に入る事を許されずして、腰越から追ひかへされた。止むを得ずして京都へ帰れば、やがて鎌倉より派遣せられて義経に迫る者は、討手の土佐房昌俊である。義経は昌俊を斬つて一応難をのがれたが、京に安んぜずして、西国に赴かうとした。然し大物浦の船出、不幸にして暴風に遭ひ、計画遂にやぶれて、進退窮するに至つた。

窮地に陥つた義経は、何処へ行つたか。大和である。大和は吉野山、ついで多武峰である。大和は義経にとつて第一の故郷と云つてよい。その平治元年出生の地は京都であるが、その年のくれ、いはゆる平治の乱に、父義朝は敗死し、母の常磐御前は、今若、乙若、牛若、三人の子供を引連れ、縁故をたよつて、大和にかくれた。腰越状《こしごえじやう》にいふ、

「義経、身体髪膚を父母に受け、いくばくの時節を経ざるに、故頭殿《かうのとの》（左馬頭義朝）御他界の間、無実之子《みなしご》と成りて、母の懐中《ふところ》に抱かれ、大和の国宇多の郡龍門の牧《まき》に赴きしより以来《このかた》、一日片時も安堵の思に住せず」

涙無くして読めない文章、古来少年の教科書として一般に愛誦せられた名文である。義経が進退に窮した時、先づ入つたのは、母のふところに抱かれた想出の地大和であつた。

然しその大和にかくれても、常に検察の手が迫つて来て安住し得ず、次に志したのは、奥州の平泉、十六歳の時より数年の間、あたたかく愛護して貰つた藤原秀衡《ひでひら》の許《もと》であつた。即ち義経も亦首丘の人であつたと云つてよい。

首丘といふ言葉、死地に臨んだ時に用ゐられるので、義経の運命窮まつた際の行先、先づ母のふところに抱かれた想出の大和の国が選ばれ、その大和を離れねばならなくなつた時、弱冠の数年愛

育して貰つた馴染《なじみ》の地として奥州平泉が指向せられた事を述べたのであるが、木曾義仲の軍に打勝つて京に入つた得意の日にも、自由の時間を得ては先づ鞍馬へ参り、旧師を尋ねて参籠し、よもすがら懐旧談に興じたと平家物語に見えてゐる。所詮義経といふ人、昔忘れぬ情誼濃《こまや》かにして人なつかしい性質であつたにちがひない。

首丘《しゆきう》の人（中）

首丘の人は、昔を忘れず、恩を受けては必ず報謝せむとする、人なつかしい性質に違ない。果してその様な性質であれば、必ずや他の人々もその真情に触れて感激し、敬愛思慕してやまないであらう。即ち首丘の人の周囲には、自然に其の徳操を慕つて随従する一団が生ずるであらう。

その適例は義経である。義経の周囲には、義経を敬愛して止まず、義経を守る為には、一命を棄てて惜しまざる勇士が集まつてゐた。屋島の戦、能登守教経の強弓の前に立ちふさがり、義経の身代りとなつて戦死するは、奥州より随従したる佐藤三郎兵衛継信である。義経その手を取つて、「義経はここにあるぞ、一所にてとこそ契りたりしに、汝を先《さき》に立てつるこそ口惜しけれ」と歎き、愛馬を布施にして近所の僧に供養を頼む事、ねんごろを極めた。「是を見聞ける兵《つはもの》共、皆涙を流して、此の殿の為には、命を捨つる事、惜しからず」と云つたとは、平家物語の伝ふる所である。

義経の末路、頼朝の勢威四海を圧する時、之に逆行する義経は身の置き所も無いのに、随従の人人は離散しない。吉野山に於いて危難に遭遇すれば、主人に代つて敵を防ぐのは、継信の弟四郎兵衛忠信である。山伏姿になつて北国に落ちる時にすら、猶離れないのは武蔵房辨慶であり、常陸房、伊勢三郎、片岡八郎、鷲尾十郎、亀井六郎等であり、それらの人々は、文治五年の閏四月三十日、義経三十一歳にして自害するまで、随従して運命を共にした。

時に古今の相違があり、事に大小の差異はあるものの、義経の末路に甚だ類似するは、西郷隆盛である。安政五年六月十九日、日米修好通商条約は、我国代表井上清直・岩瀬忠震と、米国代表ハリスとによつて調印せられた。勅許を得ずして調印したと云ふので、幕府の専決を糾弾する声は果然激烈となり、志士奮起の様相顕著になつたが、その機先を制して幕府の弾圧は敏活にして苛酷を極めた。老中間部下総守は、調印後七日にして入京し、所司代酒井若狭守は其の日江戸を出発し、急行して九月三日京都に入る。間も無く九月七日の夜、梅田雲濱を捕縛する。次に危いのは清水寺成就院の月照である。近衛家では、月照を奈良に潜行させようとして、途中の護衛を西郷に依頼せられた。西郷は月照に附添つて奈良へ行かうとしたが、幕吏の警戒厳重であつて、到底無事に行けさうには無い。止むを得ず、計画を一変して月照を先づ福岡へあづけ、そこから薩摩へ迎へる事とし、それを有村（海江田）に託して、結局西郷は一足先きに鹿児島へ着いて工作を試みたが、頼みにしてゐた藩主島津齊彬急死して後は、西郷も「船を失つてただ孤島にたたずむ」身の上となり、月照が来れば「日向送り」と称して追出し、国境で斬捨てようとする藩の意向を動かす事が出来ない。当惑してゐるところへ、平野國臣と共に月照がやつて来た。西郷は進退に窮して月照と相約し、十一月十五日夜、月見と称して一葉の小舟を海上に浮べ、やがて二人相擁して水中に没した。暫くして救ひ上げられた時、月照は既に死んで居り、西郷は手当を受けて蘇生した。蘇生したのは西郷としては案外であつて、本人の意向としては、中央に窮して郷里に帰り、郷里に窮して友の死に殉じようとしたのであつて、之を第一回の首丘とする。

それより十五年たつて明治六年十月、西郷は維新の勲功を以て政府の中枢に在り、筆頭参議であり、陸軍大将であり、近衛都督であつた。然るに十月十四日、対韓問題破裂して、西郷は辞表をたてまつり、ひとり瓢然として小舟に乗り釣りを垂れ、数日後には東京を去つて郷里へ帰つた。

いはゆる西南の役、西郷の兵をあぐるは、明治十年二月である。辞職して帰郷した明治六年の十月よりここに至るまで、その間三年三箇月である。西郷にして若し武力を以て中央と争はうと欲するならば、此の三年有余の間に、進んで為すべき事があつた筈である。然るに西郷は、七年の春佐賀の乱も、九年の秋熊本、秋月、萩の乱も、すべて傍観して、毫も之を利用し、協力する態度を示さなかつた。その点から観れば、西郷に積極的叛意があつたとは思はれない。且つまた十年二月出動以後の動きを観るに、西郷自ら戦略を定め、自ら兵を指揮したとは考へられない。すべてを綜合して考へる時は、西郷を敬慕する者余りに多く、その敬慕する態度余りに熱烈であつて、それが中央政府当局の困惑し猜疑する所となり、排除弾圧に出ようとして私学校の憤激を誘発し、遂に西郷をして、一身を犠牲にして「若殿原に報いよう」と決意せしめたのであらう。その立場、頗る義経に似てゐるが、更に注意すべきは、その末路だ。

延岡奪取の計画不成功となるや、西郷は陸軍大将の軍服を焼き、傷病兵を病院に収容して危険より脱せしめ、残余の兵をまとめて可愛《えの》嶽《だけ》の嶮を越え、山頂を占拠せる官軍の虚を衝いて之を四散せしめ、遂に重囲を脱出して三田井・米良《めら》を通り、九月一日鹿児島に帰り、城山に拠つた。鹿児島に帰らうとする案は、西郷の意志に出で、その作戦は、西郷の指揮に待つた事、明瞭である。即ちその退却は、死所を故郷に求めんが為であつて、つまるところ首丘の志に出たのである。

西郷は英雄にして仁人であり、そして詩人であつた。明治の大官、詩を残す人すくなく無いが、漢字を並べ、平仄《ひやうそく》を合せて誤なければ詩人と云へるかと云ふに、さうでは無い。その心に詩が無ければならないのだ。西郷の如きは、その人物、その行動、すべてが詩だ。

その西郷の詩、朗々誦すべく、愛誦して心を養ふべきもの尠《すく》なからぬ中に、左の一首も亦西郷の作として伝はつてゐる。

　百戦功無し半歳の間、
　首邱幸に家山に返るを得たり、
　笑ふ儂《わ》が死に向つて仙客の如く、
　尽日洞中《じんじつどうちゆう》に棋響《ききやう》閑《しづか》なるを、

果して是れが西郷の作であつたならば、その人首丘の志であつた事は、明確となる。然し此の詩は、西郷自筆のもの、見た事が無く、たとへ西郷の作として掲げてゐる書物があるにしても、当時の状況を想察し、詩句の感覚を吟味すれば、西郷自ら己《おのれ》の心境を歌つたものでは無くして、英雄の末路に深く同情した詞客文人が、仮託して作つたものであらうと思はれる。それならばそれで意味がある。即ち西郷を以て、首丘の人であると見る私の説には、同感する先駈者、明治時代すでに存したといふ証拠になるからである。

西郷自決の時、年は五十一歳。随従して死を共にするもの、桐野利秋、村田新八、池上四郎、別府晋介、邊見十郎太を始め、百五十七名であつたといふ。義経の左右に随従した者は、主人を敬慕して止まず、将来の見込も無くなつた北国落ちにさへ、前後に附添つて之を護り、離脱する者が無かつたが、西郷に於いても同様であり、数より云へば之に十倍し数十倍したと云つてよい。

義経は稀代の名将であつて、戦術の妙、人の意表にいで、世の驚嘆する所であつた。然し義経には、兄の頼朝に代つて天下兵馬の権を我手に収めようとする野心、微塵も無かつた。その目的とするところは、腰越状に於いて自ら告白する如く、「本意、しかしながら亡魂の憤を休め奉り、年来の宿望を遂げんと欲するの外、他事なし」、父義朝の敵《かたき》を打つて、その恨《うらみ》をはらしたいと云ふに在り、つまる所は親を慕ふ孝子の情より出てゐるのである。

同様に西郷にも、謀叛の志は微塵も無かつた。西郷の志を、最もよく表明したものは、沖永良部《おきのえらぶ》島《しま》に流されてゐた間（文久二年の秋より元治元年の二月まで、年齢は三十六歳より三十八歳に至る）に作られた左の詩である。

獄中感有り

朝《あした》に恩遇を蒙り、夕《ゆふべ》に焚坑《ふんかう》せらる、
人世の浮沈、晦明《くわいめい》に似たり、
縦《たと》ひ光を回《めぐ》らさざるも、葵《あふひ》は日に向ひ、

若《も》し運を開くこと無くとも、意は誠を推す、
洛陽の知己、皆鬼《き》となり、
南嶼《なんしょ》の俘《ふ》囚《しう》、ひとり生《せい》をぬすむ、
生死、何ぞ疑はむ、天の附与《ふよ》なるを、
願はくは魂魄を留めて、皇城を護らむ、

西郷の詩として伝へられるもの百三十数首、その中に於いて最も重要なるものとして、私は此の詩をあげたい。その一生の間、厄難多く、島流しにあふ事も前後三回に及んだが、運命の浮沈いかにあらうとも、皇城を仰ぐ忠誠の一念は変るものでは無い。斯《こ》の人に叛意があり、この人が謀叛人《むほんにん》にならうとは、考へられる事では無い。外形から見て、そのやうな観を呈するに至つたのは、それは悲しい成行であり、不幸なる運命であつて、西郷の本意では無い。

義経と西郷と、此の両人《ふたり》を救ふ道があつたであらうか。一つある。両人とも、それを知つてゐた。義経の場合には、父の左馬頭《さまのかみ》義朝が出て来て、兄頼朝との間を和解させてくれる事だ。腰越状の中に、義経は此の事に言及して、「故《こ》亡父の尊霊、再誕し給はずんば、誰人《たれひと》か愚意の悲歎を申し披《ひら》き、何《いづれ》の輩《ともがら》か哀憐を垂れむや」と歎いてゐる。

西郷の不幸を救ふ為には、西郷の心服し尊敬する人物で、同時に三條や岩倉、木戸や大久保の、誰よりも識見の高邁な指導者一人を必要とする。そのやうな人物があつたか。あつたのだ。橋本景岳が其の人だ。西郷は此の人に心服し、二十年も前に貰つた其の人の手紙を、二十年後の戦乱の間

にも、手持の鞄に入れて携帯し、可愛嶽《えのだけ》突破の際にも、城山最期の悲境にも、之を手離さなかつた。橋本は安政の昔に於いて、そのすぐれたる洋学の智識と、天才的睿智とを以て、世界の現勢を洞察して、日本国の外交方針を確立し、その実施の前提として、具体的に国内改革、国家総動員の案を立てた。岩倉や木戸、大久保の如く、明治五年、六年、初めて欧米を視て段々考へるに至つた政治家とは、選を殊《こと》にするものと云つてよい。橋本にして明治の盛世にあひ、要地に在つたならば、諸豪を融和せしめて、政府の意見をまとめる事、可能であつたらう。

若し義朝にして生存し、義経を救ひ得たならば、源氏の将軍三代を以て終り、北条氏の陰謀を成功せしめる事は無かつたであらう。また若し橋本景岳にして、安政六年の大獄に井伊の暴圧をのがれて、明治の御代まで生きながらへてゐたとすれば、此の人、年は若い、明治六年には四十歳、十年には四十四歳である。対韓問題による政府重臣の分裂も、西南戦役による双方合せて三万数千の戦死も、斯の人によつて救ひ得て、明治聖世の光輝は、更にその輝きを増したであらう。

首《しゅ》丘《きゅう》の人（下）

此の小文、三十数年の昔馴染、本郷曙町の印判屋愛信堂主人岩井氏の想出が端緒となつた。親切にも私に代つて、その愛信堂今はどうなつてゐるのか捜してくれた同学K氏、不思議なめぐり逢ひで、戦後移転して別の所に居るのを、偶然発見して知らせてくれた。主人岩井氏八十歳、記憶は実に正確で、昔の曙町の様子、地図をひろげたやうに説明する。「私の家は曙町の一番地、平泉家は十二番地」、ついで藤島武二画伯の想出を語るに、「私の家は曙町の一番地、藤島先生は何番地」といふ。すべての出発点、「私の家は曙町の一番地」である。是れが愛信堂主人の特徴であつて、聞いてまことに楽しい。昔ギリシヤの哲人は、「我に立脚地を与へよ」と叫び、ドイツではトレルチが之をうけて、「我が思ひなやんで追求する所も、それ以外には無い」と云つたとは、曾てベルリンで、マイネッケ先生から教へられた所であるが、今見る愛信堂主人は、しつかりと曙町一番地に立脚し、それを基準として発想する。

今一つ連想するのは、平田篤胤の歌である。四十余年前に読んだのみで、その本焼失、今は座右に無く、字句に多少記憶ちがひの不安はあるが、平田篤胤の歌に、

人はよし　唐《から》につくとも　我が杖は
　やまと島根に　立てむとぞ思ふ
とあつて、その立脚地を堂々と明確に宣言してゐるのは、いかにも豪快で、大丈夫の風格である。ところが今、愛信堂主人は、大和島根のうち、特に曙町一番地に杖を立てて、それを出発点とする。まことに面白く、楽しい友である。
さても前回は、愛信堂に引かれて、義経と西郷とに就いて少しく評論したが、「愛する人」は、同時に「愛せられる人」である。愛する心の無い者が、他から愛して貰はうと云ふは、そもそも無理な話だ。父母を慕ふ義経は、勇気も抜群であつたが、愛情も濃《こま》やかであつた。その寵愛を受けた静御前は、義経に報いるに、また濃かなる愛情を以てし、頼朝の威勢に屈する事なく、
　吉野山　峯の白雪　ふみわけて
　　入りにし人の　あとぞ恋しき
しづやしづ　しづのをだまき　くりかへし
　昔を今に　なすよしもがな
と歌つた。
北国落ちが無事に成功したのは、山伏姿に変装の巧妙、辨慶の気転など、色々考へられるが、全体としては世間の同情がその主因であらう。義経に同情し、出来れば之をかくまつてあげたいと思ふ人は、あちこちにあつた。愚管抄には、叡山无《む》動寺《どうじ》の財修房が、暫らくかくまつてゐたと云ふ噂

のあつた事が見えてゐるが、義経記《ぎけいき》には、越前の平泉寺《へいせんじ》へ参詣したところ、衆徒は一応の審査を試みた後、種々の菓子を盛《も》り、瓶子《へいじ》（銚子《てうし》、つまり徳利）を添へてもてなし、一行の労を慰めたとある。その文の初めに、「いざや横道《わうだう》なれども当国に聞《きこ》えたる平泉寺を拝《をが》まん」とあるのは、平泉寺が「北国街道からは、横へはづれてはゐるけれども」といふ意味であるが、北国では平泉寺、出羽では羽黒山、是れが山伏最大の拠点であつて、一行が山伏姿を借りた以上、必ずここへ参らねばならず、参らずに素通りすれば、偽物《にせもの》と怪しまれたであらう。理窟から考へて平泉寺へ参つた事、間違ないと思はれるが、此処には伝説が数多く残つてゐる。即ち中世の古図には、判官釜があり、古図には無いが、辨慶岩、辨慶の足跡など、口碑に残り、絵馬には寛永十一年に描かれたる五条橋牛若丸と辨慶立会の大額や、文政十一年と思はれる屋島合戦弓流しの額もあつて、義経の人望、中世にも近世にも盛であつた事を証明してゐる。

何分にも義経は、朝廷の御覚えも目出度《めでたく》、関白兼實の日記にも賞讃せられてゐるのであり、之に反して義経を讒《ざん》したといふ梶原は、幕府重臣の間でも憎まれて、頼朝の死後間もなく、千葉、三浦、畠山、小山、足立、和田等のお歴々六十六人連署しての排斥を受け、鎌倉にも郷里にも安堵《あんど》し得ずして出奔し、そして一家全滅して了つたのであつた。これも義経に対する同情を、裏から証明するものと云つてよい。

「判官贔負《ひいき》」といふ言葉、是れが何時《いつ》の間《ま》にか出来てゐるのは、義経の人柄に感動し、その悲運に同情するのが世間一般の風潮であつた事を示すものであるが、西郷に対する人望も之に劣らぬ。

両人《ふたり》に共通なるは、勇敢にして恐れを知らぬに拘らず、涙もろいやさしさがあつて、決して弱い者いぢめをしない点である。江戸城明渡しの際の、勝安房との応対を見るが良い。荘内藩主酒井氏降服の受理を見るが良い。西郷は決して威丈高《ゐたけだか》に対手《あひて》を見下《みくだ》してはゐない。それどころか、傍《はた》で見てゐると、降参したのは、酒井か、西郷か、分らない程に、西郷は頭を低く下げて、丁寧懇切であつたといふ。それ故に荘内藩士は、西郷を徳とし、その徳を慕つて西郷の教を受け、西南の役起るや従軍して西郷の死に殉ずる者さへ出た。薩軍の死傷二万余人、そのうち薩摩・大隅の人は八千余人であつたといふ。して見れば半数以上は薩藩以外の人であり、そして其の中には、曾て西郷の征討を受けたる荘内藩の子弟榊原政治（十八歳）や伴兼之（二十歳）などが入つてゐたといふのであるから、西郷の大いなる包容力、人情のあたたかさ、想ひやられるであらう。

義経にしても、また西郷にしても、その抜群の雄偉英傑の素質と、その人なつかしくあたたかい温情とが、之に接する人々の尊敬と思慕とを集めた事は顕著であるが、然しそれは不幸悲運の原因にはなつたものの、それは決して本人の罪では無い。頼朝に執念深い嫉妬心さへ無ければ、義経は平家追討の後、しづかに余生を平泉に送つたであらうし、岩倉や大久保が今一段大人物であつて、殊に人情に厚かつたならば、対韓問題も相互融和して、西郷を廟堂に留める事も出来たであらうし、たとへ引留め得なかつたにしても、西郷は山野に犬を牽《ひ》き、海上に舟を浮べて、狩猟と釣魚《てう》を楽しんだであらう。

名声と権力、豪邸と驕奢、それらを浮雲と観じて少しも執着《しふぢやく》する所の無い人々にとつては、栄位高官より離れて故郷に帰り、少年の昔の楽を再びする事は、楽しみでこそあれ、苦痛である筈が無い。達人帰郷のかかる楽を讃美したもの、陶淵明には「帰去来の辞」があり、韓退之には「楊少尹を送る序」がある。「帰去来の辞」はあまりにも有名であつて誰知らぬ人も無く、殊に私は三十年前『芭蕉の俤』に於いて詳説したので、今は省略しよう。「楊少尹を送る序」も、文章軌範や唐宋八家文に収められて、明治までは一般にひろく読まれたものであるが、今は殆んど顧みられないやうである。韓退之は、此の文に於いて、先づ漢の名臣疎廣《そくわう》及びその甥疎《そ》受《じゅ》の事蹟をかかげ、此の二人は漢の宣帝の時、そろつて皇太子附の栄誉ある官職に就いてゐたが、やがて栄位高官は長く独占すべきでないとして、在職五年の後、アッサリと辞職し、郷里に帰つたので、人々は盛大なる送別会を催し、出発に当つては、見送りの車、数百両に及び、涙して名残を惜しみ、その賢明を讃へた事、漢書に見えてゐるが、今や教育の統裁に当つてゐた楊巨源先生は、年齢七十歳になつたからと云つて、辞職して郷里に帰られるのである。自分も亦、官吏の末端に列してゐるのであるから、当然之を見送るべきであつたが、病気の為に出られなかつたので、見送りの車馬、どれ程多かつたか、人々いかに其の賢明を讃へて歎息したか、史家之を歴史に伝へようとしてゐるか、どうか、知る所が無い。只耳にしたのは、宰相の中に此の人を惜しみ、推挙して都《と》の副長官に任命して、今後も俸禄を給して優遇する事としたといふ云々と述べた後に、

「中世の士大夫は、官を以て家となし、やめらるれば則ち帰るに所無し。楊侯《やうこう》の始めて冠《くわん》するや、其の郷《きやう》に挙《あ》げられ、鹿鳴《ろくめい》を歌ひて来れり。今の帰るや、其の樹を指していはん、某《ぼう》の樹は、

吾が先人の植ゑし所なり、某の水、某の丘は、吾が童子たりし時、釣遊《てういう》せし所なりと。郷人《きやうじん》、敬《けい》を加へざるなく、子孫を誡しめ、楊侯の其の郷を去らざるを以て法となさん。古《いにしへ》のいはゆる郷先生の、没《ぼつ》して社《しや》に祭るべき者は、それ斯《こ》の人にあるか、それ斯の人にあるか」として、其の文を結んだ。即ち楊巨源が中央に用ゐられて高官となつても、郷里の家屋敷を残し、郷里の人々との交際を続けて置いたので、今や七十歳の老人となつて辞職しても、帰るべき家屋敷はあつて、なつかしい姿を留めて居り、郷里の人々は皆待ちうけて尊敬してくれる、是れが理想的な生活様式である、といふのである。

この文、はやく古文関鍵等に収められ、古来名文として讃へられてゐるが、之を読む時、私の連想するのは、文部省唱歌の「故郷」である。

㈠ 兎追ひし　かの山、
小鮒釣りしかの川、
夢は今もめぐりて、
忘れがたき故郷。

㈡ 如何にいます父母、
恙《つつが》なしや　友がき、
雨に風につけても、
思ひいづる故郷。

㈢　こころざしをはたして、
　　いつの日にか帰らん、
　　　山はあをき故郷、
　　　　水は清き　故郷。

　此の文部省唱歌の故郷は、即ち楊巨源の故郷である。そのなつかしい故郷を、義経も、また西郷も、大切にしてゐて、一旦中央に志を失ふや、権勢名利を敝履《へいり》の如くに棄てて、何の屈託もなく故郷に帰つた。もし頼朝にしても、謀略をめぐらして、あくまで義経を追ひつめなかつたならば、また大久保を中心とする政府当局にして、追跡究問をいそがず、寛仁の態度を以て時を待つたならば、義経は衣川の悲劇をまぬがれ、西郷も城山のいたましい最期《さいご》を見ずして終つたであらう。故郷は、母のふところである。それはアッサイラム Asylum であり、アジール Asyl であり、旧約にいはゆる逃遁《のがれ》の邑《まち》である。そこへまで踏み込んで捜索し検挙し処刑しようとするのは、狭量苛酷の非難を招くのみならず、却つておのれ自身の破滅を来す原因となつたであらう。頼朝は義経を倒した後十年にして不審の死をとげ、更に二十年にして其の子孫断絶した。大久保に至つては、西郷の死後、わづかに八箇月しか生きて居られなかつたのである。本来ならば提携協力すべき兄弟又は竹馬の友が相争つて共倒れとなり、あたら英傑の才幹《さいかん》偉力、国家への貢献、十分ならずして終つた事は、過去の悲劇、将来の訓誡、我等の反省銘記すべきところであらう。

続の一　武勇と仁義

先きに稿する所、源義経と西郷隆盛とに就いて、其の人柄の概略を述べた。然しあとで考へて見ると、それは余りに簡略に過ぎて、一般世間の納得を期待し得ないのでは無いかと懸念せられる。此の両人《ふたり》の人物は、明治の末までは、国民的英雄として、青少年敬慕の対象であつた。人々は、幼年時代に桃太郎を夢み、少年時代に九郎判官義経にあこがれ、そして青年時代に大西郷を敬慕した。明治の末に、大学生に対して、理想の人物を問合せて投票を求めた時、日本人としては大西郷が第一位であつたと記憶する。然し現在は、恐らく此処にも異変が起つてゐるのであらう。受験準備に明け暮れたり、漫画に耽《ふけ》つたりしてゐては、義経や西郷に親しむ機会は、殆んど無いであらう。よつて是より少しく前文を補つて、解説して置きたいと思ふ。

義経の人柄を知る為に必要なものは、腰越状《こしごえ》である。これは文治元年五月、義経すでに平家を亡《ほろ》ぼし、その中心人物前《さきの》内大臣 平《たひらの》宗盛を生捕にして、之を護送して鎌倉へ帰り、兄頼朝に報告して喜んで貰はうとした時、頼朝は之を腰越に於いて阻止《そし》し、捕虜は受取らう、義経は鎌倉入りを許さぬと厳命した。何といふ冷酷非道の処置であらうか。大功に報《むく》ゆるに如何なる恩賞を与へても良いところを、冷然として耻辱を与へ、いはば足下に踏みにじつたのである。頼朝の性格の最も下劣《げれつ》なる一面を露呈したのである。義経は止むを得ず、数日腰越に滞在してゐたが、日を経ても頼朝の態度変らないのを見て、一通の書状にくはしく己《おのれ》の心情を記し、誠意を述べて大江《の》廣元に贈り、兄頼朝への執成《とりなし》を依頼した。それが即ち腰越状と呼ばれるものであつて、いはば義経の自叙伝である。これが江戸時代に一般に、国民教育の教科書として、寺子屋に於いて教へられた事は前にも述べた。

その腰越状の註解もしたい所であるが、今は先きを急ぐので其の暇は無い。只いくつかの要点をあげて、武将としての面目を明らかにしたい。義経は幼名を牛若丸といつた。生れたばかりの平治元年、暮れに迫つての平治の乱に源氏大敗し、一家離散し、牛若丸は母のふところに抱かれて、大和にさすらつた後、やがて鞍馬寺にあづけられて、僧侶となるべく教育せられたのが、十一歳の時に源氏の歴史を聞いて発憤し、父祖の耻を雪《すす》がうと決心して、専心兵術を学び、承安四年十六歳の春、京都を脱出して東国に下り、遂に平泉の藤原秀衡《ひでひら》を頼つた。居る事数年にして治承四年、頼朝旗上げの報を聞くや、秀衡の留めるを振切つて之に参加しようとし、黄瀬《きせ》川に於いて初めて兄頼朝に対面した。時に治承四年十月二十一日、頼朝ははからずも弟の来援を見て、曾て先祖義家・義光兄弟協力の佳例を回顧し、感銘して喜んだといふ。時に頼朝三十四歳、そして義経は二十二歳であつた。それより頼朝は当分関東の地盤固めにつとめた後、三年後の寿永二年、再び眼を西方に転ずれば、敵としてうつる者は、第一に京都に在る源義仲、第二に西海に拠る平家の陣営、此の二つを攻略すべく大軍を大手搦手《からめて》の二つの軍団に分ち、大手の大将軍には弟の範頼《のりより》を、搦手の大将軍には同じく弟の義経を任命した。大手は多勢、正面大道を進撃する。搦手は小勢、側面奇襲の形である。側面奇襲の道は常に険《けは》しい。京へ入るにも義経は伊勢より伊賀を経て宇治へ向ふのであり、一の谷を攻めるにも丹波から三草山を経て鵯越《ひよどりごえ》を降《くだ》らうとするのである。又平家は水軍に長じ、海戦を得意とするに反し、源氏は騎兵を主力とし、野戦に熟練して、水上の戦、未経験である。その不慣れなる水上の戦を敢へてして、平家を屋島に破り、壇の浦に攻め、遂に之を全滅せしめたのは、すべて義経である。

先づ義仲との戦を当時の実録に見よう。九條兼實（時に右大臣）の日記 玉葉を見るに、東軍の大手範頼の率ゆる所は数万に及ぶ大軍であつた為に、之を迎へ討たうとした義仲の軍勢は敵対し難しとして退却し、東軍は難なく勢多へ到着したが、その内に東軍搦手の大将義経は宇治を打破り、義仲の軍を東西南北に打散して大和大路より京へ入って来た。然し「一切狼藉無し」。義仲は法皇に同行を強制し奉らうとしたが、東軍余りにも急速に迫り来つたので、その事を断念して京より脱出し、東方に逃《のが》れたが、間もなく粟津に於いて討取られた。玉葉の記すところ、大略以上の通りである。又 公卿補任を見るに、「寿永三年正月二十日卯刻、関東の軍兵入洛す。義仲之を相支《ささ》ふと雖も、義経宇治路より之を破り入る。義仲六条河原に於いて一旦《たん》合戦、程無く敗北、勢多の手に付かんと欲す。義経の郎従、北《に》ぐるを追ひ、粟津辺に於いて義仲の首を梟し畢《をは》んぬ」とある。文は簡にして、能く要を得、名文といふべきである。

さて驚くべきは此処だ。範頼は大軍を率ゐて坦々たる大道を進んだ。然るに此の大軍は行動遅々、一向に進撃しない。義経は小部隊をひつさげて搦手へ向つた。道は迂回して遠く、且つ険阻なる坂道である。然るに義仲の軍勢と戦つて之を打破り、東西南北、蜘蛛《くも》の子を散らすが如くに逃亡せしめたものは、此の義経である。尤も合戦の勝敗だけを論ずれば、範頼の大軍に任《まか》せても大丈夫、義仲軍を破つたであらう。京都に於いて合戦の行はれる場合、恐るべきは一般民衆の被害である。民衆は敵味方に中立であるが、乱戦乱軍となれば、中立など云つて安心出来るものではなく、放火掠奪の狼藉にさらされやすい。現に此の際は、法皇の御所が危険であつたのだ。その乱軍の放火掠奪強制を阻止し、京都の安全を守つたのは、義経であつた。義経は、乱軍よりも早く京に入つて狼藉を禁止し、義仲よりも早く院の御所に参つて警備し奉つた。何といふ見事な鎮圧ぶりであらうか。いや、まだある。義仲に対する処置だ。義仲は、いよいよ戦敗れた時、京を脱出して東方に逃《のが》れ、勢多の防備に当つてゐた部下と合流しようとした。勢多の方面には、範頼の大軍が迫つてゐるのであるから、義仲を討留める責任は、当然範頼に在る筈だ。ところが吾妻鏡《あづまかがみ》を見るに、

「正月二十一日、源九郎主《ぬし》、義仲の首を獲《う》るの由奏聞す」

とあり、その次に木曾部下の筆頭樋口兼光が河内より還つて京へ入らうとしたのを、「源九郎の家人数輩馳向ひ、相戦ふの後、之を生虜《いけど》る」とあります。義経は、凡そ東軍の為すべき一切の事を、極めて敏速に、勇敢に、厳重に、漏らす所なく、処置し、断行し、布告し、そして之を奏上して御安心を御願したのであつた。

兵は神速をたつとぶ。武道に於いて最も重要視する所である。その神速といふ点、義経は古今に

絶して、光り輝く名将であつた。兼實は、「凡そ日来《ひごろ》義仲の支度、京中を焼払ひ、北陸道に落つべし」としてゐたのに、「一家をも焼かず、一人をも損せず、独身梟首せられ了《をは》んぬ」として、之を天罰であるとし、又法皇御所の危険に就いては、「法皇及び祇候の輩、虎口を免《まぬが》れたるは、実に三宝の冥助也」と云つてゐるけれども、現実には九郎義経が、その天罰又は冥助を代行したのであつて、義経の神速果敢なる行動なくしては、御所の安泰も、京都の治安も、保障の限りでは無かつたのである。

玉葉の記す所、範頼ひきゆる大手の軍勢は数万であつたのに、義経に従つて搦手へ向つたものは僅に千余騎に過ぎなかつたとある。是れは義仲の放つた斥候の報告であるから、精密正確を期待すべきでは無いものの、同時に虚報浮言として否認すべきものでは無く、概括しては事実に近いと見て良いであらう。次に此の合戦、どれほどの日時を要したかと云ふに、寿永三年（四月十六日改元あつて元暦元年となる）正月二十日、只一日の事であつた。義経宇治を破つて京都へ入つたのが辰《たつ》の刻《こく》と百錬抄にあるから、午前八時前後、そして京都の平定も、義仲の敗死も、その日のうちに終つたのであるから、一切は一日にして完了したのである。即ち義経の武略は、わづか一千余騎の兵を以て、天下の重大問題を、只一日のうち、恐らく八、九時間のうちに、完全に解決し去つたのである。

木曾義仲との戦は、義経としては初陣《うひぢん》であつた。二十六歳にして初めて釆配を振り、一軍をひきゐて大敵に向ひ、瞬時に之を一蹴し去つた。その為す所、一々戦術の妙諦を発揮し、その処置する所、人々の感歎し賞讃する所となつた。そして是の一日の戦が、いはば義経戦術の雛形であつて、その後、平家との戦、一の谷も、屋島も、また壇の浦も、大抵此の初陣を以て類推し得られるものであつた。

一の谷の戦は、その年二月七日の事であつた。即ち義仲との戦より約半月後である。京都の人々の記録する所によれば、合戦の報告、朝廷に達したのは、一番が義経、二番が範頼であつた。「九郎、飛脚を進めて云はく、昨日寅《とら》時より午《うま》の時に至るまで合戦攻落し、大将軍已下多く以て之を打取り畢《をは》んぬ、本《ほん》三位中将重衡《しげひら》生虜《いけどり》となる」とあるを見れば、戦は寅《とら》即ち午前四時頃に始まつて、午前中に落着したのであらう。三草山を迂回して人跡未到の森林へわけ入り、鵯越《ひよどりごえ》の絶壁を駈け下りて敵陣を大混乱におとし入れた義経は、翌朝は早速報告書をしたためて朝廷へ進める事を怠らなかつたが、しかもそれは範頼の報告よりは早く到着し、且つ内容が要領を得て適確であつた。

その後、一の谷より一年後の文治元年二月屋島の戦、ついで三月二十四日壇の浦の戦、この二つの目ざましい戦によつて義経の武威はかがやき、平家は遂に滅亡した事は、ここには省略して、やがて義経、兄頼朝に憎まれて失脚し、身の置き所なくして、京都を去る時の行動を見る事にする。

一瞬にして義仲を倒し、長駆して平家を亡ぼしたる義経も、兄頼朝との不和に至つては、策の施すべきものが無い。昨日までの戦勝の大将軍、今日は失意の人として都を落ちるに至つた。京都は震駭した。絶望した者は、自暴自棄、何をするかも分らない。京都を離れる時、いかなる非常手段に訴へるのであるか。平家は安徳天皇を擁し奉つた。義仲も法皇の御同道を考へてゐたといふ。義経はどうか。文治元年十一月三日朝八時、義経は京都を離れる。京の人々は恐怖して、前晩より「貴賤多く以て逃げ隠れ」たが、義経は礼儀正しく御所へ御暇乞申上げ、粛然として出発したので、「京中悉く以て安穏、義経等の所行、実に以て義士といふべきか、洛中の尊卑、随喜せざるは無し」とは、右大臣兼實の日記に記す所である。兼實は義経の運命に深く同情して、「義経大功を成す、その詮《せん》無しと雖も、武勇と仁義とに於いては、後代の佳名を貽《のこ》す者か、歎美すべし、歎美すべし」と賞讃した。

続の二　維新第一等の功臣

親孝行で人情に厚く、朝廷を重んじて礼儀正しく、やる事が敏速で、戦へば必ず勝ち、アッといふ間に木曾と平家との二大強敵を倒した義経、判官贔負《ひいき》といふ言葉が出来た程、世の人々の愛好し尊敬する所となつて、長い間国民的英雄とされてゐたのが、ここ数十年の間に段々忘れられて来た。之に平行して、同じやうに影の薄くなつたのは大西郷だ。以前には、その名を聞いただけで、青年の胸にはズシリと重い威圧を感じたのであつたが、今はそのやうな感動が無い。従つて今、首丘の人として其の最期《さいご》を弔ひ、之を悲しむのあまり、之を救ふ道が無いかと仮定空想して、もし橋本景岳が生きてゐたならば、明治六年の十月、韓国問題の意見対立を止揚し、双方を融和せしむる事も可能であり、西郷・大久保両雄の死闘を未然に防止し得たであらうと述べても、それは一体何の意味であるのか、理解を得る事むつかしいに違ない。

抑《そもそ》も明治七年の佐賀の乱、同九年の熊本、秋月及び萩の乱、同十年の西南の乱、之を一括して政府の方針に不平なる者とする事は正しいであらうが、その不平の内容を吟味すれば種々雑多であり、感情のもつれ、運命の不思議、糸は錯綜し紛糾して解くべからざるに至つた事を悲しまねばならぬ。

岩倉・木戸・大久保が欧米各国を巡覧して帰朝し、政府の方針を定めたのに対し、之と対立し、之に反抗したといふのであれば、是等不平の徒は世界の情勢を知らざる頑迷固陋の輩であると概括せられても致方ないやうなものの、くはしく見て行くに、そのやうに簡単に片付けられるものでは無い。一例をあぐれば、佐賀の乱に、江藤新平の左右に在つて重きをなした香月《かつき》・山中の両人は、いづれも欧洲留学の士であつた。即ち香月経五郎は、明治三年イギリスに留学し、新しい学問を修めて、六年十二月に帰朝したばかりであつたし、山中一郎はまた、明治四年フランスに留学して、六年の九月に帰朝した。年齢を云へば両人とも二十六歳であつたといふ。西南の役に、桐野利秋・篠原國幹等と共に、薩軍の領袖として重きを成した村田新八は、大久保と共に欧洲を視察して帰朝したばかりであつて、之を世界の大勢を知らざる者と云ふ事は出来ないであらう。大久保がパリに於いて撮影した写真のうちに、村田新八其他数名と同席した一枚があるのは、まことに奇異の感じを与へるが、大久保は当時村田を同志と見てゐたので、明治六年五月、他の人々に先行して帰朝し、政府要路が西郷の意見一色に塗り潰されてゐる中に孤立しては、「泰然として傍観」する外無い事を歎いて、明治六年八月十五日付で、まだパリに残つてゐる大山巖・村田新八の両人に宛てて書翰を送つてゐる。

又我国外交界の功労者としては、陸奥宗光と小村壽太郎とを挙げなければならないが、その小村が世界情勢に目を開いたのは、同藩の先輩小倉處平の誘導により、長崎へ出て洋学を学んだ為であつたが、その大切なる先輩小倉は、明治十年には身を薩軍に投じて戦死したのである。

かやうに見てくると、問題は決して簡単では無く、之を単に保守と革新、武断と文治、対外と対内の争として図式的に説く事は、初歩一応の理解を便《べん》にする一方、歴史の真実は却つて蔭《かげ》に蔽《おほ》はれて了《しま》ふ憾《うらみ》がある。

西郷の人物、大度量の豪傑であつた事を示すものは、薩長聯合の際、木戸との応対である。初め薩藩は、会津と同様に、幕府の命を奉じて長州を攻める立場に在つた。それを一変して薩長を提携せしめ、之を主力として倒幕を実行しなければならぬとしたのは、土佐の坂本龍馬であつた。此の議に薩を代表するは西郷であり、長を代表するものは木戸であつた。両人は、初め馬関に於いて会見する約束であつたが、それは西郷の違約によつて果されなかつた。木戸は此の違約を憤慨したけれども、坂本の周旋により、改めて京都に於いて会見する事とし、慶応元年十二月二十七日三田尻を発し、翌二年正月四日大坂に入り、八日伏見にて西郷に迎へられ、京都二本松の薩邸に入り、それより連日此の上も無き優遇を受けた。薩摩の人々の優遇は、至れり尽《つ》くせりであつたが、国家の重大問題、特に薩長の提携に関しては、双方共に発言する所が無かつた。滞在十日の後、木戸はしびれを切らして、帰ると云ひ出した。その時、折よく坂本龍馬が上京し来り、何故に木戸が、踏み込んで両藩連合を提案しないのであるかと詰問した。木戸は答へた。長州は、元治元年以来、全天下をあげての攻撃を受け、孤立無援、四面の敵に対して一死之に当つて居る、此の際、我より薩長の連合を提案するならば、それは殆んど援助を乞ふかの如く誤解せられるであらう、危地にあつて助けを乞ふ事は、口が裂けても自分には出来ないのだ、と。木戸の返答は、あつぱれ見事であつた。

是に於いて坂本龍馬再び周旋の労をとり、いよいよ木戸・西郷の交渉となつた。その対談に、木戸は詳細に従来の経緯《いきさつ》を述べ、一々具体的に薩摩の態度を非難した。西郷は終始之を謹聴して、「いかにも御尤《ごもっとも》でございます」と、一切を受入れて了つた。今度は西郷の態度が、あつぱれ見事であつた。木戸のえらさも、西郷のえらさも、いづれも十分に現れて、男児豪快の交渉、珍重すべき劇的会見であつた。

西郷が大度量、大腹中の人物である事は、以上の会見によつても知られるが更に注意すべきは、安政二年のくれ、橋本景岳との対談である。安政二年、西郷は二十九歳、橋本は二十二歳であつた。西郷は、橋本の風貌、身長僅に五尺、骨組やさしくして婦女子に類するを見て、心中之を軽んじ、折角の来訪にも拘らず、素気なく之を待せて置いて、既に始まつてゐた若い者の相撲を見つづけた後、漸く之を引見した。しかるに橋本は、少しも之を意にかけず、静かに口を開いて、世界の大勢を説き、国家の急務を指摘し、一々具体的にその対策を立てて、西郷の批判と指導とを仰ぐ旨、懇切丁寧を極めた。

橋本の意見、第一は対外問題、即ち鎖国か、開国か、の問題である。橋本は緒方塾及び杉田塾に於いて、多年蘭学を習得し、その蘭学を通じて世界の情勢を明確に洞察してゐた。そして当時憂国の志士の多くが、排外主義を採り鎖国政策を固執するは誤であつて、開国は必然であり、当然であると断定した。しかるに国を開いて万国と交はるとすれば、外交に一定の方針を立てなければならないが、当時世界の情勢は、英露の二大強国各侵略の手をアジアに伸ばし、アジア諸国はその争覇の渦中に捲き込まれつつある。此の間に処して自国を守らうとすれば、いづれか一国を選んで之と同盟するの外は無い。同時にそれは、同盟以外の一国との戦を覚悟しなければならぬ。つまり日露同盟すれば、日英戦争は起り、日英同盟すれば、日露戦争となるに違ない。いづれにせよ日本は、近い将来に於いて、世界最大の強国と戦はねばならぬ運命に在る。

西郷は驚歎して此の説を聴いた。是れ全く西郷の未だ聞かざりし新説、想ひ及ばざりし卓見であつた。しかるに更に驚くべきは、此の世界情勢に対処すべき国内改革の案であつた。即ち橋本は説く、既に日露戦争もしくは日英戦争のいづれかが必至であるとすれば、その為には急ぎ国内の大改革を断行しなければならない。即ち一切の因襲を破り、あらゆる制約をはづして、天下の英才俊傑を抜擢し、適材を適所に配置して、十分にその手腕を振はせなくてはならぬ。差当つて重要なるは、将軍の人選である。将軍は必ず我国の国体をわきまへ、朝廷に対して忠誠無二の人を選んで、天皇より任命を仰がねばならぬ。橋本は之を抽象的原理として説くのみならず、一々具体的に、その官、その職、その人をあげて力説した。

西郷はいよいよ驚歎し、ますます敬服した。よつて翌日、礼装を整へ、改めて橋本を越前邸にたづね、丁寧に挨拶して、昨日の無礼を陳謝し、懇切なる指教、感銘やむ能はず、今後万々御指南にあづかりたい旨、懇請した。

慶応二年正月木戸との会見、木戸が長々と薩藩の態度を非難した時、少しも腹を立てずに耳を傾け、一々御尤でござりますと答へた西郷である。安政二年の暮《くれ》、弱冠橋本の卓見に驚き、謹んで己の粗雑無礼を陳謝した西郷である。即ち心中一点の私無く、わだかまり無き西郷である。その西郷が、何故に明治六年に憤然として故郷に帰り、そして明治十年に心にも無き叛臣乱魁として倒れねばならなかつたのであるか。私は最も深く之を歎かざるを得ないのであるが、之を歎くごとに、若し橋本が生きて居て、明治六年然るべき地位に在り、西郷・大久保の間に立つて周旋したならば、西南の悲劇は回避せられたであらうと想はざるを得ないのである。

私の此の想像を助けるものは二つ。一つは西郷が城山に於いて絶命した時まで携帯してゐた鞄の中に、橋本から貰つた古い手紙、実に二十年も前の古い手紙を、大切に秘蔵して居つた事。そして今一つは、橋本の人柄を外ならぬ西郷から聞いてゐた重野安繹《しげのやすつぐ》が、明治十七年橋本の為に碑文を作つて、

「誠に其の生をして中興の際に及び、西郷隆盛等とともに、左提右挈《さていうけつ》して、鴻業を賛成せしめば、則ちその勲績赫々《かくかく》として、典型を天下後世に貽《のこ》さむこと、顧《おも》ふに果して如何ぞや。而して隆盛は、素《もと》より君に推服す、その匡益《きやうえき》に頼《よ》りて以て晩節を全うするを得むことも、亦未だ知るべからず。豈重ねて惜しむべからずや」

と歎じた事である。

慶応二年木戸に対し、安政二年橋本に対して示した所を見る時、西郷が大度量の大器であり、純情の人である事は、明瞭にして疑を容れない。しからば斯《こ》の人に対して、礼を厚くして会ひ、情理をつくして説けば、話のまとまらぬ事は無い筈だ。之に反して強引に、権力を以て之に対し、新時

代を解せざる頑固の徒として威圧を加へるならば、西郷は断じて之に屈しないであらう。

明治二年六月、朝廷は王政復古の大事に貢献したる勲功を賞して、西郷には賞典禄二千石を賜はつた。藩主は別扱として、凡そ藩士の中に在つて、二千石を賜はつた者は、西郷唯一人であつて、それは木戸・大久保・廣澤・大村を抜き、最高の恩遇であつた。即ちそれは、当時誰が見ても、維新第一等の功臣は大西郷その人に外ならぬ事を示すものである。その西郷は、岩倉・木戸・大久保の欧米視察に当り、国内留守の大役を仰付けられた。しかるに明治六年五月より九月へかけて、大久保・木戸・岩倉順次帰朝するや、西郷と議合はず、十月二十三日、西郷は蹶然として政府を去つた。是より維新第一等の功臣は、再び天日を仰ぐ事を得ず、四年の後、城山の一隅に窮死したのであつた。

続の三　遣韓問題

韓国との交際は、徳川幕府の間は、円満に行はれてゐたが、幕府大政を奉還して、外交の権、朝廷の手に帰するや、朝廷は友好の手を差伸べられたに拘らず、彼は無礼にも之を拒絶し、我国を指して無法の国とし、旧来の礼式に違ふ以上、国交無用なりとして、頗る暴慢無礼であつた。之を見て最も憤慨し、強硬に対応すべしとしたのは、木戸であつた。木戸は明治元年の十二月、はやくも「使節を朝鮮に遣し、彼《かの》無礼を問ひ、彼《かれ》もし服せざるときは、罪を鳴らして其土を攻撃し、大に神州の威を伸張」せんことを希望し、之を岩倉に建白した。やがて此の意見は三條、岩倉の賛成する所となり、明治二年十二月、木戸を支那と朝鮮とに派遣して交渉せしめる事に内定し、木戸も之を承諾した。しかるに内外多事、その事いまだ実行に至らざるうちに、岩倉、木戸等の欧米視察となり、自然朝鮮問題は、留守の西郷等の手にあづけられた。明治六年六月、外務当局は朝鮮問題の実状を報告し、朝鮮すでに我国を以て「無法の国」と罵る以上、我国としては一切朝鮮より手を引いて居留民を全部引上げるか、もしくは武力を以て解決するか、二者その一を選ぶ外は無いとした。三條太政大臣は之を受けて、六月十二日、参議を召集した。集まる者、西郷、板垣、大隈、後藤、大木、江藤の六人。板垣は直ちに出兵すべしと主張した。西郷之を抑へて、先づ使節を派遣して彼を説諭し、しかも尚彼が聴かない時は、やむを得ず武力に訴へようではないかと述べた。三條太政大臣は、その際大使は兵を率ゐる軍艦に乗つてゆくがよいだらうと述べたが、西郷は之に反対し、大使は一兵を携へず、あくまで平和の使節として、大手を振つて乗込むべきであるとし、そして自ら之に当らんことを求めた。板垣、後藤、江藤之に賛成し、三條も之を諒解し、大隈、大木も必ずしも反対しなかつた。

かやうにして廟議の大方針は大体定まつたが、その時外務卿副島種臣は清国に使して不在であつた為に、しばらく其の帰朝を待つ事となつた。その副島は、前述の廟議より約一箇月おくれて、(明治六年)七月二十六日帰つて来た。彼《かれ》の外交顧問は、米人スミス及びリゼンドル、いづれも我国の為に謀つて、強硬なる外交政策をとるべきを勧告してゐた。従つて副島の帰朝は、西郷の案を強化こそすれ、之に反対するものでは無かつた。西郷はいよいよ熱心に遣韓使節たらん事を希望し、三條太政大臣にその決裁を要求した。八月十四日、三條公は西郷に対し、その要求する所、「至極尤《もつとも》」であるから、参議中へ相談の上、返答すべしと約束し、十七日の廟議に於いて、之を決定した。西郷大いに喜び、「生涯の愉快、此事に御座候」と、板垣に礼状をしたためた程であつた。

そのうちに、欧米特派大使一行の人々、月日を異《こと》にして、別々に帰つて来た。大久保は明治六年五月二十六日に、木戸は七月二十三日に、そして岩倉は九月十三日に帰朝した。三人のうち、最も西郷に近い者は、いふまでもなく大久保である。二人は郷里を同じうし、年齢も相近く(西郷四

十七、大久保四十四)、年来の同志であり、戦友であつた。若し此の両人にして、互に腹心を吐露して語り、力を合せて進んだならば、いかなる困難も解決し得たであらうと想はれるのに、帰朝後の大久保は殆んど別人の如く冷淡になり、むしろ西郷を突離して了《しま》つた態度であつた事は、八月十五日付、パリの村田新八・大山巖宛書状に、「実に致様もなき次第に立至《たちいたり》、小子帰朝いたし候ても、(中略)作《な》す所を知らず」云々とあるを見ても明瞭である。手のつけやうも無いといふのであるから、自分等欧米視察の留守中に、西郷のやつた事は何一つとして良い事無く、一切否定しなければならぬといふのであらう。此の捨台詞《すてぜりふ》が八月十五日、そしてあくる十六日には大久保は東京を出て箱根へ行き、ついで京阪地方の名勝史蹟を遊覧し、九月の下旬まで東京に帰らなかつた。

他方木戸の帰朝は七月二十三日であつた。此の人の特徴は、感情の過多なる点に在る。欧洲旅行中には、大久保や伊藤とさへ感情の疎隔があつて、物を言はぬ程であつたと伝へられるが、やがて一行と別れて、明治六年七月二十三日ひとり寂しく帰朝し、意見書を政府へ提出した後、八月二十一日、西郷をたづねて数時間語つたが、遣韓問題に触れたのは九月三日、三條太政大臣より之を承つたのが最初であつた。之を承つた木戸は「深憂に堪へず」、今日為すべき事、「内政を治むるより急なるはなし」、朝鮮の問題によつて人民を苦しめ、国力を損ずるは、決して承服する能はずとして反対した。明治初年以来、朝鮮に対して最も強硬なる意見をいだき、しばしば之を主張した木戸は、今や豹変して西郷と反対の立場に立つた。そして其の変説するに至つた理由を述べて、「台湾の暴挙を我が琉球人に加ふる」、「もとより師《し》を以て問ふべし」、「朝鮮の無礼なる、もとより兵を挙げて伐つべし」、しかれども治国の要は、「民を撫するより急なるはなし」、「故に今日の急務は、節倹を主として財務を経理するより要なるはなし」と説いた。つまり倹約を主とすべしと云ふに在つた。そして財政整理の一端として、木戸自身、参議を辞職したい、と申出たのは、九月十四日の事であつた。

大蔵卿大久保、参議木戸、いづれも西郷の朝鮮派遣には反対であつた。しかも大久保は之を政府に於いて発言せず、政務を離れて、名所旧蹟を巡遊してゐた。木戸は反対意見書と共に辞意を表明して出仕せず、病を養つてゐた。廟堂の上に在つて、公然反対する者は一人も無く、廟議は大体決定して、太政大臣より之を上奏し、岩倉大使の帰朝の上にて、西郷の出発となる予定であつた。

岩倉大使は、九月十三日横浜に上陸、帰朝した。之を見て大久保は、九月二十一日関西より帰京した。二十四日、岩倉は大久保を招いて参議に就任せん事を勧めたが、大久保は辞して之を受けようとしなかつた。然し岩倉は三條と相談の上、大久保を参議に任じて、西郷に対抗せしめる以外に、問題解決の道なしとして、極力懇請した結果、十月十日に至つて、大久保も遂に御請《う》けする決心をした。同時に副島をも参議に加へる事とし、大久保は十二日、副島は十三日に発令せられた。

いよいよ閣議の開かれたのは、十月十四日であつた。参議は、西郷、板垣、大隈、大木、後藤、江藤、大久保、副島の八人（木戸は欠席）、是れだけ見れば、西郷派が断然優勢であるが、上に三條太政大臣と岩倉右大臣とが出席してゐるので、大久保は岩倉を頼みとし、岩倉は大久保を味方として、西郷に対抗した。双方共に固執して動かず、是の日の閣議は未了のまま散会し、翌日に持越された。十四日の閣議に欠席するやう求められたる西郷は、推して出席し痛論したが、十五日には、自分の主張は既に述べた通り、今更云ふ事は無い、容れられなければ、自分は辞職するだけだとして、自発的に欠席した。十五日には三條・岩倉両大臣に一任する事となり、しばらく参議を別室へ引取らせ、両大臣のみにて協議の後、再び参議を招き入れて、西郷の意見に任せる事に決定した旨、発表せられ、参議一同之を承知した。

右十五日の閣議は非常に重大であるに拘らず、普通には詳記せられて居らず、明らかになつてゐない。之を詳述してゐるものは、大久保の日記だけである。即ちそれには、「御両人（両大臣）にて御治定これあるべきに付き、参議中相扣《ひか》へ候様、御沙汰故、一応引取候。暫時にして、又々参り候様との事故、一同参り候処、実に西郷進退に関係候ては御大事に付き、止むを得ず西郷見込通りに任せ候処に決定いたし候との御談故、小子（大久保）に於いて昨夜申上げし通、此上両公御見込相立候処にて御治定これあるべく申上げ置き候に付、御異存は申上げず候得ども、見込に於いては断然相変らざる旨申上げ候。然し余の参議一同異存なく、殊に副島、板垣は断然たる決定にて、弥御治定これあり候間、小子は初発より此に決し候得ば、断然辞表の決心故、其のまま引取り候」とある。

廟議は決定した。翌十六日は無事に過ぎた。しかるに十七日に至つて辞表を提出したのは、岩倉、木戸、大久保の三人にのぼつた。三條太政大臣は之を見て憂慮のあまり、発病して人事不省となつた。三條公の発病を見るや、二十日に至つて、明治天皇親しく三條邸に行幸あつて其の病を問はせ給ひ、同時に岩倉に太政大臣の事を摂行すべしとの勅命を賜はつた。二十二日、西郷、板垣、江藤、副島等の参議、うちつれて岩倉を訪問し、韓国遣使一件、早急に上奏発令せられん事を要求した。之に対して岩倉は、遣使に就いては可否両説あるにより、両説に加ふるに予の意見を附して上奏し、聖断を仰ぐべしと答へた。江藤之を駁していふ、摂任代行者は、原任者の意志をそのままに行ふべきであつて、自己の説を加へるべきでは無いと。岩倉色をなして曰く、予は不敏なりと雖も、勅命によりて太政大臣の任務を摂行するに、己の意見によつて上奏するは当然では無いかと。議、合はず、西郷憤然として起ち、退出した。板垣以下、全員之に従つた。岩倉は直ちに大久保に連絡し、西郷が直接上奏する道を阻止すべき事、彼等辞表提出の際は、速に後任者を選定すべき事等を伝へた。あくれば二十三日、岩倉は参内して上奏し、二十四日御採用に決した。大久保の大勝利である。西郷は二十三日中に、板垣、副島、後藤、江藤の四人は二十四日に辞表を提出し、いづれも二十五日に聴許せられた。西郷の大敗北である。西郷は直ちに小梅村に去り、二十八日には、ひとり寂しく帰郷の途に就いたが、そのなつかしき郷里鹿児島に於いても、常に監視を受けて安住し得ず、四年後には私学校の若殿原に、己の運命を一任するに至つた。

続の四　獄中感有り

この冬の積雪は、その量の多く、その期間の長く、そしてその害の大なる事、少くともここ百年の間に、曽て見ざる所であつた。百戦わづかに生還したかの如く、からうじて余喘を故山に保つてゐた私は、四メートルの積雪に降り込められて、いはば氷室の中の生活、百日間は堪へ得たが、四月に入つて漸く雪も融け始めた時、不覚にも風邪を引いて甚だしく体調を崩し、一時危険に陥つた。臥床一ヶ月の後、親友に励まされて、再び筆を執るに至つたが、前の原稿はすでに伊勢へ送つて手許に無く、病余記憶も衰へた為、前後の続き工合、いささか不揃かと申訳なく思ひますが、老病共に迫つた現在、切に読者諸賢の海容を乞ふ次第であります。

昭和五十六年五月　　八十七歳

先きには大西郷が、天成の詩人であつて、その趣向、その修辞の美しいばかりでなく、本人の人柄と経歴とが既に詩であり、そこにいはゆる風雅の墨客には決して見られない天来の風韻に接する感じを味はふ事が出来る旨を指摘したが、その例をあげて置かうと思ふ。

例としてあげたいのは、有名な「獄中感有り」の詩である。有名なと云つたのは、勝海舟がふかく感動して之を石に刻し、名づけて留魂碑と称し、いはば西郷の忠魂碑としたもので、今日東京洗足池の一隅に立ち、人々をして西郷・勝両雄会見の昔を偲んで感慨深からしめてゐるもの、誰知らぬ者は無いからである。詩にいふ、

朝《あした》に恩遇《おんぐう》を蒙り、夕《ゆふべ》に焚坑《ふんかう》せらる、
人世の浮沈、晦《くわい》明に似たり、
縦《たと》へ光を回《めぐ》らさざるも、葵《あふひ》は日に向ひ、
若《も》し運を開くなくとも、意は誠を推《お》す、
洛陽の知己、皆鬼《き》となり、
南嶼《なんしよ》の俘囚《ふしう》、ひとり生をぬすむ、
生死何ぞ疑はむ、天の附与なるを、
願はくは魂魄を留めて、皇城を護らむ、

此の詩は、安政五年井伊大老の弾圧に際し、近衛家より頼まれて、危険の迫つた清水寺の月照を護衛して京都を脱出し、鹿児島へ連れ戻つてかくまはうとしたのが、地元の話まとまらず、幕府を恐れて月照を処置する事になつた為、西郷は月照と共に死なうと決意して、安政五年十一月十五日の夕、月見と称して小舟に乗り、海に漕ぎ出た。錦江湾の波は静かであり、月の光は冴えてゐた。やがて西郷と月照とは立つて舷《ふなばた》に進み、相擁して身を海中に投じた。予期しなかつた平野國臣、驚

いて船頭に命じ、之を救助せしめようとする。結局両人は引き上げられたが、月照の息は絶えてゐた。西郷の方は手当の末、息を吹きかへしたが、さて其の処置に窮した藩の当局は、西郷を死んだ者として幕府へ届ける事にきめた。その為に別の死刑囚を浜に埋めて、之を西郷に擬し、西郷本人は名を改めて菊池源吾とし、之を南海に潜居せしめて、幕府の捜索から救はうとした。その大島に潜居したのは、安政六年の二月より文久二年の正月までで、西郷の年齢で云へば、三十六歳の正月までに当る。しかるに西郷の島流しは是れで終つたので無く、第一回の島流しから漸く復活した文久二年の六月、今度は島津久光の命によつて徳之島へ流され、閏八月には更に沖永良部島へ移されて入獄し、元治元年二月、三十八歳の春、召還の藩命に接し、それより中央に出て国事に奔走するに至つたので、つまり島流しは、三回に及んだのであつた。

㈠ 大　島　　三ヶ年
㈡ 徳 之 島　　四ヶ月
㈢ 沖永良部島　　一年七ヶ月

三度も島流しに遭つた者が、やがて事実上、官軍の総大将となつて幕府を倒し、維新第一の勲功と讃へられ、参議の筆頭、陸軍大将として国家の重任を担ふに至つた事は、昔の頼朝、中頃の秀吉と相並んで、摩訶不思議の運命、只驚歎の外は無く、その一生の経歴が、そのまま小説であり、詩であると云つてよい。

獄中有感の詩、これは恐らく第三の島流し、沖永良部島での作であらう。作詩の年月をつまびらかにしないが、第一の大島は藩当局の好意によつて幕府の追求を避ける為に大島にかくまはれたのであつて、此の詩に「朝に恩遇を蒙り夕に焚坑せらる」と云ひ、又題して「獄中感有り」と云ふに合はない。西郷は島津齊彬によつて見出だされ、その信任を得て、いはば其の特使として中央に派遣せられ、水戸、越前、尾張、肥後等の雄藩と連絡活躍したのであつたが、その主人齊彬は、安政五年七月十五日五十歳にして亡くなり、西郷は所拠《よりどころ》を失ひ、悲歎のあまり殉死を考へたほどであつた。齊彬が藩主であるかぎり、西郷は恩遇をいただいて順調であつたが、齊彬の弟にして次代の藩主茂久（忠義）の父である久光は、西郷を理解せず、信任してくれなかつた。その為に文久二年正月、やうやく大島から帰つたばかりの西郷は、六月徳之島へ流され、閏八月沖永良部島へ移されるのである。「朝に恩遇を蒙り夕に焚坑せらる」は、久光の意向に基づく藩の主流の冷酷なる仕打を、齊彬による知遇と対比して歌つたものに相違ない。

次に「洛陽の知己皆鬼《き》となり」は、安政元年より同五年に至るまで、中央に出て交はつた英傑皆逝去して了つた事を歎いたので、洛陽をあげたのは、ひろく取つて中央の意と解したい。安政元年より同五年に至る間、西郷が面接会見して、或は教を受け、或は共鳴し、相共に提携して進まうとした人々、数多い中に、西郷として最も重視し畏敬し信頼した人物は、安政六年の正月二日、大久保に引継いだところ、水戸に武田と安島、越前に橋本と中根、肥後に長岡、長州に益田、土浦に大久保要、尾張に田宮の八人である。その八人のうち、此の詩の「洛陽の知己、皆鬼《き》となり」に該当《がいたう》するのは、左の四人である。

安島帯刀《あじまたてはき》　安政六年八月二十七日自刃
橋本左内（景岳）　安政六年十月七日斬刑
長岡監物（是容）　安政六年八月十一日病歿
大久保要　安政六年十二月十三日獄死

然し、これは国家の為に最も重要なる人物として、その連絡を大久保に引継いだ内に限つての事であつて、いはゆる安政戊午の大変に、井伊大老の指揮した幕府の手荒い糾弾は、梅田雲濱、吉田松陰、頼三樹三郎、茅根《ちのね》伊豫之介、鵜飼幸吉、鮎澤伊太夫、飯泉喜内、藤井但馬、山本縫殿《ぬひのすけ》等、数多くの人が刑死もしくは獄死の難に遭つたのであるから、たとへそれは此の詩の中に歌はれてゐないにせよ、当然その背景をなしてゐると云つてよい。

西郷は月照を護つて近衛家の附託に答へようと努め、其の事結局成らず、月照にはいよいよ死期が迫つてきたのを見て、慨然として共に死し、一死以て男子の約束に答へようとしただけであつて、それが蘇生して島流しになり、命生き延びたのは、偶然の事、西郷本人の希望でも無ければ、予想した所でも無い。西郷自身、不可思議なる運命に驚きつつ、

たとへ光をめぐらさざるも葵は日に向ひ、
若し運を開くなくとも意は誠を推す、

と歌つた。私は此の詩を誦して、此の句に及ぶ毎《ごと》に、おのづから心身の引きしまるを覚える。いはんや末句、「願はくは魂魄を留めて皇城を護らん」といふに至つては、皇国の道義、発揮せられて

余蘊《ようん》無く、日本男児の真面目、描出して明々白々なるを見る。私が敗残の老軀、病中の疲弊《ひへい》をかへりみず、西郷の為に一文を捧げ、その忠魂を慰めむと欲するは、実に此の詩、此の句の感動の忘れむとして忘るる能はざるに依る。

西郷の詩、凡そ百三十余首、私の最も感銘するものは、右の「獄中感有り」であるが、それについで忘れ難いのは、有名な逸題の詩、

幾《いく》たびか辛酸《しんさん》を経て、志《こころざし》始めて堅し、
丈夫は玉砕、甎全《せんぜん》を愧づ、
我家《わがや》の遺法、人知るや否や、
児孫の為に美田を買はず、

である。詩の意味は、頗る明白であつて、説明を必要としないやうに見えるが、然し反覆吟味してゐるうちに、容易ならぬ内容と気がついた。先づ其の第一句、「たびたび苦労をして、その結果、志が始めて堅くなつた」と訳して良いであらうが、苦労を重ねる時は、自然に志が堅くなるものだと、早合点してはならぬ。世間を見るに、たびたび苦労に遭ひ、やがて苦労に負けて志を棄て、人世かくの如し、理想も道徳もあるものかと悪《わる》ざとりして、便宜主義、都合主義になる者が、随分多い。それを千辛万苦少しも屈せず、苦労を却つて研磨《みがき》とし肥料として、いよいよ志を励ますのは、大勇大剛の士にして始めて可能である。西郷は、三十二歳のくれから三十八歳の春までを罪人として離島に監禁せられてゐた。男ざかりの五、六年を、罪人扱ひせられたのでは、大抵の者であれば、

腐る所であらうに、英傑の士は之を鍛錬の機会として魂をみがき、力を加へて行くのである。その告白が此の詩に外ならぬ。してみれば西郷は、その精神気魄、艱難辛苦のうちに、百錬千磨を経たのである。かかる英傑は、困難が加はれば加はるほど、強くなつて行くにきまつてゐる。それ故に岩倉や大久保が、権威を以て西郷を押へつけようとした所に間違があるので、西郷のやうな英傑は、威力を以て屈服せしむべきでなく、礼を正し情理をつくして理解を求めるより外は無いのだ。

続の五　武田耕雲斎

西郷は、「人世の浮沈、晦明に似たり」と歌つた。月は満ちては欠け、欠けては一旦影をかくし、無月を歎いてゐるうちに、また眉の形に現れてくる。西郷は南海の孤島に監禁せられて天を仰ぎ、自然の推移と己の運命とを対比して、感慨殊に切実であつたらう。更に之を我国の歴史全体の上から見る時、私は西郷の島流しに、重大なる意義の存する事に驚かざるを得ない。それは安政五年、六年の間、井伊大老の暴政は、天下勤王の志士を全滅せしめむ事を期した。日本国の至宝とすべき人物、橋本景岳・吉田松陰を始めとして、数多くの英傑名士が殺された。しかるに当然その弾圧を受けるべくして、しかも生命生き延びた人物が二人ある。一人は眞木和泉守、そして今一人は西郷である。明治維新の大業、その理想を明確にし、その経綸を詳細に説いた者は眞木であり、武力を以て之を実現していつた者は西郷である。眞木と西郷とが無ければ、明治維新は出て来ないのだ。此の二人が若し顔を出して居れば、井伊が之を殺さぬ筈は無い。しかるに不思議なる運命は、眞木を水田《みつた》に囚禁して顔を出させず、西郷を大島に隠匿《いんとく》して姿を見せしめなかつた。つまり井伊は、眞木や西郷が生きてゐる事に気がつかなかつたのである。気がつかないのであるから、弾圧の手は延びず、眞木は文久二年の春まで蟄居して雄飛の時を待ち、西郷も「土中の死骨」となつて武運の拙《つたな》きを歎きながら、無事の月日を送る事が出来たのであつた。

暴風雨の数年を、土中にかくれて風に吹かれず、雨にも濡れずして、無事に生き延びた事は幸であつた。然し気の弱い者であれば、此の安穏なる生活のうちに、鋭気を銷磨して了つたであらうに、眞木も西郷も其の反対に、ますます勇気を増して剛壮十倍していつた。眞木の事は別に説くとして、ここには西郷を略述するだけであるが、西郷は三島流謫、隠忍数年の後、元治元年二月、恩赦召還の藩命に接し、同時に鬼界島に流されてゐた村田新八を同伴して二十八日鹿児島に帰り、京都の薩摩藩邸勤務を命ぜられて、三月十四日京都に着いた。是の年上京して京都に居つたればこそ、翌元治二年（即ち慶応元年）早春の、水戸浪士処分に就いて、たとへ之を救ふ事は出来なかつたにしても、兎に角幕府（田沼）の苛酷非道の処置に対して、明快にして痛烈なる批判痛撃を与へ得たのであつた。

元来水戸は、黄門光圀、即ち義公の指導によつて、内には君臣の大義を明らかにし、外には国体の相違を究め、正学を以て天下の軌範となつてゐた。然し義公の歿後、長い年月の間には、その生新にして活潑なる学問探究の精神次第に衰へ、慷慨激越、他を非難するに急であつて、融和包容の風が失はれ、やがて党派を結んで抗争するに至つた。水戸の為に惜しんで余ある所である。幕末に及んで水戸には不幸が続出した。安政二年の大地震に藤田東湖を失つたのが其の一つであり、鎖国開国の実際に迫つて朝幕のいづれに従ふべきか、勅書の返還を幕府より命ぜられて去就いかにすべきか、人々意見を異にしたのが其の二であり、偉大なる指導者なくして党派的感情のみたかぶつて、ここに正義派と奸党との戦となつた。

正義派はあくまで尊王攘夷を旗印とし、遂に藩を脱して兵をあげた。その首領は、武田伊賀守正生、安政五年の末に西郷が大久保の問に答へて、共に国事を談ずべき有力有志の人々を列挙した時、水戸に於いては武田修理と安島彌次郎の二人をあげたが、その修理こそ、此の伊賀守に外ならない。水戸の家督相続の争に齊昭（烈公）を輔佐し、弘道館の創立に尽力し、藩士の鎮撫につとめ、頗る功労のあつた人、明治の御代に正四位を贈られた。

次には山國兵部、名は共昌、兵学に達し、藩の軍務に当り、海防の事を掌り、しばしば停職禁錮の難に遭つた。年最も長じ、慶応元年殺された時、七十三歳であつたから、武田伊賀守（六十三歳）よりは、十歳の年長であつた。後に正四位を贈られた。

次には田丸稲之衛門、名は直允、山國兵部の弟であつた。町奉行として民政に功があつた。慶応元年に六十一歳。後に従四位を贈られた。

次には藤田小四郎、名は信、東湖の子であつて、これは年が若い、二十四歳であつた。明治の御代に従四位を贈られた。

以上の四人が、いはば首領であるから、決して青年無謀の暴挙では無く、朝旨と幕政との相違、藩の方針の反復不定、奸党の策謀跋扈、堪へかねて蹶起し、大挙して京都に上り、水戸の出身である一橋慶喜にたよつて、之を朝廷に訴へようとした。騎馬武者二百余人、小荷駄五十疋、大砲十五挺、歩兵数百人、総勢一千余人、堂々と行進して、中山道を進んで、信州から美濃へ出た。美濃より近江へ出れば、ただちに目的地京都へ入る事が出来るのであるが、折しも京都の守護職を仰付けられた一橋慶喜が、兵をひきゐて大津に陣し、一行の進路を阻止してゐる。水戸の生れであつて自分等の主人並である慶喜と戦ふ事は出来ないとして、一行は近江に入らず、折から十二月、雪深き山を越えて越前に入り、六日木本《きのもと》に、七日宝慶寺に、十日今荘、十一日新保に至つた。新保は、目前に敦賀を見る村であるが、雪の進軍ここまで来て疲労も甚だしかつた時、前途を阻止して一戦を挑《いど》んだものは加賀の前田勢であつた。一橋慶喜は一方に会津・桑名、他方に加賀・越前の諸藩を以て、一行を包囲せしめたのである。一行は頼みとした一橋慶喜を敵とするに忍びず、歎願書を提出して趣意を明らかにしようとし、その伝達を加賀藩に依頼した。加賀は同情を以て之を引受け、慶喜の許へ伝達した。願書の大意は、水戸の藩主慶篤、攘夷の為に尽力せよとの勅命を蒙つた以上、一藩粉骨、之に当るべきのところ、逆臣結城寅壽の残党、市川・佐藤・朝比奈等兵を集めて藩府を占拠し、正義の士を抑圧するに至つたので、「水戸家の正議此時に滅《めつ》し、義を唱《となへ》候者、絶《たえ》てこれなき様成行候ては、御代々の神霊、且先君烈公へ対し」大不忠に当ると考へ、推して一同上京して訴へ出たといふのであつた。加賀藩は深く之に同情して伝達したが、幕吏は之を一笑に附し、「降伏ならば格別、歎願では話にならぬ」として受付けず、慶喜の側近、原市之進の如きは、却つて加賀藩を愚弄して、百万石の大藩なれば、一手を以て直ちに鎮圧かと見てゐたのに、賊徒の歎願を周旋するとは、「憚りながら英気も少しく相弛《ゆる》み候や」と心配してゐると答へた。加賀藩は之に答へて、一行の事情を汲む事なく、無惨《むざん》に打てとの命令、不憫《ふびん》と思つて周旋したのであるが、かやうに云はれては、前田家の軍威にさしさはる故、本意の如く、速かに血戦して戦死を遂げるであらうと返書した。加賀藩を代表して此の返書をしたためた者は、永原甚七郎、冷酷なる態度を示して、己れ駕馭の道を失ひながら何たる無惨の処置かと、永原より痛罵せられたる者は、慶喜の側近原市之進。加賀藩は、いよいよ決戦に入るに先だち、水戸浪士一行に、陣中見舞として、白米二百俵、漬物十樽、銘酒二石、するめ一千枚を贈つた。武士の情《なさけ》、あつぱれ見事といふの外は無い。

水戸浪士は、加賀に対し、感謝こそすれ、戦ふ気は無い。潔く降伏して、只素願の上達を希望した。彼等は加賀藩によつて好意を以て迎へられ、敦賀の寺院に入つて、元治元年を送り、慶応元年を迎へた。然るに正月下旬に至り、彼等は加賀藩または慶喜の手を離れ、幕府より出張し来つた田沼玄蕃頭《げんばのかみ》の管掌に一任せられる事となつた。田沼は一行を寺々より引出し、之を鯡蔵《にしんぐら》に監禁し、食事は一日に二回、握飯《にぎりめし》一つづつ与へるのみ、凡そ人としての待遇では無かつた。田沼は二月一日裁判を開始し、そして四日より処刑を始めた。斬罪三百五十二名、流罪四百五十名、その斬罪は刑の執行を、福井・彦根・小浜の三藩に命じたが、福井は前藩主春嶽の考もあり、お受けしかねるとして、之を拒否した。

敦賀に於いて、田沼の断行したる処分は実に苛酷であつたが、之に呼応して、水戸に於いて、藩当局の行つた処分に至つては、言語道断であつた。即ち武田伊賀守の妻とき四十八歳、娘とし十一歳、幼児桃丸八歳、金吉三歳、及び下女こめ十九歳を打首にし、伊賀守の嫡子彦右衛門の妻いく四十三歳、子男三郎十五歳、金四郎十三歳、熊太郎十歳、いづれも死刑、山國兵部の妻なつ五十歳、娘ちえ三十歳は、山國・田丸の家族と共に、女であつても、幼少であつても、すべて之を無期限に投獄し、その多くを獄死せしめたといふ。

田沼が水戸浪士を苛酷に処分した時、薩摩へは流罪三十五人を割当《わりあ》て、その罪人を受取りに来るやう、薩藩へ命令した。薩藩京都留守役として、此の幕命を受取つたのが、西郷であつた。西郷は筆を執つて返書をしたため、此の幕命を拒絶した。

「常野の浮浪輩、越前国において降参仕候者共数百人斬罪に処せられ、其余軽卒三十五人弊国へ流罪に行はれ候間、同所敦賀湊へ迎船差廻候様仰渡され、国元へ懸合《かけあひ》に及び置き候処、古来より降人苛酷の御扱相成候義、未だ曽て聞かざる処に御座候。然るに大法に安んじ、死を甘《あま》んじて誅戮を受け候に付いては、大に尋常の振舞御取訳《とりわけ》成し下され、軽輩に於いては御宥免の御沙汰あらせられたき義と存じ奉り候。是非とも流罪仰せつけられず候て済《す》まさせられずとの御義に御座候はば、弊国にては降人厳重の扱方《あつかひかた》、道理に於いて出来かね申候間、屹《きっ》と御断《ことわ》り申上候様、分《わ》けて申来候に付、何卒御聞済《ききずみ》成下され度願ひ奉り候。以上」

西郷は此の返書を幕府方へ送ると共に、その副本を国元本藩へ送つたらしい。今に島津家に伝はる其の副本は、西郷の筆蹟であると聞くが、本文の内容から考へても、降伏せる人々に対するあたたかい思ひやりといひ、幕命に対する厳しい批判と、投げすてるが如き烈しい断り方といひ、西郷ならでは書けない所であらう。

凡そ此の武田耕雲齋一党に対する幕府及び水戸藩当局の、血も涙も無き冷酷無慙《むざん》、殆んど鬼畜《きちく》の如き処刑は、長き我国の歴史の中に類例を見ざる所であつて、我等は恥と怒と無くして之を回想する事は出来ない。呪《のろ》ふべきかな田沼によつて指揮せられたる幕府。唾棄《だき》すべきかな市川等によつて専制せられたる水戸藩。それは正に国史の重大なる汚点であつた。然るにその際、わづかに我等の心を慰めてくれるものは、第一に加賀藩の代表永原甚七郎・赤井傳右衛門等が、水戸浪士の志を理解し同情して、幕府側との交渉に当つて一行を辯護し、善導すれば百万の軍にも当るあたら勇士を、駕馭の道を失つて討伐するに至つたのは、幕府の処置よろしからざるが為であつて、責任は幕府当局に在ると明言し、そして武田勢一行には白米二百俵以下の手厚い贈物をした事であり、第二には福井藩が斬罪の実施を命ぜられるや、断然之を拒否すると共に、浪士の志は尊王攘夷に在り、即ち勅旨を奉ずる者に外ならず、之を処刑する事、当を得ずと斥《しりぞ》けた事であり、そして第三には、薩藩を代表して西郷が、流罪者の引取を拒否し武士道に反する残酷の処置、薩摩に於いてはお断申すと答へた事である。是れが西郷の、長い島流しから赦《ゆる》されて、やうやく帰つて来ての仕事である。辛苦は西郷の志を、いよいよ固くしたと云はねばならぬ。

続の六　鳥羽伏見の戦

歳《とし》寒くして然る後に松柏《しようはく》の後凋《こうてう》を知るといふが、非常の苦難に遭遇すれば、人物の正邪、力量の多寡、才幹の有無、勇気の程度、おのづから明瞭に現れて、隠《かく》す事も出来なければ、飾る事も出来るものでは無い。武田伊賀守一行の始末を見る時、水戸藩の政権を弄んだ市川三左衛門、朝比奈彌太郎等、いはゆる結城寅壽の残党が、世に奸党と呼ばれた所以も明らかであれば、桜田門外血の吹雪《ふぶき》にも懲りずして、井伊の暴圧政策が踏襲せられてゆくのを見れば、徳川幕府は何の反省もなく一途《づ》におのれの墓穴を掘り、加速度に滅亡に向つて突進しつつあつた事も分り、同時に慶喜といふ人物、わるい人では無いものの、勇断に欠けて、為すべき時に為すべき事を為し得ず、折角水戸の流風を伝へたる人物として、世間の人望を担つてゐたのに、あたらそれをみづから棄却して了つた事は、徳川家《とくせんけ》の命脈すでに尽きた事を示すであらう。而して其の徳川幕府を倒す上に、最も力あつた西郷が、その間にチラと片鱗を示してゐるのは、頗る対照の妙なるを感ぜしめるであらう。

徳川氏が天下の政権を取つたのは、関ヶ原の戦によつてであつて、あの戦勝が無ければ、徳川は前田・上杉・毛利・浮田・島津等の雄藩に伍して、その右に出でたとは云へ、その上に立つ事は出来なかつた。同様に徳川氏が完全に政権から離れ去つたのは、明治元年正月三日、鳥羽伏見の戦に一敗《ぱい》、地に塗《まみ》れたからである。その前年、即ち慶応三年十月十四日、将軍慶喜は、謹んで大政奉還を請ひ、朝廷は翌日之をお許しになつた。二十四日、慶喜は将軍職を辞した。十二月九日、王政復古の大号令は発せられた。表面だけを見れば、幕府は廃止せられ、政権は朝廷に帰したやうに見えるものの、実際を見れば、土地人民、すべて元のままである。当時我国の人口三千万人、米は三千万石、そのうち幕府の直轄四百二十万石、旗本に分ち与へたる二百六十万石を加へて六百八十万石、尾張・紀伊・水戸のいはゆる御三家百五十二万石、越前家の分れ諸家を合せて八十八万石、以上を通計して九百二十一万石、つまり全国の三分の一は、徳川一門の所領であつた。次に他の諸藩を見れば、前田百二万石、島津七十七万石、細川五十四万石、黒田五十二万石、浅野四十二万石、毛利三十六万石その他、大まかに三百諸侯といふが、先づは二百八十藩、之に対して朝廷の所領は、皇室御料三万石、宮家六千石、宮門跡二万六千石、五摂家一万一千石、その余の公卿朝臣百三十七家合せて三万石、以上すべてを合せて十万三千石に過ぎない。

大政奉還といひ、将軍辞職といひ、王政復古といひ、表面の名目は分つたやうで、分らないのは実質実権だ。天下の政権を執るとなれば、天下の土地人民を支配しなければならぬ。それを明白に云へば、幕府の旗本御家人、承知しないであらう。それを承知させるのは、武力に依る外はない。西郷と大久保とは、武力解決を期した。幕府側に於いても、武力を以て薩長を排除しようとする者、次第に頭をもたげて来た。是に於いて慶応三年のくれ、江戸に於いて、幕吏による薩摩藩邸の焼討となり、之に刺激せられて、大坂滞在中の前将軍慶喜、兵をひきゐての上京となつた。

江戸に於いて主戦論の中心は、小栗上野介《かうづけのすけ》であつたらしい。大坂城に在つた旗本連中は、こぞつて勇敢に京都への進撃を主張した。さもあらう、彼等は自ら直参《ぢきさん》と称して、諸藩の武士を見下《みくだ》してゐた。その見下し侮《あなど》つてゐた薩長の田舎《ゐなか》侍《ざむらひ》に指図《さしづ》せられて、黙《だま》つて江戸へ帰れるか、と云ふ気が強い。おまけに京都からの要求は、会津・桑名二藩の兵を、中央から引揚げて帰国せしめよ、と云ふのである。若し薩長二藩の兵も同時に帰国せしめると云ふのであれば、話は分るが、薩長の兵は留まつてゐて、会桑の兵は帰せと云ふのでは、それは片手落だらう、会桑の兵は、徳川家擁護の主力、之を帰すわけにはゆかぬ、むしろ其の兵の滞留を幸として、一気に進撃しようと欲した。

京都と大坂と、双方で戦を希望するのであるから、これは開戦にきまつた。朝廷では岩倉が、中間では越前・尾張が憂慮して調停しようとしても、まとまる筈は無い。明治元年正月二日、幕府側は軍備を整へて行動を開始した。大坂城及び市中の警衛は、幕兵の外、紀州藩、姫路藩、松山藩、小浜藩等に任せ、攻撃に当るは本道伏見を主とし、別軍は鳥羽より進んで左右呼応する。総指揮官は松平豊前守、そして前線に采配を執るは竹中丹後守、兵数は伏見と鳥羽と両道を合せて一万五千。之に対して薩長側を見るに、薩藩の兵凡そ二千余、長州に至つては一千に満たず、両軍を合せて約三千、幕軍の一万五千に比して其の五分の一に過ぎなかつた。兵数によつて算盤《そろばん》をはじく時は、両軍の勢、桁《けた》がはづれてゐて、戦にはなるまいとさへ思はれるのに、そのわづかな兵をひきゐて幕軍を討ち、之を敗走せしめたのは西郷である。戦況は、本人から直接に聞かれるがよい。

明治元年正月十日付、西郷より国元の家老桂久武へ宛てたる報告に云ふ、

「三日より六日迄の連戦、一歩も退かず、少しの敗なく、勝通しの軍《いくさ》は、未だ曽て之あらざるの戦にて御座候。皇国の為、御悦び下さるべく候。人数多少を比較いたし候へば、賊軍は五増《そう》倍《ばい》の事に御座候へども、かくの如き勝利は、いまだ聞かざる儀に御座候。京摂の間（京大坂地方にての意）、よほど人心を失ひ居り候事にて、今日に至りては、伏見辺は兵火の為に焼亡いたし候へども、薩長の兵隊通行（の）度ごとには、老若男女、路頭に出て手を合せて拝をなし、有難し有難しと申す声のみに御座候。戦場にも、路々粮食を持出し、汁をこしらへ、酒を酙《くん》で戦兵を慰し、国中の（薩摩のといふ意味）人民よりは、まさりて見え候事に御座候。

淀城は、前以《まへもつて》より賊兵を城内へ入付けず、城下迄押詰め候処、歎願これあり、焼落しくれざる様との事に御座候て、城内よりは一発も打出さず候故、城は焼かずに、市中の賊巣を焼き払て、賊を追落し候処、其後は余程世話いたしくれ、大に都合能き事に御座候」

淀の城主は稲葉正邦、譜代大名である上に、春日局の関係があつて、徳川家とは一段と親近であつたが、正邦は時に老中として江戸に在つた。領する所、十万二千石、鳥羽伏見の戦場に最も近く、むしろ其の戦地に本拠を置くのが、此の稲葉藩である。然るに留守《るす》をあづかる者は、主義も方針も立たず、兎にも角にも無事安全を欲し、幕兵の入城を謝絶すると共に、官軍には攻撃せざるやう歎願し、局外中立の立場をとつた。然しこれは淀藩のみに限らない事で、初め幕軍に組入れられ、い

つの間にか官軍になつた藩もいくつかあつた。西郷は説く、

「近畿の諸侯は、皆官軍に属し、又両端を懐《いだ》き候藩も方向相定まり、官軍日々に盛大に罷成申候。御安慮下さるべく候。山陽道は、姫路、賊に与《くみ》し居候故、長兵備前と合し打巻く賦《つも》り御座候。必ず不日勝報これあるべしと相待ち居申候」

姫路は酒井雅楽頭《うたのかみ》、十五万石。備前は池田三十一万五千石、藩主備前守茂政は、水戸の烈公の九男であつて、鳥取三十二万石の池田慶徳や将軍職をついだ慶喜の弟である。その備前は、長州と手を結んで、姫路の酒井を討つといふのである。

「山陰道は、西園寺様惣宰にて薩長の兵を率ゐ御出張相成候処、是は戦は致さず、三丹を御説得相成候て、官軍に属せられ候御策にて御座候。亀山は早く相随《したが》ひ候趣申来、追々官軍に属し候向と相聞かれ申候。大坂の通路を久敷塞《ふさ》がれ候ては、大に困窮仕る可しと相考居候処、案外急速に相開き、天幸無事に御座候。今日は征討将軍宮錦の御旗を押立て、浪華迄御出張にて、昨夜枚方《ひらかた》御泊にて御座候。皇威輝くとは、今日の事に御座候。御遥察下さる可く候。いまだ混雑中にて、詳悉に能はず候へども、大略勝軍《かちいくさ》の一左右まで、此の如くに御座候。恐惶謹言。

正月十日　　西郷吉之助

右衛門様　御侍史」

西園寺は公望、嘉永二年の生れであるから、明治元年には二十歳である。二十歳の青年ではあつたが、聡明を以て知られ、あげられて山陰道鎮撫の総裁となつたのである。三丹は丹波・丹後に但馬

を合せて云ふ。征討将軍宮《の》は仁和寺の宮、即ち後の小松宮嘉彰親王（後に彰仁と御改名）である。西郷の此の書翰には、本文の奥に、注意すべき尚々書《なほなほがき》がある。

「尚々、江戸御屋敷を焼崩され、大坂の御屋敷焼失、此両件、実に残念の仕合《しあはせ》、是丈《これだ》けが負《まけ》に相成候事に御座候」

西郷の書翰だけを見て居れば、鳥羽伏見の戦、彼我の兵数五対一と云ふ隔たりに拘らず、官軍は鎧袖一触、五倍の幕軍を破り、幕軍は殆んど戦はずして逃げ去つたかの感じがあるが、戦の現場を見ると、決してさうではなく、幕軍の中にも気骨あり名を惜しんで勇戦奮闘した者が段々あつた。その最もめざましかつたのは、会津藩の大砲奉行林権助、六十余歳でありながら、三門の大砲を以て応戦し、更に槍を以て突撃せしめ、全身重傷を負ふも屈せず、その子又三郎と前後して戦死した。此の家の先祖、二百六十八年前の慶長五年には、徳川氏の為に伏見城を守つて、権助又三郎父子戦死し、二百六十八年後の明治元年には、鳥羽伏見の戦に参加して、権助又三郎父子戦死した。篤実の家風、欽慕すべく、不思議の因縁驚歎の外は無い。明治大正の御代の外交官、駐英大使男爵林権助氏は、私も一度お目にかかつた事があるが、鳥羽伏見で戦死した権助の子、又三郎の弟に外ならぬ。歴代名誉の家といふべきである。

かやうに幕軍の中にも、勇敢に戦つた将士相当にあるにはあつたが、西郷から見れば、それも問題にはならず、三日より六日へかけての四日間、連戦連勝、未曽有の大勝利、只江戸と大坂とに於いて、薩摩の藩邸が焼かれた事は残念、「是れだけが負《まけ》に相成候」と云ふ、是れが西郷独特の面白い表現法である。

続の七　山岡鐵舟

鳥羽伏見の戦は、その規模より云ひ、その戦況より見れば、重大なる戦闘では無かつた。幕軍一万五千と官軍三千との戦が、鳥羽伏見の間に行はれ、勝敗は忽ちのうちに決したのであるから、日本全国を東西に二分し、両軍主力をあげて会戦したる関ヶ原の役に比較する時は、大小軽重、同日の談では無いやうに見えるであらう。然し其の政治的意義を考察すれば、関ヶ原の役は徳川政権の成立を招き、鳥羽伏見の戦は徳川政権の瓦解を来したるものの比重は殆んど同じと云つてよい。

抑も大政奉還と云ひ、将軍職辞退と云ふ、文字の重々しくいかめしきに眩惑してはならぬ。世論のやかましさに堪へずして、慶応三年十月、右の二つを上奏したとは云へ、幕府側内心の期待は、実地実際の政治と云ふもの、京都の公卿で処理出来る筈は無く、必ずや名目を変へて、改めて幕府側に御委任になるであらう、幕府と諸藩とを以て成立してゐる我国の国家組織であるから、此の体制を根本から転覆させられるものではあるまいと云ふ安易な考が、漠然漫然として上下に漲《みなぎ》つてゐたであらう。それが鳥羽伏見に於いて根本から覆へされたのである。

大勢の激変を、いちはやく感得した者は、前将軍徳川慶喜その人であつた。彼は義公の子孫として大義名分の伝統を承《う》けて来たが、左右の側近及び世間の俗論にあやまられて、武田耕雲齋一行に対する処置宜しきを得ず、直参の面々や会桑二藩におだてられて、兵をひきゐる武力を揚げて京都を威圧しようとして鳥羽伏見につまづき、初めて自分自身の正躰に目ざめた。今後の慶喜は、もはや前の慶喜では無い。彼は一意恭順、朝廷の思召に従ふに至つた。彼は明治元年正月六日の夕、大坂城を出で、開陽丸に乗つて暴風の中を航し、十日の夕やうやく浦賀に入り、十一日品川へ進み、十二日江戸城に帰つた。

　前将軍の東帰を迎へて、翌十三日より旗本御家人高下を問はず出仕して、和戦の論囂々《がうがう》としてやかましかつたが、十七日に至り、慶喜自身恭順の意志を表明した。その要点は、本来自分は、朝廷に対し奉つて、少しも疎意を存しない、鳥羽伏見の戦は、不肖指令を誤まつた所より起つたもの、計らずも朝敵の汚名を蒙るに至つた事、辯解の言葉も無く、陳謝して天裁を仰ぐのみである、汝等憤激して主戦論を唱へる事、その心情は諒とするも、国内紛糾して相互戦ふ時は、印度また支那の覆轍をふみ、皇国瓦解に陥るであらう、汝等予の意を体して暴動するなかれ、と云ふにあつた。

　主戦論者の中には、元の長崎奉行兼勘定奉行水野筑後守もあれば、陸軍奉行並兼勘定奉行小栗上野介もあつた。二人とも才幹卓越せる名士であつた。水野は既に老人であり隠居であつたから、慶喜の諭告を聴いて強ひて抗争せず、絶望して寂しく憤死したが、小栗は慶喜より直接免職せられたるに拘らず、主戦の志は変らなかつた。慶喜は多くの役人を罷免すると同時に、会津・桑名の二藩主にも帰国謹慎を命じたが、主戦論の鎮圧はむつかしく、過激の輩は、むしろ慶喜を葬り去つて京都と戦はうと暴言するに至つた。是《ここ》に於いて慶喜は、二月十二日、江戸城を出でて、上野の東叡山寛永寺塔中《たっちゅう》大慈院へ入り、四畳半の一室に屏居謹慎した。一方京都に於いては、親征の大軍、部署を定められ、先鋒は正月下旬早くも出発し、有栖川大総督宮は、二月十五日朝参内して節刀を賜はり、直ちに征途に就かせ給うた。第一軍は東海道、第二軍は東山道、第三軍北陸道、第四軍奥羽、第五軍海軍、而して之を統轄し指揮するものは、親征大総督府であつて、その本陣としては、駿府城（静岡）が選定せられた。そのうち東山道と北陸道とは防守を主とし、進撃は東海道を主とした。兵は五十余藩の兵を召されたので、装備も、訓練も、まちまちであつたが、主力として頼むは薩長二藩の兵であつて、これは当然東海道へ向けられ、その先鋒を承つた。即ち五軍に分れると云ふも、重いのは東海道であり、東海道に於いても大総督府は全軍の首脳であるから此処を最も重しとしなければならぬ。その大総督府に於いて、大総督宮の下にあるは、四人の参謀であるが、第一正親町、第二西四辻の二人は公家であるから之を別とし、第三が西郷吉之助、第四が林玖十郎、此の顔触を見れば、全軍の指揮、一に西郷の手に在つた事が推知せられるであらう。その間の事情は、山岡鐵太郎の出現によつて、一層明白となる。

山岡鐵太郎（鐵舟）の出現は、国史の中に於いて奇蹟と云ふべきものの一つである。蓋《けだ》し是の時、慶喜恭順の誠意、朝廷に達せず、あくまで逆臣として討伐せられるとなれば、幕軍としてもすべてが無気力柔弱と云ふわけでは無い。東海道は箱根の険に拠つて防ぐと同時に、洋式訓練を積んだる優勢の海軍を以て長駆して鹿児島を砲撃し、会津をして奥羽諸藩を連合せしめると共に、親藩譜代の諸藩に手入すれば、全国大騒乱に陥るであらう。況んや幕府援助の意志がフランスに在り、軍事教師として幕府に招かれたるフランスの士官は、幕府に対して熱心に決戦を勧告してゐたのであるから、大波瀾、大混乱、大損害、大悲惨を免れない情勢であつた。その形勢を一変させたのが、山岡鐵太郎である。

山岡は旗本の士、精鋭隊の幹部であつた。奇傑の人として知られてはゐたものの、恐らく深慮重厚に欠け、大事を担当する器では無いやうに見えたのであらう。変り者で通つてゐたらしい。それを慶喜に推薦した人は、高橋伊勢守（泥舟）であつた。初め慶喜は、高橋を召して衷情を官軍へ伝達するやう命じたが、高橋拝承して起つに及んで、あわてて之を止め、「汝はやはり側近にゐて貰ひたい、汝無ければ、予は相談相手が無いのだ」と歎いた。よつて高橋は、自分の代りに、義弟山岡を推挙した。急使を以て召された山岡は、慶喜より恭順謹慎の本意を官軍に伝達する事を命ぜられた。山岡はいたく感動したが、わざと念入りに駄目を押し、反復本心を見極めた後、初めて之を快諾し、「御本意無二の御忠誠を拝承したる上は、不肖ながら山岡鐵太郎、必ず之を朝廷へ貫徹いたさせませう、鐵太郎眼の黒い間は、御心配になりませぬやう」と誓つて座を起ち、ただちに二、三の重臣に相談をしたが、いづれも愚物、話にならぬ。そこで今まで会つた事はないが、軍事総裁勝安房を、赤坂氷川町の自宅にたづねた。勝の家では初め山岡を疑つてためらつたが、遂に面会を許した。話してゐるうちに、勝は山岡を理解し、遂に之を激励して、勝より西郷へ宛てたる書翰を托し、且つ山岡の附人として益満《ますみつ》休之助を随行せしめた。益満は薩摩の士、先きに幕府に捕へられてゐたのを、勝があづかつてゐたのだと云ふ。
勝が特に申出て益満を預かつたのが三月二日、山岡が勝をたづねたのが三月五日、時機の相応するも一奇といふべきである。山岡は益満を従へて出発し、官軍大総督府の在る駿府（静岡）へ急行する。品川を出て六郷川を渡れば、左右皆官軍である。山岡は堂々とその中央を進むが、止《と》める者は無い。隊長の宿営へ入り、大音声をあげて、「朝敵徳川慶喜家来山岡鐵太郎、大総督府へ通る」と名乗つた。隊長は篠原國幹、何の事か分らず、「徳川慶喜、徳川慶喜」と二声小声でくりかへしたのみで、何の処置もしない。その間に山岡は家を出て、先きを急いだ。

神奈川まで行くと、官軍は長州兵であつた。よつて山岡は益満を先行とし、「薩州藩」と名乗らしめた。山岡その後についてゆく。何人も之を咎める者は無い。山岡は昼夜兼行、やがて駿府に至り、大総督府に西郷をたづねた。山岡は是れまで直接慶喜と面談した事も無ければ、勝と会つた事も無かつた。況んや西郷の顔、見た事も無い。しかるに西郷は快く会つてくれた。是れも亦、一奇である。

山岡は曰く、「先生此度朝敵追討の御趣意は、何が何でも進撃せられるのみでありますか。主人慶喜は寛永寺に入つて謹慎し恭順の至誠を表してゐますのに、それを無視して攻撃せられる時は、鎮撫行届かず、抗戦する者も出ませう。それを憂ひ、主人の本意を朝廷へ奏達いたし度《たく》参上しました」。西郷答へていふ、「甲州では、もはや戦争始まりましたよ。先生の云はれる所と相違してゐますわい」。これは東山道を進んだ官軍、甲府に入るや、幕軍近藤勇等之を防いで勝沼の戦となり、板垣・谷・片岡等激戦して幕軍を破つた事を指す。山岡曰く、「あれは脱走兵の妄動に過ぎませぬ」。西郷曰く、「それならばよろしい」。山岡曰く、「官軍は戦をお望みですか」。西郷答へる、「戦を望むのでは無い。恭順の実効さへあれば、寛大の御処置があるだらう。是れまでは、恭順々々と云はれるだけで、真相は一向分らなかつた。今日先生ここまで出張せられたので、江戸の事情も判明したから、大総督府へ言上する事とする。しばらくここにお待ちなされよ」。しばらくして西郷は帰り、一通の書付を渡した。見れば五箇条の要求である。

一　城を明け渡す事、

一　城中の人数を向島へ移す事、

一　兵器を渡す事、

一　軍艦を渡す事、

一　徳川慶喜を備前に預《あづけ》る事、

山岡一読の上、口を開いた。「謹んで拝見いたしました。只そのうち一箇条は、拙者に於いておうけ出来ませぬ」。西郷問ふ、「それはどの箇条ですか」。山岡云ふ、「主人慶喜を備前へ預ける事です。此の一点、拙者断じて承知出来ませぬ」。西郷曰く、「朝命ですぞ」。山岡云ふ、「たとへ朝命であつても、拙者は決して承伏しませぬ」。西郷かさねて曰く、「朝命ですぞ」。

是に於いて交渉は鉄壁の阻止するに遭遇した。山岡いふ、

「それならば先生と拙者と、立場をかへて論じませう。先生の主人島津公、もし誤つて朝敵の

汚名を受け、官軍の追討にあはれ、しかも其の君、恭順謹慎を表せられるに拘らず、朝廷に於いて之を差出して他所に禁錮せしめよとの命令を出されんに、先生は之に従つて主人を差出されますか。鐵太郎は決して之を忍ぶ事は出来ませぬ」

西郷、しばらく黙つてゐたが、やがて口を開いて、

「先生のお説、御尤《ごもつとも》だ。徳川慶喜殿の事に於いては、吉之助きつと引受けて処置しませう。先生心配なさるな」

交渉はここに至つて至重の難関を突破し了つた。山岡はホッとした。すると西郷曰く、

「先生、官軍の陣営を勝手に破つて入つて来たのだから、捕縛しなければならない所だが止めて置かう」

山岡いふ、「捕縛せられる事、我が望む所、どうぞ縛られたい」。西郷笑つていふ、「まづ酒を酌まう」。数杯を傾けて山岡座を立てば、西郷は之に与へるに総督府陣営通行の免許証を与へた。

偉なるかな山岡鐵太郎、彼《かれ》は一切小手技《こてわざ》を用ゐず、ただ真正面の拝み打ち、至誠を対手《あひて》の脳裏に打ち込まずんばやまなかつた。千里に使して主命をはづかしめざる者、男の中の男と云はねばならぬ。

更に驚くべきは西郷だ。勝すら面会をためらつた程の奇俠の士、死を決して官軍の陣営を突破する事四十八里、無断で推参した男を、あだかもかねて知りあひの友人かのやうに、気軽に招き入れて応対し、直ちにおのれの腹中に呑込んで了つた離れ業《わざ》、一枚上どころでは無い、千枚も万枚も上

だ。殊に官軍五箇条の要求、あれは京都に於いて、岩倉や大久保と協議して、廟議すでに決定してゐたものだ。それを山岡の一言に感心し、理の当然に服して、誰人《たれひと》にも相談せず、おのれの全責任に於いて、重大なる一箇条をアッサリと棒引抹消して了ふとは、道義の確信、度量の広大、恐れ入るの外はない。

続の八　勝海舟

西郷と山岡との会見を見て、西郷といふ人、度量の大きく心のあたたかい人で、誰にでもあのやうにやさしくしてくれたと思ふならば、それは誤であらう。当時江戸と駿府の間に話をつけようとして使節の往復するもの、外にもあつただらう。たとへば東叡山の執当覚王院及び龍王院等が、輪王寺宮公現法親王をかついで徳川氏のために歎願運動を起し、三月七日駿河に於いて大総督府と接触したるも、其の一つであれば、その頃また勝より西郷へ書面を送り、官軍の東下を箱根以西に止めるやう期待したと伝へられるのも、其の一つであつた。然るにそれらは、或は冷然として迎へられ、或は憤然として顧みられなかつた。要は人に在り、その精神に在るのだ。

西郷は種々の雑説や運動を排除していそぎ兵を進め、箱根の関を降《くだ》し、三島・小田原・鎌倉を占領し、三月十五日を以て江戸総攻撃に移るべく、着々準備させてゐた。

西郷が山岡を引見したのは、三月九日であつた。山岡は見事使命を果した。然し是れは内々の事であつて、両軍公式の交渉誓約では無く、前将軍と西郷との間に、諒解のパイプが暗黙の間についただけの事、戦闘の準備は両軍とも沸騰してゐた。官軍は品川・板橋・新宿に於いて待機し、三月十五日を待つてゐた。

勝は幕軍の軍事総裁として、全権を掌握しつつ、機の熟するを待つてゐた。今や官軍は三道並び進んで江戸を包囲し、一令下れば直ちに市内に突入すべく、殺気は天地に漲つて来た。その突入の時期十五日は、刻々と迫つて来る。その日が明後日と近づいた十三日、勝は俄かに起つて、西郷に会見を求めた。西郷は高輪の薩摩屋敷に勝を迎へて面談した。話の内容は、和宮の処遇一点に限られて、他事に及ばなかつた。和宮、御名は親子内親王、孝明天皇の御妹であつて、文久二年二月、将軍家茂に御降嫁あり、慶応二年家茂なくなつた後は、静寛院宮と呼ばれて、江戸城中に止《とど》まらせ給うた。官軍の江戸城総攻撃に当つて、城中に此の宮のまします事は、重大問題であり、幕軍にとつては、一つの強みであつた。然るに十三日の会見に、勝は和宮を人質として利用する事は決してしない、その点は御懸念なき旨、西郷に明言し、その他の事項は明日あらためて申述べる事として、此の一点のみ分離して、今日明瞭にして置く、として会見を打切つた。即ち和宮を人質として遇しないのみならず、それを一切取引材料に加へない、といふのである。勝の態度もすばらしい。

あくれば三月十四日、総攻撃を明日にひかへて、西郷・勝の両雄は、芝田町の薩摩下屋敷《しもやしき》に於いて会見する。勝は羽織袴の軽装、馬上只一人の口取を随へて来た。しばらく待つと西郷が、庭から出て来た。古い洋服に下駄をはいて、例の如く忠僕一人をつれて、平気な顔で現れて、「是れは是れは、遅刻しましてまことに失礼」と云ひながら座敷へ通る。

勝は幕府側の希望をまとめて陳述した。㈠慶喜は隠居の上、水戸に於いて謹慎させていただきたい、㈡江戸城は即日田安へおあづけ願ひたい、㈢軍艦武器はとりまとめ置き、寛典の御沙汰ありたる時、相当の数を残して、それ以外お引渡し申上げたい、等と、敗者の勝者に対する申出としては、随分虫のよい要求であつた。ところが西郷は別に気にかけた様子も無く、「分りました。是れは自分の一存できめるわけには行きませぬから、総督宮に委細申上げた上で、何分の御返事致しませう。只明日に迫つてゐる総攻撃だけは、すぐに止めさせませう」と云つて、村田新八と桐野利秋とを呼び、中止の伝達を命じた。そしてその後は、従容として昔話などして、眼前の大騒ぎを知らない如くであつた。その西郷の悠揚《いうやう》迫らざる態度と正反対なるは、彼の命令であつた。村田等に命じたる総攻撃中止の命令は、その間に全軍に伝達徹底してゐたのである。

西郷は勝の歎願書を受理して駿府へ帰り、大総督府に於いて協議した上、更に京都へ上り、朝廷の御指揮を仰いだ。そして勅裁をいただいて京都を出発したのが二十一日、池上の本門寺へ着いて先鋒の陣営に入つたのが二十八日であつた。勝との会見よりは二週間の後、山岡との会談よりは十九日後である。人或は疑ふであらう、話は山岡できまつたでは無いか、何故に協議、屋上に屋を重ねるのであるかと。然しそこが西郷の偉い所だ。山岡は密使である。之を以て彼我首脳の間にパイプが通じ、軌道が布《し》かれた。その軌道をたどつて、勝が幕府側代表として、公然歎願書を持参した。西郷は、山岡に対しても、勝に対しても、その場で適切に応対した。然しそれはあくまで西郷の意見であつて、いよいよとなれば、勅裁を仰がなければならぬ。事理極めて明白である。

双方の大軍対峙してゐる時、二週間も放置してよいのか、と云ふ疑問が出てくるかも知れない。

官軍の方には、問題は無い。幕軍の方は、日を経るにつれて、昂奮からさめて気力衰へて来るだらう。勝もそれを憂へてゐたが、西郷もそれを見込んでゐたであらう。只一つ、江戸市内の混乱に乗じ、悪徒跳梁して、様々の犯罪が行はれるであらう。官軍には、市内へ入る事を許してゐないのであるから、此の取締をどうすればよいか。西郷は一存を以て、当分の間、江戸市内の警察権を勝に与へた。それには、勝の提出した歎願書の末に、「士民鎮定の儀は、精々《せいぜい》行届き候様仕る可し、万一暴挙いたし候者これあり、手に余り候はば、其節改めて相願申すべく候間、官軍を以て御鎮圧下され候様仕り度事」とあるのが、誘ひ水となつたであらう。西郷は之を承諾して、といふよりは、むしろ之を善用して、江戸市中の混乱を鎮定し、治安を維持する任務を、幕軍の軍事総裁勝に附与し、勝に責任を持たせたのであつた。

ここに注意すべきは、三月十四日会見の直前に、西郷より勝に与へたる書翰には、自分の署名は、「西郷吉之助」とし、先方の宛名は、「安房守様　拝復」とし、幕府の重臣に対する礼儀を存してゐる。それが会談終つて、江戸市中取締の役目、つまり警察権を勝に附与するに当つては、大総督府の辞令として十分の威厳を示し、安房守の守の一字を許さず、「勝安房」と呼び捨てにしたのであつた。此の辞令の原本、私は不思議の因縁で、一度見せて貰つた事があるが、その時の驚嘆を今日も忘れないのである。

西郷の申請通り、勅裁は下された。四月四日、勅使江戸城に入り、徳川家代表田安慶頼に之を申渡した。城は四月十一日官軍に引渡され、慶喜は同日上野を出て水戸へ向ひ、そこに幽居謹慎する。

之に不服の輩は、彰義隊を結成して上野にたてこもつたが、五月十五日、官軍の総攻撃を受けて潰滅した。

西郷は大問題の解決したのを機会に、一応鹿児島へ下る事とし、六月十四日帰着したが、奥羽諸藩連合して官軍に抗し、その勢容易ならざるを見て、再び兵を集め、之を率ゐて越後に向ひ、八月十一日新潟に上陸した。そのうちに官軍の猛攻撃に堪へかねて、米沢は九月四日に降り、仙台は十五日に、会津は二十四日に、そして荘内は二十七日に、謝罪降伏するに至つた。

東北諸藩のうち、最も頑強に抵抗したものは、会津と荘内の二つである。会津が戦意最も盛であり、同時に被害の最も悲惨であつた事はいふまでも無いが、それについで戦意の強かつたのは荘内であつた。荘内十四万石、元和八年酒井忠勝ここに封ぜられてより、子孫代々之を継承し、幕府に在つては、溜間詰《たまりのまづめ》として、彦根の井伊、岡崎の本多、忍《おし》の松平、姫路の酒井などと共に、幕政の枢機に参与し、従つて幕府勢力の根拠となつて来た重要なる藩であつた。而して一藩の士風も亦、会津と同じく、質実剛健、苦難をいとはず、貧困を意に介せず、幕末といへども遊惰安逸に陥る事がなかつた。然し今や米沢、仙台相ついで降り、会津も亦落城するを見て、大勢抗すべからざるを看取し、官軍に対し帰順の意志を表明した。

時に藩主は酒井忠篤《ただすみ》、嘉永六年の生れであるから、かぞへ年十六歳の少年であつた。降参であるから乗物《のりもの》を用ゐず、徒歩《かち》であつた。刀は帯びず、丸腰であつた。重臣に導かれ、わづかのお供《とも》を連れて官軍の陣営をたづねた。幸なるかな、そこには西郷がゐて、直ちに招き入れた。双方の応対、傍《はた》で見てゐる者が驚いた。酒井も礼儀正しく丁寧であつたが、西郷の方は、それ以上に謹み、それ以上に頭を低く下げた。降伏の挨拶はすんだ。いよいよ帰る段になつて、西郷は云つた、「刀をお指しになつてよろしい、又少年ですから徒歩は容易でありますまい、馬なり、駕籠なり、御自由にお用ゐなさい」。酒井主従は、うれし涙で帰途についた。

官軍の一人が云つた。「先生、少し丁寧が過《す》ぎはしませぬか、あれでは、どちらが降服するのか、分らないではありませぬか」。西郷は答へた、「戦敗れて降る者は、心身共に疲れ、悲しみ怖れてゐるのだ、之を励まして上げねばならぬ」。

東北の鎮定を見定めて、西郷は帰途に就き、十月中旬京都に帰つて復命し、大総督府参謀の任を解いていただき、十一月鹿児島へ帰り、間もなく藩の許を得て、大隅へ湯治に行つた。同道の壮士三、四名、ひきゐるもの犬四、五匹、山に登り谷を下つて兎を追ひ、悠々として自適してゐた。

しかし其の間にも、幕兵脱走して箱館に拠り、一時その勢盛なりと聞くや、西郷はまた薩藩の兵をひきゐて討伐に赴いた。五月二十五日箱館へ着いて見ると、五稜郭すでに降り、鎮定してゐたので空しく帰つて来た。

続の九　参議に任ず

人は高位高官に昇り、権勢の座に就く事を好み、一たび其の座に就けば、そこに安住して動かず、出来るだけ之を離すまいとする。それが人情の癖である。然るに西郷には、此の癖が無くて、その代りに出来るだけ高位高官を辞し、何とかして権勢の座を去らうとする。それが西郷の癖である。西郷は大総督府の首席参謀として、事実上幕軍征討の大将軍であり、最高司令官であつた。それは山岡や勝との交渉を見る時、明々白々、疑を容れない。然るに幕軍の主力降伏し、江戸開城して後、残党上野にたてこもつて彰義隊を結成する。官軍之を討たねばならないが、その陣容が面白い。西郷は長州の大村益次郎を推して総指揮官とし、自分はその下で、大手（即ち黒門方面）部隊の采配を振つた。普通の人のしない事である。そして上野が平定するや、東北方面へ逃走した残党の征伐は、之を諸将に任せて置いて、自分は鹿児島まで帰つて了つた。しかも仙台・米沢等の諸藩連合して王師に抗し、会津・荘内頑強なりと聞くや、再び兵を率ゐて海路越後に向ひ、やがて荘内を降した。東北の鎮定を見定めて西郷は京都へ帰り復命し、そして大総督府参謀の任を解いていただき、身軽になつて鹿児島へ帰り、犬をひきゐて兎狩をして自適した。

その頃、西郷の心境、また其の生活を偲ぶべきものとして、次の詩をあげよう。

世上の毀誉《きよ》、軽きこと塵に似たり、
眼前の百事、偽か真か、
追思す、孤島幽囚の楽、
今人に在らずして、古人に在り、

「古人」は、古書を読みて、歴史の中に師友を求め、心の交遊を楽しんだのであらうが、同時に島の人々の純情、古人に類するを喜んだに違ない。私の旧稿「昔の人」にも、そのやうな人物が出てくるのである。今の世にも古人はあり、昔の世にも今人はあるのだ。

西郷はまた詠ずる。

再三の流竄《るざん》、酸辛《さんしん》を歴たり、
病骨何ぞ曽て俸緡《ほうびん》を慕はん、
今日退休《たいきう》、相共に賞す、
団欒《だんらん》情話一家の春、

これは官職を辞して家へ帰り、家族と共に暮らしてゐる楽をうたつたものであるが、第二句、俸給に恋々として官職にしがみついてゐる気の無いのは、一つは天性でもあらうが、一つはたびたびの島流し、さんざん苦労して来た所から生れた人生観でもあらう。

明治二年六月、朝廷は西郷の勲功を賞して、賞典禄二千石を賜はつた。木戸・大久保・廣澤の三人はそれぞれ千八百石、大村益次郎千五百石、板垣退助・後藤象二郎その他それぞれ千石といふのであるから、西郷の功績は抜群なる事、朝廷に於いて公認せられたのであつた。ついで其の九月、西郷は正三位に叙せられた。木戸と大久保とは、従三位であつたから、此の点でも西郷は抜群であつた。本人はそれを心苦しく思ひ、しきりに辞退したが、許されなかつた。

徳川の処分は決定した。佐幕の諸藩は追討せられて屛息した。然し折角政権を取戻した朝廷には、大改革が必要であつて、しかもその大事を担当すべき人材が甚だすくない。試みに明治二年秋の職員録を取つて見る（これはその内容から判断して、明治二年九月十二日以後、同年十二月以前のものと思はれる)。

太政官には、太政大臣欠、左大臣欠、

右大臣　三條實美、

大納言　岩倉具視、徳大寺實則、鍋島直正、中御門經之、

参　議　大久保利通、廣澤眞臣、副島種臣、前原一誠、

以上が最高であり、中枢であつて、その他民部省には、卿が伊達宗城、大輔が大隈重信、少輔が伊藤博文、以上の三人は、そのまま大蔵省にも名を列ねてゐる。兵部省には、卿が嘉彰親王、大輔欠、少輔久我通久、刑部省には、卿が正親町三條實愛、大輔は佐々木高行、少輔欠、宮内省は、卿に萬里小路博房、大輔に烏丸光徳、少輔欠、外務省には、卿に澤宣嘉、大輔に寺島宗則、集議院は長官大原重徳、次官阿野公誠、大学校は別当兼侍読松平慶永、大監兼侍読秋月種樹、弾正台は尹に九

條道孝、大弼に池田茂政、少弼に吉井徳春、海軍には、大将中将少将、みな其の人無し、陸軍は、大将なし、中将なし、少将正親町公董、五條為榮、四條隆謌、鷲尾隆聚の四人、その外は略す（此の明治二年の職員録の中に、私がお会ひする事が出来たお方は、唯一人、大学校の少助教無位源朝臣山本信實、此の先生である。このお方が私をおたづね下さつたのは、昭和四年十二月三十一日、その始末は拙著『芭蕉の俤』に記しました）。

さて此の顔触、いづれも盛名、史上にかがやく方々ではあるものの、此の顔触では、どうしても国家必須の改革は出来ないのである。

当時、国家の重大事として、いかなる改革が要求せられてゐたかと云ふに、その要点は岩倉の建国策に指摘する所、左の通りである。即ち建国の大本に帰つて、天子は万民をして各その業に安んじ、各その所を得せしめ、万民は各その業に励み、各その生を保つて、天子につかへるべきであるが、此の原理に基づいて政治を施行するには、皇室及び政府、神祇、海軍及び陸軍、学校、刑律訴訟、貨幣、道路、河川、徴税、民業、警察、外交、是等それぞれ費用を必要とする。然るに現状は三府、二百六十五藩、四十一県を合せて、歳入千七十三万四千二百九十六石、そのうち華族の家禄九十万五千五百五十九石、士族の家禄四百五十五万七千七百二十二石、二口を合せて家禄五百四十六万三千二百八十一石、つまり国の収入の半額は家禄としてつかはれてゐて、政府の施政には用ゐられないのである、よつて華士族には公債証書を下附して家禄に代へるべきである。又士卒にも、農工商の産業に就く事を奨励すべきである。藩知事は東京に集め、天子のお膝下に定住せしめなければならぬ。民部省と大蔵省とを分つて、戸籍、土木、郵便、鉱山、森林、農牧、造船、鉄道等は民部省の指揮監督とし、天下の租税は悉く大蔵省の管轄とすべし。又天下の兵制を一定し、兵部省の総轄に帰せしめねばならぬ。

岩倉が此の建国策を書いたのは、明治三年八月下旬だと云ふ。今から見れば、当然の事と思はれやすいが、当時に在つては、驚くべき大変革であつて、朝廷の中枢に太政大臣なく、左大臣なく、右大臣に三條實美、大納言に岩倉一人が頼みになり、参議では大久保一人しかあてにならぬとあつては、到底大改革など思ひもよらぬ（参議前原一誠は、明治三年九月辞職し、参議廣澤眞臣は、四年正月九日暗殺せられた）。何分にも、諸国諸大名、幕府は無くなつたにせよ、自分等の地位は変らず、あくまで土地人民を私有して、その権利、今までは徳川将軍の認証を得てゐたのが、今後は天皇の認証に変つただけだとしか思はないところへ、その土地人民を政府が直接手を入れるといふのであるから、未曽有の大変革、驚天動地の大珍事、風雲どう動くか分らない。改革を断行し、風雲を鎮定するには、朝廷に武力の他を慴伏せしむるに足るものが無ければならない。然るに朝廷には、固有の独立せる武力が無い。今在るものは、薩（二大隊）長土肥（各一大隊）の四藩の兵を召して、東京皇居の守護に当らしめ、之を名づけて徴兵と呼んだものの、実は藩兵であつて、藩の都合によつて何時交替するか、又は辞退して帰藩するか分らず、現に三年九月には薩藩の二大隊（一番大隊長桐野、二番大隊長野津）鹿児島へ帰り、同時に薩藩より徴兵御免の願書提出せられて、一時は薩兵の在京皆無になつた程である。よつて朝廷の首脳部として岩倉と大久保と相談し、薩摩よりは藩主の父島津久光、長州よりは藩主の父毛利敬親《たかちか》、この両人に協力を依頼し、薩長の武力によって朝廷の威勢を固めようとし、岩倉を勅使として毛利・島津両家へ差しつかはされる事となつた。随行は大久保と木戸、その外に川村純義と山縣有朋を鹿児島へ赴かせたのは、西郷を引出さむが為であつた。勅使一行は、明治三年十二月十八日鹿児島に着き、途中にて別れたる木戸も同じ日に馬関に着いた。勅命は、薩長の両藩は、皇室の羽翼として復古の大業を助けよ、その為に上京を急ぐやうに、との御趣旨であり、別に勅使より久光にむかつて「必ず西郷を随従して上京ありたい」旨を述べられた。久光は感激して勅命を拝した。それは勅使一行の安堵する所であつたが、岩倉や大久保の非常に驚喜したのは、此の間に於ける西郷の同意と尽力とであつた。

当時（明治三年十二月二十一日）鹿児島より東京の三條右大臣等に宛てたる報告書の中には、薩藩の態度頗る温和なるを喜び、

「殊に西郷の如き、実に朝廷の事、天下の儀を憂苦罷りあり、是非長土（長州・土佐）等同心合力致さざれば、百事去るとの見込にて、当世の人傑たる事、相違あるべからず、感心の事に候」

と述べてゐる。

久光は病の為に明春を待つて上京する事とし、先づ西郷を先発せしめた。

勅使は十二月二十八日鹿児島を出発し、大久保と西郷とは翌四年正月三日出発、勅使の船に追付き、六日三田尻に上陸、木戸の出迎を受け、七日山口へ入つた。西郷・大久保・木戸の三雄は山口

の旅館に於いて協議し、西郷の発議によつて、薩長両藩の外に、土佐をも加へる事とし、十四日勅使の東京へ向つて出発せられたる後、十六日三雄打ちそろひ乗船、翌日高知城下へ入り、板垣・福岡等と会談し、三藩の武力を親兵として朝廷へ献じ、その実力を以て天下に号令せん事を期した。

明治四年二月二日、西郷・大久保相携へて帰京し、三日には木戸、六日には岩倉も帰つて、巨頭、顔をそろへた。薩長土の三藩合力して中央を固めるといふ点ではまとまつたものの、実際政治の運用には、主務者発令者が無ければならぬ。大久保と西郷とは、それを木戸へもつてゆかうとした。然し木戸は、自分が単独で他の人々の上に立つのは、何としてもいやだと云ふ。さんざん揉めたあげく、六月二十五日になつて、参議一同を免職し、新に木戸と西郷との両人を参議に任じ、之を政府の中枢とした。そして諸省の少輔以上を免官し、大久保を大蔵卿に、大隈を大蔵大輔に、井上を民部大輔に、大木を文部大輔に、山縣を兵部少輔に、後藤を工部大輔に任じた。その新しい陣容を詳述する余裕は無いが、兎に角西郷が上京して朝廷の要職に就いた事、要職と云つても只の要職ではなく、大蔵省、民部省、兵部省、工部省、文部省その他の上に立つて之を総轄するのが参議であるから、名は参議といふものの、各省大臣の上に立つ首相と同じ権威があるとしなければならぬ。その重職に、木戸と並んで、西郷は就任したのである。徳川勢を鳥羽伏見に撃破し、逃ぐるを追うて江戸に迫り、談笑のうちに江戸城を受取つて、三百年専権の江戸幕府のとどめを刺した西郷、その西郷が今や迎へられて朝廷の首班に登つたのであるから、在朝の諸官、俄に気が強くなつた。明治三年八月の岩倉の建国策に於いては、未だ想到せられなかつた破天荒の大改革、廃藩置県、土地人民の収公、それが明治四年の七月、西郷・木戸並び立つ朝廷に於いて、初めて想到し、真剣に考究し、具体的に着手せられる事となつたのだ。

（昭和五十六年六月十二日　病中執筆）

続の十　廃藩置県

三百年の覇権を誇る徳川氏は倒したものの、また其の徳川氏を守らうとする東北諸藩は武を以て降したものの、皇居を江戸城に移して東京と改称し、新しい時代の始まり、天下の耳目を聳動したものの、さて実地に手を下さうとすれば、いはゆる三百諸侯、土地も人民も之を私有する形勢であつて、どうにもなるものでは無い。在朝の有司は、前途を眺望して途方に暮れたであらう。是《こゝ》に於いて勅使は薩長の両藩に下向し、それぞれの藩主の父に、上京して政府を輔翼するやう命ぜられ、附随して西郷の上京を命じ、更に西郷の意見を採用して、薩長の外に今一つ土佐藩を加へ、三藩を以て朝廷の羽翼とし、政府の実行力とした。

三藩の実力を以て政府の中核を固め、殊に西郷・木戸の両参議を以て政務の指揮者とするに及んで、朝廷は俄然活気を呈して来た。有司には、「是れならば、やれる」といふ自信がついて来た。是に於いてか廃藩置県、土地人民の収公が考へられて来た。いや考へた人は以前にもあつただらうが、それに口を切り手をつける者は無かつたのが、今や手を着ける人が出て来たのである。

手を着けたのは誰であるか。鳥尾小彌太と野村靖とである。両人とも長州藩士であつた。明治四年六月、両人協議の上、山縣をたづねた。鳥尾、時に二十五歳、兵学頭であつた。野村、三十歳、外務大記（明治八年の官員録には外務出仕）であつたと云ふ。山縣有朋、三十四歳、兵部少輔であつた。鳥尾と野村とは、政権統一の為には廃藩置県を断行する外無き事を強調したが、殊に鳥尾は頗る激烈で、「もし朝命を奉ぜざる藩あらば、直ちに親兵を率ゐて討伐すべし、又もし先輩のうち、万一之に反対する者あらば、之を隅田川《すみだ》に於いて水葬に附すべし」とまで放言した（その先輩とは、木戸を指して云つたのだと伝へられる）。山縣は之に同意した。そこで政府の首脳、西郷・木戸の両参議に申出て、之を発動して貰はねばならぬとし、その方法、西郷には山縣より諒解を求め、木戸には、鳥尾・野村の両人が先づ井上馨に説いて其の同意を得、その上で井上より木戸を説いて貰はうと云ふ事になつた。

山縣が此の重大なる案、破天荒の改革を掲げて西郷をたづね、その理解を求めるに当つては、頗る昂奮し、緊張してゐた。然るに、黙つて聞いてゐた西郷は、山縣の話が一応終つた時に、「よろしい」と答へた。あまり簡単に同意したので、山縣はあわてて、これは誤解があるのでは無いかと心配し、繰返して説明した。西郷は只、「よく分つた、それでよろしい」と答へるのみであつた。

一方には鳥尾・野村の両人、井上を説きに行つたところ、井上は財政の見地から、全国の統一を必要とし、その全国統一の為には、廃藩置県を必要としてゐたので、説得者を驚かす程に共鳴し同感した。

重大案件、山縣は西郷の同意を得、井上は木戸の賛成を得たので、明治四年七月九日、一同は木戸邸に会合して、之を確認する事とした。その日は暴風雨の為、朝廷へ欠勤する者もあつたが、夕五時より開かれたる木戸邸の会合には、西郷、大久保、井上、山縣、大山、西郷従道、鳥尾、野村の諸氏出席し、急速に、且つ断乎として、之を発令し、承服せざる者あれば討伐すべき事を決定した。

決定通り、実行は急速に、且つ断乎として進んだ。七月十四日朝、大隈と板垣とを参議に任命した。これは従前の西郷・木戸両参議だけでは、政府の首脳部として稍寂しいとして木戸が考按推挙したるものであつて、大久保は之に反対であつたが、遂に譲歩したのだと云ふ。兎に角政府首脳が、薩長の代表二人に加へて、土肥二人を並べ、四藩四人とした事は、大改革の前提として重要なる布石と考へられたのであらう。同時に大木を民部卿、井上を民部大輔、山縣を兵部大輔に任じた。

布石すでに終つて、諸藩知事（もとの藩主）を召されるに、之をいくつかの段階に分けられた。第一班は、薩の島津忠義、長の毛利元徳、肥の鍋島直大、土の山内豊範、以上の四人を召し、天皇小御所に出御あり、三條實美、詔書を捧読した。第二班は、尾張の徳川、熊本の細川、鳥取の池田、徳島の蜂須賀、以上の四人を召し、三條をして別の詔書を捧読せしめ給うた。

以上二班を終つて後、天皇大広間に出御あり、群臣列坐の上、島津・毛利以下五十五藩の知事を召し、三條詔書を捧読して、今や藩を廃して県となし、政令多岐の憂なからしめんとする趣旨を宣べしめ給うた。そしてその翌日（七月十五日）には、在藩二百六知事の代理として、在京の大参事を召集し、大広間に出御あつて、廃藩の詔書を仰出され、次に知事免職の旨を達せられた。之に対して一同は、謹んで拝承するのみであつて、一言の不平も無く、七百年に亘る武家政治は、平穏のうちに幕を閉ぢたのである。

以上の経緯、仔細に見て来れば、此の空前の大変革、朝廷の有司に断行の勇気あらしめ、三百諸侯に拝承の外なからしめたるもの、国体の尊厳、君徳の盛大による事いふまでもないが、そもそも亦西郷の力、あづかつて大なりと云はねばならぬ。西郷は、先きには徳川幕府を倒す上に、絶大なる貢献をし、そして今や三百諸侯を廃止する上にも、暗黙のうちに絶大なる威力を発揮して、偉功を立てた。西郷の在ると無きとは、幕府を倒す上にも、諸侯を廃する上にも、事の成否に関したであらう。前の功績は、早く認められて、賞典禄二千石を賜はり、正三位に叙せられた。後の功績は、木戸と共に参議に任ぜられ、政府首脳の地位にあげられた事を以て報いられたであらう。既に述べた如く、参議二人制は、木戸の考慮によつて、間もなく四人制と変つたが、それでも西郷の威厳は、何等の軽減を来さなかつたであらう。

西郷・木戸の両人、並んで参議であつた時、どちらが上席であつたかと云ふに、明治四年辛未七月五日付、三條右大臣・岩倉大納言・徳大寺大納言・嵯峨大納言宛、両参議よりの進達書には、木戸が先きになり、西郷が後になつてゐる。此の様式は、後になる方が、宛名の右大臣等に近接するので、それを上位とする慣例であるから、西郷が上席であり、木戸が次席である事は、明瞭疑を容れない。即ち西郷は、古来の公卿、いはゆる雲上人を除けば、政府の首脳第一席であつたのだ。

勲功を云へば第一等、官職を見れば政府首席、読者は是に於いて、いかなる風貌、いかなる態度を、西郷に予想し期待するであらうか。古今無双の豪傑、大眼をクヮッと見ひらき、言葉は少ないが大音声、礼儀作法をかへりみず、偉いには相違ないが、尊大、粗暴、いかにも恐ろしい所のある人物のやうに想像せられやすいのではあるまいか。

西郷の書翰、大久保に宛てた左の一通を見て下さい。これは明治四年七月十八日付であるから、廃藩置県の大詔宣下せられ、大改革の遂行せられた七月十五日の三日後に書かれたものである。

「昨日より例の持病差起り、出勤仕らず候て、療治方にて御座候処、先刻條公御出にて、三岡も此両日中には着京相成候模様の由、右に付ては東京府知事に仰付けらるゝ筈にて、貴兄にも御談合相成候処、御違存これなき由、御沙汰あらせられ候。先日より大蔵省に御登用相成度との段、伺ひ居り候処、とても行はれず候や。若し御用ひ成され候思召に候はば、只今かと存じ奉り候。今日荒増《あらまし》御究《おきま》りの趣にて、尚、私にも存慮これなきやとの御事に御座候間、違存は御座なき段、申上置き候。如何の御考に御座候や。是非御用ひなされ候思召に御座候はば、明朝條公へ御申込成され候て宜《よろ》しかるべきかと存じ奉り候間、早々一筆、此の如くに御座候。頓首。

七月十八日　　　　　　　　　　　　　西郷　拝

大久保様」

書中、「三岡」とあるは、三岡八郎、即ち由利公正の事である。その姓を改めて由利と称するに至つたのは、明治三年八月八日の事であつたから、ここには由利とあるべきところであるが、西郷は改姓を知らず、元の三岡で呼んだのである。此の人の一生も亦波瀾多く、変化に富んでゐる。彼は越前福井藩士の家に生れた。生れたのは文政十二年と云ふから、橋本景岳よりは五年の年長である。生来進取の気象に富んでゐたが、横井小楠に学んで識見大いに開け、殖産興業の才能を認められて、文久元年に奉行見習、同二年九月には奉行に昇進したが、翌三年八月には、藩論一変して幽閉蟄居を命ぜられて、家督は弟の友蔵に相続せしめられた。それより元治元年、慶応元年、同二年、同三年と、足掛け六年に亘る長き幽閉は、慶応三年十一月、土佐の坂本龍馬の来訪によつて破られた。此の坂本との会見が、頗る異様である。坂本は三岡に会ひたき旨、福井藩庁へ申入れた。藩は之を受けて、諾否を三岡に尋ねた。三岡はいつでも面会はするが、自分は御咎の身分であるから、他国者と会ふには、相当の立会人をつけてほしいと答へた。よつて藩の御用人月番松平源太郎（後の男爵松平正直）及び御目附月番出淵傳之丞の二人が附添人として立会ひ、十一月二日、坂本の旅宿で会見した。

話の内容は、将軍すでに大政を奉還したが、朝廷には金も無く人も無い、どうしたらよいかとの坂本の問に答へて、三岡は、天子天下の為に政をなさる時、天下の民は皆天子の民、天下の財は皆天子の財、また何をか憂へんやと答へ、併せて幕府討伐の戦も避けられない事を考へ、その用意をせよと説いた。

これが坂本龍馬の最後の仕事となつた。彼は喜んで直ちに帰京したが、十一月十五日、刺客の襲ふ所となつて、三十三歳の生涯を終つた。坂本は死んだが、その報告は生きてゐた。坂本の報告により、朝廷より福井藩に対し、三岡八郎御登用の思召あるにより至急上京させる様、御沙汰があつた。彼は幽閉より解かれて上京し、十二月十八日、参与に任ぜられた。

間もなく年改まつて明治元年、その正月三日、砲声とどろく。鳥羽伏見の戦である。いよいよ徳川征討の大軍を動かす段に至つて、廣澤参議、三岡に向ひ、二十万両の軍用金を心配してくれとたのんだ。三岡答へていふ、それ位でどうする積りだ。廣澤曰く、それなら貴様の考ではどれ程かかるつもりか。三岡答へる、差当つて三百万両は必要だらう。之を聞いて一同安心し、踊躍して出征したといふ。事終つて明治三年十二月、「大政復古の時に方《あた》り、度支《たくし》（財政）の職を奉じ」大功があつたとして、その勲労を賞し、永世禄八百石を賜はつた。そして福井へ帰つてゐたところ、廃藩置県となり、中央に人材を集める必要が生じて、再び召されて上京したのが、明治四年の七月であつた。三岡の名は、財政家としての外、五箇条の御誓文の最初の草案の作者として、政府首脳の間には、よく知られてゐた。最初の草案を三岡が書き、次に福岡孝弟が修正して第二の草案が出来、最後に木戸が修訂を加へて、その上で勅裁を仰いだといふのであるから、此の方面では木戸が三岡を重視してゐたであらうし、戊辰の役、官軍大挙して江戸城に迫つた時、三軍を指揮する者は西郷であり、その裏方を勤めて軍費を調達した者は三岡であつたから、西郷が此の人を忘れる筈は無く、かやうにして三岡は政府より再び呼出されるに至つた。前に掲げた大久保宛、西郷の書翰は、その時のものである。大意は次の通り。

「私は昨日から持病が起つたので、欠勤治療してゐたところ、右大臣三條實美公が御出でになつて、三岡も福井を出発して、二、三日中に東京へ着くらしいから、来たならば、東京府知事に任命する筈で、貴兄（大久保）にも話をしたところ、異存は無かつた旨、拝承しました。貴兄先日の御話では、三岡を大蔵省へ登用したいとの事でしたが、それがむつかしいのですか。若し大蔵省へ登用するのがよいと御考へでしたら、今のうちに申出られるがよいでせう。大体今日決定する模様で、私にも考は無いかとのお尋ねでしたから、私は異存ございませぬとお答へしました。若し大蔵省がよいとの御意見ならば、明朝三条公へ御申込みになるがよいでせう」

之を読んで驚くのは、西郷の態度の、いかにも礼儀正しく、親切丁寧で、その配慮の行届いてゐる事である。傲慢不遜で、独断的で、人を人とも思はぬ粗暴強圧、つまりボスのやうな嫌味は、少しも無いではないか。三条右大臣、十日ばかり後、七月二十九日には太政大臣に任ぜられるのであるが、その三條公に対しては云ふまでもなく、三岡に対しても、大久保に対しても、実に親切であつた事、それは一般に西郷の人柄として想像せられてゐる所とは、大きく懸絶してゐるのではあるまいか。ちなみに云ふ、此の時、大蔵卿（長官）は大久保であり、大蔵大輔は大隈の後をうけて七月二十八日井上が任ぜられた。つまり大久保は由利をも考へてゐたが、結句、井上に落着いたのである。

（昭和五十六年六月十七日稿）

続の十一　岩倉遣外使節

廃藩置県の大号令、端的に云へば、いはゆる三百諸侯を免職にして、その私有し来つた土地人民を取上げ、土地は天子の土地であり、人民は天子の臣民たる事を、宣下公布し給うた大命の下されたのは、明治四年七月十四、五日であつた。是れまでの数年間、驚くべき変革は連続して起つた。慶応三年十月の大政奉還である。同年十二月の王政復古である。明治元年春の官軍東征であり、徳川の降伏である。然しそれ等は、驚きに目を見張らせたものの、大多数の国民の側から見れば、建《たて》前《まへ》が変り、表札が改まつたやうに感ぜられるに止まり、人々の実生活そのものは、大した影響を受けなかつたであらう。その変革が、人々の生活の基盤にまで及んで、切実深刻を極めたものは、実に廃藩置県であつた。

いはゆる三百諸侯、由来を尋ねる時は、新古様々である。或は元禄・享保に始まる新しいものもあれば、或は鎌倉の初めに溯る古いものもあるが、大多数は天正・慶長に源を発し、大約して三百年の長きに及んでゐる。三百年といへば、一世代三十年と取れば、十世代である。十世代に亘つて、土地人民を私有して来たとなれば、その絆《きづな》は強くして、あだかも自然の法則のやうにさへ感ぜられるであらう。廃藩置県の号令は、その強き絆を切断したのである。一方から見れば、土地人民は解放せられたのであるが、他面から見れば、禄米を断たれ、収入を失つたのであるから、全国の士族は途方に暮れざるを得ない。その苦しみを、全国の諸藩にさきがけて、三年前に既になめたものは、江戸の旗本御家人であつた。八百万石の富、将軍家の直参を誇つた人々も、駿府七十万石に移された後は、食禄は失はれ、土地は上地させられて、農商に転落するか、無禄を覚悟して駿河へ下るか、身の振方を考へねばならなかつた。当時駿遠三の地に下つたもの、六千五百七十戸、三万余人、江戸は所々、閑散荒涼となり、人の往来も絶えて、追剝が出たと云ふ。家屋、土蔵、表門、裏門、売りに出しても買手なく、銭湯のたき物にされる事すらあつたと伝へられる。明治元年に江戸が経験した此の苦しみを、明治四年の七月には、全国の城下町に於いて、全士族がなめなければならなくなつた。

　是れは重大事である。国民生活の安定を図り、その生活の向上を期し、その為に治安を維持し、風俗の純樸、人心の実直を指向するは、政治家の最も勤むべき所、日夜刻苦して已《や》まざる所でなければならぬ。然るに明治四年の当時、我国の政治家には、それとは別に、今一つ重大なる使命が課せられてゐた。それは何かと云ふに、欧米先進国の文物制度を研究し、その長所を採用して、能ふかぎり之に追付き、之と競争し得る力を養はねばならぬ、と云ふ事である。二百数十年鎖国の後に、突如として世界の中に躍り出た我国として、此の要望が痛切であつたのは、いかにも当然であつただらう。殊に安政五年に調印せる条約を改正すべき期限は、明治五年、即ち翌年の七月一日に迫り、その時期を逸せざるやう、急速に交渉を開始しなければならぬと考へられたであらう。

かくて明治四年十一月十日、即ち廃藩置県よりわづか百日余にして、全権大使一行は東京を出発して横浜に至り、十二日上船解纜、太平洋を航行して、先づ米国に向つた。今その顔触を見るに、

特命全権大使　右大臣　岩倉具視
副使　参議　木戸孝允
同　大蔵卿　大久保利通
同　工部大輔　伊藤博文
同　外務少輔　山口尚芳
一等書記官　外務少丞　田邊太一
同　外務大記　鹽田篤信
同　外務六等出仕　何禮之
同　福地源一郎
二等書記官　外務少記　渡邊洪基
同　外務七等出仕　小松濟治
同　同　林董三郎
三等書記官　川路寛堂
同　外務七等出仕　山内一式

このあとには四等書記官二人、理事官七人、大使随行六人あり、理事官の中には、その随行者を伴なふ者あり、更に又大使副使等が、個人の資格に於いて随行者を従ふるもあつて、全体では一行頗る多数に上つた。その顔触、一々見てゆくと、感じの深いものがある。たとへば田邊太一《やすかず》は、号は蓮舟、もと幕府に仕へて外国奉行の下に外交の事務を執り、頗る当時の事情に通暁するを以て、世の誤解を正さんが為に『幕末外交談』(明治三十一年刊)を著した人であり、福地源一郎は即ち桜痴居士、十九歳にして幕府に仕へ、同じく外交の部門にありて幾変転を実歴し、後に往時を追想して『幕府衰亡論』(明治二十五年刊)、『懐往事談』(明治二十七年刊)、及び『幕末政治家』(明治三十三年刊)等を著した人である。

また渡邊洪基は、明治二十一年十月、帝国大学(後の東京帝国大学、即ち今の東京大学)総長として、その文科大学に国史学科を増設せんとして、意見書を文部省に提出し、その結果、翌二十二年六月に至り、国史学科の設置を見たのであつた。次に川路寛堂は、川路聖謨《としあきら》の孫である。川路聖謨は、天保六年寺社奉行の下に在つて裁判の審理に当つてゐたが、有名なる仙石騒動の疑獄を取調べ、理非明白に裁断して上司の驚歎する所となり、御勘定吟味役に抜擢せられたのが、枢機に参与する第一歩となり、天保十一年には佐渡奉行となり、翌年には小普請奉行、弘化三年には奈良奉行、嘉永四年に大坂町奉行を経て嘉永五年勘定奉行の要職に挙げられて後は、専ら外国との交渉に携はり、海防、国境、条約等に深き注意を払ひ、幕末第一級の名士として推重せられてゐたが、明治元年三月十四日、江戸城も遂に官軍に引渡されたりと聞いて、涙潸然《さんぜん》、翌朝自決して、六十八年の生涯を終へた。今明治四年大使に随行する寛堂は、その孫であるが、此の人を抜擢して三等書記官としたのは、祖父の左衛門尉を敬慕する人、明治政府にも多かつた事の明証である。

余計な事ながら、一言附記したいのは、一行百人ばかりの名簿を見てゆくと、私のお会ひした人が二人ある。一人は牧野伸顕、大久保利通の次男、昭和七年お会ひした時、内大臣伯爵であつた。これは父に随行したのであるが、今一人は田中光顕、当時戸籍頭の任に在り、理事官として一行に加はつたのである。昭和四年お会ひした時、前宮内大臣伯爵、天保十四年の生れで、八十七歳の高齢（ハテ、これは驚いた、今の私と同年である）であつたが、気魄に満ちて、維新の志士を偲ばせるものがあつた。

大使一行の顔触は、大体以上で分つたとして、ひるがへつて留守の人々はどうであるかと見るに、主なるものは、左の通りである。

参議　西郷隆盛
同　大隈重信
同　板垣正形
議長　後藤元燁
神祇大輔　福羽美静
外務卿　副島種臣
大蔵大輔　井上馨

兵部大輔　山縣有朋
文部卿　大木喬任
司法大輔　宍戸璣
宮内卿　徳大寺實則
開拓次官　黒田清隆

米欧出張者と、本国留守者と、双方の顔触を対照して驚く事は、此の二つの均衡が取れてゐない点である。即ち一方が重く、他方が軽いといふ事である。官職閲歴だけでは判別しにくいが、人事はその実力が物を云ふ。当時の実力者は四人、曰く岩倉、曰く西郷、曰く木戸、曰く大久保、是れである。岩倉は右大臣、村上源氏の名家であつて、頗る識見機略に富み、しかも公卿の出とは思はれぬ豪邁大胆、一世を威圧するに十分であつた。西郷が薩摩を代表する豪傑であり、木戸が長州を総括する英傑である事は、廃藩置県といふ最大至重の問題が、此の二人を参議として政府最高の桧舞台に並び立たせる事によつて始めて一気に解決し得た事実が、之を証明するであらう。次に大久保、此の人は当時大蔵卿であつて、省の長官としては、参議の下に在り、参議の指揮監督を受くべき立場に在り、その点では外務卿副島や、文部卿大木等と肩を並べるやうに見えるけれども、当時の大蔵省といふのは、戦前の内務省と同じく、全国府県の知事を統括して、港湾、交通、医薬、逓信等、実生活の大半に、指揮、制約の力を持つてゐたので、後々の省の五つ六つを合せたよりも、広汎で且つ強圧力を持つてゐたであらう。それ故に大蔵卿といふ地位は、それだけで政府の首脳であり、中枢であり、実力者である事を意味した。前に述べた「由利公正を大蔵省へ」といふ話は、書物によつては「大蔵卿へ」と解してゐるが、それは誤で、大蔵卿は大久保が任ぜられて居り、大久保が由利を採らうかと一時考へたのは、大蔵大輔として、つまり次官として採用しようかと考へた（そして改めて井上を任命した）だけの事である。つまり大久保は、薩摩を代表しての参議として西郷を推し、自分は大蔵卿の任に留まつたが、いはばそれは、名よりは実を取つたもの、明治四年の当時、政府に於いて推すも推されもしない実力者として、大久保はすべての人に憚られてゐたのである。

して見ると当年の実力者四人、その三人が相携へて海外に出張し、只一人が残つて本国を守る事になつたわけであるが、是れはやがて面妖な問題を惹き起す原因になるに違ない。出張が半年位であれば、何とか無事にまとまるかも知れないが、大使一行の出発が明治四年の十一月で、帰朝は同六年、大久保は五月、木戸は七月、岩倉は九月、つまり足掛三年、実質にしても一年半以上離別してゐたのであるから、その間に双方の思考感情に推移があり、変化があるのは、已《や》むを得ないであらう。留守の西郷は本来東洋的な、或はむしろ余りに東洋的な人物であり、既に幾多の辛酸をなめて、志操堅固であつたから、斯《こ》の人が変る事は考へられない。出張して米国を視、欧洲を巡歴した三雄は、一年半以上の外遊の間に、段々考へ方が変つて来ただらう。欧米先進国を視察して、その文化、文物制度を研究し、それを採用して改革し、一日も早く之に追付きたいと云ふので派遣せられたのであれば、考の変つて来るのは当然で、変らなければ派遣の意味が無いであらう。

大黒柱が四本あつて、それが均衡を保つて居る間は、家は安泰であるが、一本は元のまま、あとの三本は高低不揃になつたとなれば、此の家、一揺《ゆ》れ揺れずに済むわけは無い。船を考へる時、事態は一層明瞭になるだらう。大男四人、小舟に乗つて海へ出た。よせば良いのに、左の景色が面白いから見たいといふので、四人のうちの三人、我も我もと左舷に立つた。右側に残つて、泰然と腰をおろしてゐるのは、只一人だ。いかにも大きい、見るからに強い大兵肥満の人ではあるが、何分にも小舟、一対三では、左右のバランス、取れるものでは無い。此の乗り方は危いとしなければならぬ。

（昭和五十六年六月二十五日執筆）

続の十二　西郷・大久保の衝突

廃藩置県といふ空前の大改革を敢行して、全国初めて真の統一を見たとは云へ、その実は之によつて生活の基盤を失つて途方に暮れる国民が多く、早く新しい制度を立て紀綱を張つて、民生を厚くし、民心を安くしなければならない時に当り、政府の大立者、実力者四人のうち、只一人を残して、他の三人が手を携へて船に乗り、一年半の長きに亘つて欧米諸国を巡歴するといふには、頗る無理がある事は、今の我々が考へても分る所であるから、当時の英傑に分らぬ筈は無い。三條太政大臣が使節の派遣を考へた時、初めは大使一人、副使一人であつた。その大使には岩倉が適当である事、衆目一致して異論は無かつた。副使としては、大久保が予定せられたらしい。然るに自ら進んで頻りに洋行を希望した者は、木戸であつた。三條太政大臣はそれを憂慮して、「方今内国の形勢、政府の情態、彼是《かれこれ》推考仕り候へば、実に今日の事業容易ならざる折柄」であるから、「今暫《しばらく》の間、足下（木戸）政府を相離れ候ては、必らず然るべからず」と考へられるにより、「情に於いては、千々万々御気の毒に存じ候へども、国家の為に付き」思ひ止まつて、我国の根軸を固めるやう尽力してほしい旨、「千祈万禱」して申し送られた。流石《さすが》は三條太政大臣、最高所に立つて大局を達観し、木戸の洋行を不可と判断し、懇切にその理由を説明して、反覆丁寧に之を慰留しようとせられた。これは正論である。西郷と木戸と、両参議が政府首脳として国に残り、協力して国政を担当すれば、恐らく波瀾は起らなかつたであらう。

然るに此の正論に反対して、逆に木戸の洋行を希望し、木戸の洋行熱を煽つたのは、岩倉右大臣であつた。その理由として挙げてゐるのは、第一に洋行中、木戸の指導にあづかりたい事、第二には、岩倉・木戸・大久保三人揃つて出掛けるのであれば、各国政府は自然に日本の政府は根本が固まつたと考へるであらう事、第三には、帰朝後、改革施行の際、内地の人心安定するであらう事、以上の三点をあげて、是非とも洋行の志願を貫通せられたいと、木戸に申送つたのは、九月十二日、三條太政大臣の中止勧告より二日後の事であつた。

木戸洋行の是非に就いて意見が二つに分れた時、之を是《ぜ》なりとして賛成し、木戸の初志貫通の為に奔走したものは、井上であり、山縣であり、そして大久保であつた。之に対して、之を非なりとして反対した者は板垣であり、必ずしも非なりとまで云はないにしても、あまり賛成しなかつた者は、西郷であつた。そこで山縣・井上・大久保等は、西郷をたづねて諒解を求め、併せて板垣説論の事を依頼した。物にこだはらぬ西郷は、遂に之を承知した。実力者三人揃つての洋行は、かくの如き曲折を経て実現するに至つたのである。

実を云へば、洋行是非の論は、木戸に就いて揉めたばかりでなく、大久保に就いてもあつた。大久保は大蔵卿であつて、国の財政をあづかるのみならず、後の内務省をその中に包容して、国民生活の大半に亘り、指導管理してゐるのであるから、その長官が、時もあらうに廃藩置県の直後、海外に出張して一年半も帰らないといふ事、あるべきでないとする、是れは正論だ。木戸の洋行を非なりとする三條太政大臣の説も正論であるが、大久保の洋行を非なりとする説は、或はそれ以上の正論と考へられたであらう。之を唱へた者は、宮内省出仕元田永孚であり、大蔵大丞安場保和であつたが、西郷も同感であり、殊に板垣が強硬に反対した。大久保は心配して西郷をたづね、反覆して利害を説き、やうやく西郷の諒解を得たばかりでなく、併せて板垣の説諭を引受けて貰ひ、喜んで之を岩倉に報告したのは、九月十七日の事であるが、その文中、西郷が引受けた以上、「必ず食言はこれなく候に付き、そこは御安心成し下され候てよろしくと、小臣よりも御請《うけ》申上候」とあるを見れば、大久保にとつて西郷が、どれほど頼みになる人物であつたかが分るであらう。

見来れば岩倉大使の出張に当り、木戸が副使として参加し得たのも、大久保が副使として行けたのも、それぞれ有力なる反対があつて、木戸も、大久保も、頗る苦慮したが、結局両人とも希望通り参加洋行し得たのは、西郷が之に諒解を与へ、のみならず反対者を説諭してくれたからである事、明々白々である。

西郷の懇切なる応援によつて、木戸・大久保の両人とも、その初一念通り、副使として大使の一行に加はるを得て、一行凡そ百名、東京を出発したのが明治四年十一月十日、郵船「アメリカ」（四千五百五十四トン、外輪の蒸汽船）に乗つて、横浜を出航したのは、十二日であつた。一行は希望に目を輝かせ、期待に胸をふくらませつつ、米（アメリカ）、仏（フランス）、白（ベルギー）、蘭（オランダ）、普（プロシア）、露（ロシア）、瑞（スウェーデン）、以（イタリア）、墺（オーストリア）、瑞（スイス）等の諸国を巡歴し、地中海、紅海、アラビヤ、印度、支那の諸海を航行し、一年半にして帰つて来た。其の間に見聞し、感想し、注意する所を記録せしめたるもの、太政官少書記官久米邦武編修、明治十一年十月刊行、『特命全権大使米欧回覧実記』五巻である。

西郷は親切に一行を送り出し、実力者として唯《ただ》一人、留守をつとめた。然るに一年半の後、帰つて来た人々は、留守の大役をつとめた西郷の労に報いるに、何を以てしたのであらうか。他はしばらく措いて問はず、大久保はどうであつたか。西郷と大久保とは、同郷であり、竹馬の友であり、同志であり、殊に大久保の洋行に反対論の少なくなかつた時、大久保を援護し、彼を安心して出発せしめてくれた親友であつたから、大久保帰朝の暁には必ず西郷をたづねて謝意を表し、留守中の労を慰めねばならぬ筈である。大久保の帰朝は、明治六年五月二十六日であつた。然らば其の直後、大久保が西郷をたづねたと記してゐる勝田孫彌氏の『大久保利通傳』は正しいであらう。訪問した事は正に事実であらうが、然しそれが「頻繁にして、交情の親厚なること、従前と毫も異なる所なかりき」とあるは、之を承認する事、頗る困難である。訪問が何日《いつ》であり、幾回であり、且つそれが温和春風の如くであつたか、秋風落莫であつたかは、大久保の日記が残つて居れば、或は明確に、或は漠然と、推測し得たであらう。我等の為にも、又、大久保の為にも、不幸な事には、大久保の日記は、丁度此のあたり帰朝当時の部分を欠落してゐる。そして大久保は八月十六日東京を出発して箱根に遊び、富士に登り、更に近畿の名勝旧蹟を遊覧して、九月二十一日、やうやく帰京した。大久保は現職の大蔵卿であつたから、本来から云へば、帰朝した五月二十六日以後、毎日登庁し、夜を日に継いで政務を見るべきであるのに、一月余りも大蔵省に顔を出さず、遊覧に日を送るといふは、あるべき事では無い。推測するに大久保は、五月帰朝直後の西郷との面談に於いて、重大なる意見の衝突を来し、多年の友情は破裂して仇敵となり、朝廷に並び立たず、倶に天を戴く能はざるが如き感情の高ぶり、如何ともする能はざるに至つたのであらう。

木戸は、明治六年七月二十三日帰朝した。西郷と衝突した大久保は、本来ならば木戸をたづねて相談すべき処であるが、両人は洋行中、互に感情を害して、顔を見るのも厭《いや》だといふ仲になつてゐた。よつて大久保は、専ら岩倉の帰朝を待ち、岩倉の決裁によつて、一身の進退を決しようとした。その岩倉は、悠然として九月十三日、やうやく帰朝した。

岩倉は、第一着手として、大久保を参議に任命し、閣議に列する資格を与へようとした。木戸も之に賛成したので、十月十二日之を発令した。役者が揃つたので、閣議は十月十四日に開かれた。差当つての問題は、韓国との関係改善の為に、大使として西郷を派遣する事の可否如何に在つた。閣議の席に列するのは、大臣と参議とである。大臣は三条太政大臣と岩倉右大臣の両人、参議は西郷、木戸、板垣、大隈の四人の外に、大使一行の洋行中、六年五月に新任せられたる後藤象二郎、大木喬任、江藤新平の三人と、此の閣議の直前、十月十二、十三日に任命せられたる大久保利通と副島種臣の二人を加へて都合九人である。然るに木戸は、此の重要なる閣議に欠席した。病気といふ事である。事実病気でもあつたらう。然しそれを敢へて出席しようと努めた形迹も無ければ、欠席の埋合せに書面を以て意見を陳述した様子も無い。もともと洋行の予定に入つて居らず、三條太政大臣などは固く之を国内に留めて置くやう希望したのに、是非とも海外を巡見したいとの本人の熱望を見て、西郷が之に同情したので、遂に初志通り出掛ける事の出来た経緯《いきさつ》を考へると、帰朝以来病と称して顔を見せないのは、常識から云へば、不人情であり不義理である様に見えて仕方が無い。西郷は病気であつたらしいが、それをこらへて、奔走するのが、此の人の癖である。病気は我我には能く分らないが、ふとりすぎであつた。明治六年六月二十九日、西郷より叔父の椎原與右衛門へ宛てたる書状に、

「五月初より、又々持病相起、幾度繰返し灸治いたし候へども、一向其験も相見えず候間、もふは不治の症と明《あきら》め居候処、図《はか》らずも当月六日、主上より侍医並《ならび》に独逸医ホフマンと申者、御遣《つかはし》に相成候に付、療治いたし呉《くれ》候処、肩並《かたならび》に胸抔《など》の痛も少く相成、漸々快方に向ひ候次第に御座候。療医の見込も、膏気増出いたし、血路を塞《ふさ》ぎ、順環致さず候故、痛所も出来、若し脈路を塞ぎ脈路破れ候節は、即ち中風と申すものに候由、いまだ器械は相損ぜず候故、療治の出来ざる段には至り申さず候へども、余程臟腑も迷惑いたし居り候に付、都《すべ》て膏気を抜取申さず候ては相済まずとの事にて、瀉薬を用ひ、一日五六度づつもくだし候事に候。少しも倦の覚これ無く、日々心持宜敷《よろしく》相成申候。最早《もはや》二十日余にも相成候へども、些《いささか》も労《つか》れ申さず、朝暮は是非散歩いたし候様承り候へども、小網町にては始終相調ひ申さず候処、青山の極田舎《ごくゐなか》に、信吾の屋敷御座候間、其宅を借り、養生中に御座候間、朝暮は駒場野は纔《わづか》四五町もこれあり候故、

兎狩いたし候処、勝《すぐれ》たる散歩に相叶ひ、洋医も大に悦び、雨降には剣術をいたし候か、又は角力《すまう》を取候か、何か右等の力事《ちからごと》をいたし候様、申聞候へども、是は相調申さざる段、相答候へば、独逸抔《など》は剣術を致さざる者は決してこれ無く、人の健康を助け候もの故、彼国にては医師中より相起り、剣術を初め候段、申す事に御座候。独逸の強国たる様、想像致され申候。夫《それ》故、雨中も、当社にても、其中にて散歩いたし候様、承り申候間、勤めて医師の申す如く相勤め申候。食は麦飯《むぎめし》を少々づゝ、其外鶏等、格別膏のなきものを食用にいたし、成丈《なるたけ》米抔は勿論、五穀を食せざる様との事に御座候。肉は却《かへっ》て膏には相成らず候由、穀物が第一、膏のみに相成候趣に御座候。今より二ヶ月も相立候へば、必ず病気を除き申すべしと、口を極めて申居候。此度は決して全快仕り申すべく候間、御安心成し下さるべく候。此旨、荒々病気の形行《なりゆき》も申上置候。

恐々謹言」

とあつて、病状頗る明瞭である。その中に小網町とあるのは、日本橋の小網町で、西郷はそこの借《しゃく》家《や》を借りて住んでゐた。そこでは朝晩の散歩がしにくいと云ふので、青山の辺鄙に信吾の宅があるので、暫らくそこで養生したといふ。信吾は即ち従道、西郷の弟である。西郷が、自分の邸宅を構へず、簡素な借家住居に甘んじてゐた事に就いては、猶後に説くであらう。

此の書状に於いて最も注意すべきは、西郷の病状、天聴に達し、天皇御憂慮あらせられて、侍医と独逸人医師とを遣して、診療せしめ給うた事である。此の一点は、閣議の進展を見てゆく間に、読者思ひ当る所が出て来る筈だ。

（昭和五十六年六月二十九日執筆）

続の十三　辞表提出

風雲を孕む重大閣議は、明治六年十月十四日に開かれて、翌十五日に引継がれた。十四日の閣議に当つて、初めは西郷を出席せしめず、他の者だけにて、西郷を使節として朝鮮へ派遣する事の可否を相談し、それが決定したる上にて、西郷の出席を求めるがよいといふ説が出て、大久保は熱心に之を主張したが、之を耳にした西郷は憤然として起ち、十四日の朝、三條邸をたづねて、その公明正大ならざるを詰《なじ》つた。是に於いて三條・岩倉両大臣相謀つて西郷を出席せしめ、全員会議する事に改めた。ひとり木戸は、病と称して欠席した。

十四日の閣議に於いては、その詳細を知るべき一等史料は無い。然し『岩倉公實記』、『松菊木戸公傳』等の記すところによつて、その大概を察する事が出来る。即ち是の日、主として意見を述べたのは、岩倉右大臣であつて、「今日の重大事は、樺太に於ける露人の暴行、台湾に於ける生蕃の暴行、及び朝鮮への使節派遣の三つあり、いづれも重大であるから、よく先後寛急を考慮して議定しなければならぬ、ひとり朝鮮問題のみを、目下の急務とすべきではない、樺太に於ける問題を処理し、日露の国境を明確にする事などは、むしろ急を要するであらう」と説いた。西郷は直ちに之を論駁して、「樺太及び台湾の騒ぎは、決して重大ではない、朝鮮が徳川幕府の旧態に泥《なつ》んで明治維新を理解せず、暴慢無礼の態度を示すに至つては、皇威国権を損ずるものであつて、之を不問に処するわけにはゆかぬ、但し閣下の御意見として、必ず樺太の方が急務であると思はれるのであれば、私を遣露使節に任命していただきたい」と迫つた。岩倉は、「それらの事、十分に審議するには、相当の日時を要し、今日直ちに決定する事は出来ない」と答へ、西郷は之に抗辯して、急速の決定を要求した。板垣、後藤、副島、江藤の諸参議は、西郷を遣韓大使とすべしと論じ、大久保、大隈、大木の三人は之に反対であつたが、岩倉と西郷との応酬が、是の日の主要なる論争であつた。かやうにして十四日の閣議は、何等の決定を見ずして終り、翌十五日の続行を約して解散した。

十五日の閣議に、西郷は欠席した。前日は欠席を求められたのに、押して出席したのであつたが、今度は言《い》ふべき程の事、すべて言ひ畢《をは》つたから、出る必要はない、容認せられないならば、辞職するだけであると表明したのであつた。

幸にして十五日の閣議の真相を、ありのままに記録したる一等史料が残つてゐる。『大久保日記』が、それだ。それによれば、三條・岩倉両大臣より、両大臣に於いて十分考慮したが、猶本日参議諸官の意見承りたいとの仰せがあつたので、大久保は断然反対説を述べ、副島・板垣の両人は断然賛成説を唱へたところ、「此の上は、猶又御両人にて御治定これあるべきに付き、参議中相扣《ひかへ》候様、御沙汰故、一応引取候。暫時にして、又々参り候様との事故、一同参り候処、実に西郷進退に関係候ては、御大事に付き、止むを得ず西郷見込通りに任せ候処に決定いたし候との御談《おはなし》故、小子に於いて、昨夜申上げし通り、此の上両公御見込相立候処にて御治定これあるべく申上置き候に付き、御異存は申上げず候へども、見込に於いては断然相変らざる旨、申上候。然し余の参議一同異存なく、殊に副島・板垣は断然たる決定にて、彌《いよいよ》御治定これあり候間、小子は初発より此に決し候へば、断然辞表の決心故、其まゝ引取候」といふのである。之によれば、三條・岩倉両大臣に於いて協議決定する故、その間、参議一同は別室に控へて居る様命ぜられ、しばらくして出て来る様にと招かれたので、参上すると、西郷が辞職しては大変だから、止むを得ず西郷遣使の事に決定したとの発表があり、大久保は両大臣の御決定には異存を申上げませぬと昨夜すでに申上げた事でありますから、異存は申しませぬが、考は変つて居りませぬと答へ、他の参議一同は、両大臣の決定に異存がなく、殊に副島と板垣とは大賛成であつて、そのまま決定となつて来たので、大久保は辞職の腹をきめて退出した、といふのである。その大久保の日記に書かれたる記事であるから、これは金鉄、堅固なる事実である。

十五日の閣議、西郷は欠席したが、結局西郷の勝利に決定した。決定して見ると、三條太政大臣の心、落着かないものがある。それは大久保を参議に任ずるに当り、三條・岩倉両大臣より大久保に宛て、必ず大久保の意見通りにするからと約束した一札を入れたからである。真面目な三條公は苦慮の余り、自ら海陸軍総裁に任命せられて、必死尽力したい旨、その夕、岩倉右大臣まで申送つた。岩倉も亦心安んぜず、その夜、大隈と伊藤博文とに書状を与へ、十六日朝、両人同伴来訪せん事を求めた。大久保邸には、黒田清隆が十六日の朝晩二回たづねてゐる。大久保は、十七日の朝、三條太政大臣邸へ参り、辞表を提出した。西郷側が勝つたと思つて安心してゐる十五、十六、十七の三日間に、反対派は頻りに奔走暗躍した。そして岩倉右大臣も意見が変つて反対派に同調し、辞意を表明するに至つた。驚くべきは同日木戸も亦辞表を出した事だ。

三條太政大臣は、両派に挟まれて憂悶の余り、十八日の暁、遂に病んで、人事不省に陥り、ホフマン・佐藤尚中、両医師の来診を求むるに至つた。伊藤は是の日、大久保・岩倉・木戸三邸の間を、いそがしく奔走した。洋行の末期より相互に感情を害して音信を通じなかつた木戸と大久保とは、伊藤によつて連絡を取り、意志を疏通して共同戦線に並び立つに至つた。十九日の夜、大久保は黒田に対して秘策を授け、極秘のうちに徳大寺宮内卿を訪はしめた。

十月二十日、天皇は三條邸に行幸あつて、親しく病を問はせ給ひ、しばらく政務を離れて静養するやう御懇諭あらせられ、ついで岩倉邸に親臨あらせられ、三條病気の間、太政大臣の事を摂行すべしとの勅命を下し給うた。

岩倉に太政大臣摂行の勅命下つた事を知つて、西郷・板垣・副島・江藤の四参議は、十月二十二日、打揃つて岩倉邸を訪ひ、閣議すでに決定せる上は、速に上奏、聖断を仰がん事を要求した。之に対して岩倉は、予が三條公と意見を異にするは、すでに卿等の知る所、今や勅命によつて太政大臣の事を摂行するに当つては、明日参朝して委細上奏し、両説の得失に就いて聖断を仰ぐつもりである、と答へた。江藤、之を遮つて、凡そ摂行者は原任者の意見を守つて之を代行すべきであつて、すでに決定した事以外に、別の意見を併せて上奏すべきでは無い、と批判した。岩倉声を励まして之に答へ、予は不肖なりといへども、勅命を蒙つて太政大臣の事を摂行する者であつて、三條の代辯者では無い、予の意見を上奏するに、何の不都合があらう、として江藤の説をしりぞけた。西郷・板垣等は、更に抗論したが、岩倉は頑として受付けない。「拙者の目玉の黒いうちは、貴公等の説を通すわけには行かぬ」。是に於いて西郷は憤然席を蹴つて起ち、直ちに帰つて辞表を出した。同志の参議は、翌日辞表を提出した。

岩倉は西郷等の辞去するや否や、直ちに之を大久保に報告し、且つ西郷等が赤坂の皇居に直奏する場合を想定して徳大寺宮内卿とは連絡してある事を告げ、西郷・板垣等辞表提出の際は、直ちに後任者を任命すべき事など、万遺算無きを期した。

西郷の辞表は十月二十三日提出せられ、翌日に至つて、参議と近衛都督とを免ぜられ、陸軍大将は故《もと》の如くなるべしとの御沙汰であつた。板垣・副島・後藤・江藤の四参議は、二十四日に辞表提出、翌日聴許せられた。

西郷は辞表捧呈後、直ちに日本橋小網町の家を出て、小舟に棹さして隅田川を溯り、かねて懇意の越後屋喜左衛門の小梅村の別荘に入り、悠々として三日ばかり遊んでゐたが、黒田清隆が嗅《か》ぎつけて尋ねて来るに及んで、人に知られてはうるさいとして、急に鹿児島へ帰つて了《しま》つた。此の黒田が尋ねて来たといふに就いては、想ひ出す事がある。黒田は薩藩士、天保十一年の生れといふから、西郷にとつては十三年の後輩である。鳥羽伏見の戦にも加はつたが、その後、越後口や箱館の追討には、参謀として大功を立てた。その箱館の降将榎本武揚《えのもとたけあき》の処分に当り、長州側と薩州側との間に意見の相違があつて、薩摩側では寛大に特赦すべしとし、長州側では厳しく処分すべしとし、両論互に譲らず、殊に木戸の態度、峻厳であつた為に、長く決定を見なかつたので、西郷も之を憂慮してゐたところ、黒田の骨折によつて漸く寛大の処分となり、榎本も死刑を免れたのを、西郷は非常に喜んで、黒田は「実に頼もしい人物」であり、此の特赦は「千載の美談」であるとして、明治五年正月十二日、桂久武へ申送つた。その書翰には、西郷の人柄、その真面目《しんめんぼく》が、躍如として現れてゐるので、その主要なる部分を、左に掲げよう。

「扨《さて》榎本抔《など》の御所置振に付ては、御案内通六ケ《むつか》敷《しく》、薩長寛猛の違ひにて決し兼《かね》居候処、西洋使節出帆前、大論相起り、只此のみ因循いたし居、亜米利加抔は、戦争落着、直に所置を施し候美談も有之、若責められ候ては、何と返答相成るべきや、勿論米国軍艦総督よりも、榎本の義を政府へ歎願いたし度段も申出候処、黒田了助押留置候次第も有之、至二当分一ては、黒田は初心は変らず、透間々々には、追々議論持出し候処、大体長州人も近来は思ひ当り、寛論相立候へども、木戸一人の処《ところ》甚《はなはだ》六ケ敷御座候処、長人より一向責付候故、否乍《いやながら》落着相成、此四日には都《すべ》て特赦を以て免ぜられ、榎本一人だけは、実兄内へ暫時の慎と相成、少しの差等相立候のみにて、天下の為、大慶の至に御座候」

榎本武揚、通称は釜次郎、幕府に仕へて海軍奉行となり、幕府瓦解の時に当り、開陽以下六隻の軍艦をひきゐて北海に奔り、明治元年箱館の五稜郭に拠つて戦つたが、官軍の参謀黒田清隆より帰順を勧められて投降したので、一応東京鍛冶橋の監獄に囚禁したままで、今明治五年に至り、処分の決定を見なかつた。それは薩摩側では特赦を考へてゐたが、長州側は之に反対で、厳刑を主張し、中にも木戸が最も強硬に反対した為であつた。然るに黒田了助（了介とかくのが正しい、清隆の通称である）は、あくまで初一念を貫き、榎本を助けようとして反対論者の説得につとめたので、流石の木戸も、いやいやながら同意するに至り、明治五年の正月、いよいよ特赦の恩典に浴するに至つたといふのである。

「只此の一事のみは、気掛《きがかり》の事に御座候処、もふは何も当時の事は残り無く相済み申候。御安堵成し下さるべく候」

鳥羽伏見に始まつて箱館五稜郭に至る戊辰の戦、徳川幕府追討のいくさ、その全体について、西郷は深い責任を感じてゐた事、此の一句によつて分るであらう。西郷は、明治元年五月、江戸を鎮定したる後、一応鹿児島へ帰り、その秋北越頑強と聞くや、再び兵を率ゐて越後口に向ひ、荘内を降して、十月鹿児島へ帰り、翌二年五月、箱館の抵抗を耳にするや、三たび兵を率ゐて之に赴いたのであつたが、長途の往復を少しも厭はず、再三往復して倦む事を知らなかつたのは、実に此の責任感によるのである。

「再び事を起し候はば、打ち居《す》へ申すべき義は手易《たやす》き事に御座候へども、長評議の不決断には込《こま》り入り申候。御遥察下さるべく候。誰も所置振りは知れ切たる事、又事を起し候ても相済まずと顧慮するよりして、一日延びに延び候故、却《かへ》つて、人心動揺の端と相成、猶豫《いうよ》狐疑の大毒、如何程の害に相成候や知れず候。色々と六ヶ敷《むつかしき》事ども、筆紙に尽《つく》し難く、黒田の勇力これなく候ては、とても命はこれなき者共に御座候。満朝殺す論に相成居り候処只一人奮然と建て抜き候義は、千載の美談に御座あるべく、近来の処は、土州も一同寛論に相変じ候故、誠にいたし安く相成居り申候。是迄立直し候義は、黒田の誠心より此《ここ》に至り申候。実に頼《たの》もしき人物に御座候」

かほどまで西郷にほめられた黒田は、その翌年の十月には、大久保に同調して奔走し、秘策成つて西郷が追落されるや、初めて事の重大なる結果を生じたるに気付き、二十二日大久保に宛てて書翰をしたため、「大に西郷君へ対し、恥ぢ入る次第」「西（郷）君とは兼ねて死は一緒と、又従来恩義もあり、かたがた我心を問へば面皮《めんぴ》もこれなく、止むを得ざる事の策とは申しながら、如何して同氏へ謝し候様これなく、恐入るのみにて、もうは実行を以て、他日地下にをいて謝するの外これなしと決心罷在候」と懺悔《ざんげ》するのであつた。

続の十四　留守中の西郷

明治六年十月十四日、十五日、両日にわたる閣議と、その後数日間の騒動を経て、十月二十二日西郷の失脚に至る九日間の動き、是れはどう考へても尋常では無く、埒外《らちぐわい》に在る者から見れば、まことに理解しにくい。朝鮮へ使節として自分を派遣してほしいと云ふ西郷の要求も頑固執拗《しつえう》に過ぎて異常であれば、之に反対してあくまで阻止しようとする大久保の暗躍も正気の沙汰では無い。よつて先づ心を落着けて、遣使問題の源に溯つてしらべて見よう。その源といふべきものは、明治六年七月二十九日、板垣退助へ宛てたる西郷の書翰である。重要なものでもあり、簡単なものであるから、その全文を掲げよう。

「先日は遠方まで御来訪成し下され、厚く御礼申上候」

遠方とあるのは、青山の事で、西郷は太《ふと》りすぎを直す為に、日本橋小網町の借家住居、散歩には不向といふので、弟従道の青山の家へ移り、養生してゐた、そこへ板垣が来訪した事をさすのである。

「扨《さて》朝鮮の一条、副島氏も帰着相成候て、御決議相成候や。若《も》しいまだ御評議これなく候はば、何日には押して参朝致すべき旨、御達し相成候はば、病を侵し罷出候様仕るべく候間、御含《ふくみ》下されたく願ひ奉り候。いよいよ御評決相成候はば、兵隊を先きに御遣し相成候儀は、如何に御座候や。兵隊を御繰込相成候はば、必ず彼方よりは引揚候様申立候には相違これなく、其節は此方より引取らざる旨答へ候はば、此《これ》より兵端を開き候はん。左《さ》候はば初よりの御趣意とは大に相変じ、戦を醸成候場に相当り申すべきやと愚考仕り候間、断然使節を先きに差立てられ候方、御宜敷《よろしく》はこれあるまじきや」

副島氏は副島種臣、外務卿として外交を統括し、朝鮮及び台湾の問題に関して清国との交渉に当り、親しく清国に赴いて、その態度をただしたところ、清国は之に答へて、「台湾は王化の地でなく、その民は化外の民である。又朝鮮は内治外交共にその自主自治に放任してあるので、清国は台湾に就いても、又朝鮮に就いても、その乱暴或は無礼に対して責任を負ふ事は出来ない」と陳述した。副島が此の答をもたらして帰朝したのは、明治六年七月二十六日であつて、前記西郷書翰の三日前である。

明治維新の初め、我国よりますます旧交を修めようとしたるに対し、朝鮮は幕府を認めて朝廷を認めず、応接頗る無礼であつた為に、之を咎《とが》め、之を懲《こ》らすべしとの論が各方面より出て来た。木戸の如きは、その最も強硬なる一人であつた。それが今や副島外務卿の帰朝によつて、政府に於いて態度を明確にすべき時機を迎へたのである。是に於いて西郷は、七月二十九日、前記書翰をしたためて板垣に贈り、己の意見を述べたのであるが、之を見るに、初めより兵をあげて征伐するを好まず、先づ平和の使節を派遣して彼れの反省を求めようとの趣意である。但し書翰は前に続いて曰く、

「左《さ》候へば、決して彼より暴挙の事は差見へ《(ママ)》候に付、討つべきの名も慥《たしか》に相立ち候事と存じ奉り候（このあたり何か誤あるか、意味通らず）。兵隊を先きに繰込み候訳に相成候はば、樺太の如きは、最早魯より兵隊を以て保護を備へ、度々暴挙もこれあり候事故、朝鮮よりは先きに保護の兵を御繰込相成るべしと相考へ申し候間、かたがた往先《ゆくさき》の処、故障出来候はん。夫《それ》よりは公然と使節を差向けられ候はば、暴殺は致すべき儀と相察せられ候に付、何卒《とぞ》私を御遣し下され候処、伏して願ひ奉り候。副島君の如き立派の使節は出来申さず候へども、死する位の事は相調《ととの》ひ申すべきかと存じ奉り候間、よろしく希《こひねが》ひ奉り候。此旨、略義ながら書中を以て御意を得奉り候。頓首」

さてかうなると稍ややこしい。初めには開戦を好まず、使節を以て彼の反省を求めるがよいと云ひ、後段には、其の使節は恐らく殺されるであらうから、どうぞ自分を使節に任命していただきたいと云ふ、前後の間、少しく曲折があるが、多少の矛盾を包蔵したまま、これが西郷の胸裏を写し出したものと見られる。

それより数日を経て、八月三日に至り、西郷は、三條太政大臣に書翰を呈し、右と同様の趣旨を陳述してゐる。それには徳川幕府を討つたのは、名分条理を正さんが為であつたのに、朝鮮に対しては、名分を正さずして数年を経、今に彼の驕慢無礼を許して置く様では、天下の嘲《あざけり》を蒙り、国家の興隆は望めないであらう、何とぞ断然使節御派遣下されたく、その使節には私を差しつかはされたい、決して国辱になるやうな事は致しませぬ、と懇願してゐるのである。

此の板垣に対する依頼と、三條太政大臣に対する願出とを見れば、西郷が朝鮮への使節たらむとする熱望が、明治六年七月に始まつた事を知り得るが、然し何故に西郷が、その時すでに死処を朝鮮に選び、俄にその貫徹に向つて努力し始めたかは、一向に分らない。

十月の閣議と引続く数日間の重臣要路の動きを見る時、対立の両極は、西郷と大久保とであつて、その他の人々は、此の両極のいづれに附くかだけが問題であつて、両極以外には、立場も無く、意見もなく、あの豪気英邁なる岩倉にしても、閣議では西郷側に附き、後に大久保の秘策によつて鞍替へして大久保に附いただけの事、本来ならば三條太政大臣と岩倉右大臣とが両極を止揚して、更に雄大なる解決をしてほしい所であるが、結局それが出来ず、初めは西郷を恐れ、後には大久保に惹《ひ》かれて動揺した事を歎く外は無い。

そこで問題は、西郷と大久保との両雄、もともと同郷の竹馬の友、提携して討幕に当り、維新回天の偉業を成した親友、それが一体何時《いつ》いかなる事情によつて喧嘩するに至り、それも単なる不和では無く、彼を殺すか、自分が死ぬか、生きて倶《とも》に天を戴かずといふ死闘を演ずるに至つたのか、是れが分らないのである。そこで是より大久保洋行の時に溯り、西郷との関係を見てゆかう。

大久保は岩倉大使に従ひ、木戸と相並んで副使として、明治四年十一月十二日横浜を出航し、米国に渡つた。しかるに米国に於いて条約改正の話を持出して見ると、全権委任状を持つてゐるのかと反問せられ、その様な物が入用なのかと、初めて気がついて、大久保と伊藤の両人、一応帰国して委任状をいただき、之を持参して再び米国に渡つた。その東京に帰着したのは、五年五月十四日、再びワシントンに赴いたのは、六月十七日であつた。従つて、左に掲ぐる明治五年二月十五日付、西郷より大久保へ宛てたる書状は、大久保の一時帰国以前のものである。

「御一別以来御安否伺ひ奉らず候処、いよいよ以て御壮健御巡歴御座なされ候段、珍重に存じ奉り候。（中略）御着涯より御応接御寸暇これなき趣、よほど御難渋の筈と存じ奉り候。米国にては厚く引受け候趣、皇国の為、大慶此事に御座候。然しながら貴兄方はさぞ御太儀の筈と存じ奉り候。英国などは、少しは嫉心にて御引受の都合如何やと存じ奉り候。（中略）独逸は当分よほど捷軍《かちいくさ》に誇り、人を圧倒する勢ひも、横浜辺にてはこれある趣に御座候。（中略）魯国は如何の御会釈いたし候か。此三国の形勢相待居申候。（中略）当地に於いては、何も無事にて、少々づつの一揆等もこれあり候へども、兵を用ひ候処もこれなく、不和の徒も誠に微力の次第にて、少しも御懸念《けねん》相成候義はこれあるまじくと相考居り申候。少しは、御留守には、騒ぎもこれあるべしと存じ奉り候へども、当分にては格別の事もこれなく、手持不沙汰の次第に御座候。（中略）旧藩々の外国負債は、すべて仕様《しやう》を付け候処、案外三百万にて留《とま》り、大幸の事に御座候。今日より藩払引替の布令に相成居候間、是を引換相添へ候へば、又一つ苦情これあるまじく、其機会に乗じ、家禄消却の方法相立て、大蔵省より申立て候に付、三千万だけ米国より借入れ候つもりに相決し、吉田差遣はされ申候。（中略）県々の役人も、貴兄御帰朝これなく候ては、十分にはまり付申さずとて、先づ見合はせ居候向《むき》に御座候。貴兄御一人は、数千万の人民、目的にいたし居り候間、全国を引起すべき処、よくよく御注意下され、御帰朝相待ち居り申候」

此の書状は頗る長文であつて、以上抄出したものは、全文の五分の一に過ぎないであらう。之を見るに、大久保に対する西郷の態度、いかにも丁寧親切であつて、敬意と厚意に充ちてゐると云はねばならぬ。その上、この書状には、尚々書《なほなほがき》が附加へられてゐて、それがまことに楽しい。

「尚々　貴兄の写真参り候処、いかにも醜体を極め候間、もふは写真取りは御取止《とりやめ》下さるべく候。誠御気の毒千万に御座候」

之によれば、大久保は出発に際し、見送りの西郷の写真をとり、それを西郷に贈つたのであらう。西郷はその好意は感謝したが、写真に見る自分の姿、ふとりすぎて見つとも無い、今後はもはや二度と写真はとりたくないと思つたのであらう。

之に就いて思ふ事がある。当時の名士は、皆写真が残つてゐて、その風貌を偲び得る中に、ひとり西郷の写真が無いのは、頗る寂しい事である。岩倉大使一行の人々は、米欧に於いて写真をとつたので、良くとれたものが残つてゐるのは当然であるが、我国に於いても既に写真術は入つてゐて、映像いろいろ伝はつて居るのであるから、西郷のもあつてよい筈であるが、此の書翰によれば、西郷は大久保のとつてくれた写真を見て楽しからずとし、二度と撮影して貰ふまいと決心したのであらう。世に西郷の肖像として伝はる全身の立像、肥満の身を洋服に包んだ小型のもの、或は此の大久保の撮影にかかるものであらうか、否か。

大久保は、その後、七月三日米国を出て、同十五日ロンドンに入り、以後四箇月、英国に滞在した。その間に、明治五年八月十二日付にて、大久保に宛てた西郷の書翰は、内容は重大、文章は奇抜、頗る注意すべきものである。その内容は第一に、五月の末より七月の中旬へかけて、天皇には西国御巡幸あらせられ、各地の人々は聖徳を仰いで感佩し、それは供奉した西郷の大なる喜であった事、第二には鹿児島の島津久光は頑固なる保守主義者であって、「貴兄（大久保）を初め、私共（西郷）の事、よほど御中立相成、殊に私儀、一番重罪の事にて、是非此者共（大久保と西郷等）御退去あらせられたく（退けたく）」希望せられ、難儀である事、第三には海江田信義上京、久光の不平論を主張し運動してゐたが、大久保一翁始め、勝・山岡等の説諭を受けて理解するに至り、先づは安心である事を述べた後に、

「はた又兵部省にて、近衛局少々物議沸騰いたし、山縣引込み、暫時混雑に及び候故、御巡幸先へ申来り、私共兄弟共、早々罷帰り候様との事に御座候間、よほど配慮仕候て罷帰り候へば、差《さ》したる事にもこれなく候へども、山縣氏、とても再勤の体《てい》これなく、色々に申述べ候へども、聞入《ききいれ》これなく候に付、私にも御脇に立ち、共に難を引受け申すべし、（中略）何とぞ再勤いたしくれ候処、再往相願候処、漸く合点《がってん》致され候に付、私には元帥にて近衛都督拝命仕り、当分破裂弾中の昼寝いたし居り申候。いまだ出勤これなく候へども、此内よりもめ立ち居り候事件、悉く所置いたし候て、其の上出勤のつもりに相決し置き候に付、御懸念《けねん》下さるまじく候。此の三県の兵は、天下に大功ある訳《わけ》にて、廃藩置県の一大難事も、是が為に難論を起し候処もこれなく、誠に王家の柱石にて御座候。此の如く功績これあるものに、疵を付け候ては、残

念の至に御座候間、来春迄には悉く解放《ときはな》し候つもりに御座候。当分は隊中も至つて無事にて相治まり候に付、余事ながら御放念下さるべく候。此度幸便に任せ、あらあら御意を得奉り候。

恐惶謹言」

と結んである。これは当時、兵部省の会計紊乱し、山城屋和助事件、ついで三谷三九郎事件といふ疑獄相ついで発覚した。和助は本名野村三千三、長州の生れで奇兵隊に属してゐたので、兵部大輔山縣と親しかつた。此の男、商人となつて兵部省に出入してゐるうち、官金六十数万円を借りて貿易界に雄飛を試みて失敗し、それにも懲りずパリにて豪遊してゐた。事発覚するや、彼れは陸軍省（兵部省は明治五年二月、陸軍海軍の二省に分れた）に赴き、潔く切腹して詫《わ》びた。次に三谷は江戸の商人、長州藩の御用達であつた所から因縁があつて、陸軍省に出入し、御用を勤めるうち、いろいろの不正が行はれた。此の時、窮境に陥つた陸軍省及び山縣陸軍大輔を救つたものは西郷であつた。西郷は辞職するといふ山縣を慰めて陸軍大輔に留まらしめ、只その近衛都督はやめさせ、西郷自ら元帥近衛都督となり、陸軍の騒動を鎮定したのは、明治五年七月十九日の事であつた。当時近衛兵が会計の乱脈、綱紀の紊乱に憤激してゐたのを、西郷が入つて鎮撫した様子を、西郷自ら「破裂弾中に昼寝してゐる」と道破し、此の兵は維新に大功あり、皇室の柱石であるから、疵をつけずに近く解散させたいと云つてゐるのは、注意すべき文字である。

続の十五　約定書

明治六年十月十四日より同二十二日に至る重臣要路の不可解なる動きは、結局のところ西郷と大久保両人の間に於ける反感憎悪が昂じて、龍虎の死闘となつたものと見なければ解釈は出来ない。よつて其の反感の起源をさぐらうとして、問題の朝鮮遣使の線をたぐれば、それは明治六年七月二十九日まで溯るが、そこまで溯つても、大久保と対立すべき機会は出て来ない。よつて視点を変へて、両雄の友情親密であつた明治四年十一月、大久保洋行の初めに戻り、その友情のあたたかさが、いつまで続いていつたかを見てゆくと、明治五年八月十二日、西郷よりロンドン滞在中の大久保に宛てたる書状が出て来て、その時まで両雄の友情に変りのない事を示してくれた。即ち其の友情が消滅し、親友一変して怨敵となるのは、明治五年八月十二日以後、同六年七月二十九日以前、約一年間のある時点で無ければならない。しかもそれは、恐らく両雄面談の機会に暴発したものであらうと想はれる。それでは何時《いつ》両雄が会談したかと云ふに、正確な記録には、会談があつた事、見えてゐない。然し明治六年五月二十六日大久保が欧洲より帰朝した直後、必ず西郷を訪問したに違ない事は、前（続の十二）にすでに詳細に説いた通りである。喧嘩となつたのは、その際であらう。

それがよほど激しい喧嘩であつた事は、大久保がそれより大蔵省へ出頭せず、箱根から富士、更に近畿の名勝旧蹟を遊覧して、九月二十一日、やうやく帰京した事によつて察せられる。大久保はねばり強い性質であつたから、旅行に気をまぎらせて時機を待つたであらうが、西郷は淡白にして簡単を喜ぶ性格として、もはや(西郷の言葉を借れば、もふは)世の中いやになり、死んで了ひたくなつたであらう。

そのやうな喧嘩の種、一体あつたのだらうか。深く事情を察しない時には、あり得ないだらうと思はれる喧嘩の種が、実はあつたのだ。しかもそれは、西郷・大久保の両雄も、その他の重臣一同も、揃つて蒔いた種だ。種は蒔かれた時には小さくて、人の目につかなかつたが、時日がたつと成長して、一方から見れば頼もしく、他方から見れば目障《めざは》りとなつて来たのだ。いはゆる喧嘩の種とは、何であるか。明治四年十一月、遣外大使一行の出発に当り、留守をあづかる人々と、船出する人々との間に取替《とりかは》されたる約定書、これである。重大なるものであるから、左にその全文を掲げよう。

「今般特命全権大使派出の一挙は、洵《まこと》に容易ならざる大事業にて、全国の隆替、皇運の泰否に関係する事なれば、中朝の官員、派出の使員と、内外照応、気脈貫通、一致勉力せざれば成功奏し難し、万一議論矛盾し、目的差違を生ずる時は、国事を悞《あやま》り、国辱を醸《かも》すべきに由り、爰《ここ》に其の要旨の条件を列し、其の事務を委任担当する諸官員、連名調印し、一々遵奉して、之に違背するなきを証す。

第一款　御国書、并に遣使の旨趣を奉じ、一致勉力し、議論矛盾、目的差違を生ずべからず。
第二款　中外要用の事件は、其の時々互に報告し、一月両次の書信は、必ず欠くべからず。
第三款　中外照応して、事務を処置する為め、特に大使事務管理の官員に命じて、之に従事せしめ、来歳、大使帰国の上は、中朝事務に任ずる官員と共に理事官等に交代して、外国に派出せしむべし。
第四款　大使使命を遂げ帰国の上は、各国に於て商議及考案せし条件を参酌考定し、之を実地に施行すべし。
第五款　各理事官の親見習学して考案せし方法は、酌定の上、順次之を実地に施行し、習学了らざるものあれば、代理事官之を引請完備ならしむべし。
第六款　内地の事務は、大使帰国の上、大に改正する目的なれば、其間成る可き丈《だ》け新規の改正を要すべからず。万一已《や》むを得ずして改正する事あらば、派出の大使に照会をなすべし。
第七款　廃藩置県の処置は、内地政務の純一に帰せしむべき基なれば、条理を逐て順次其の実効を挙げ、改正の地歩をなさしむべし。
第八款　諸官省長官の欠員なるは、別に任ぜず、参議之を分任し、其の規模目的を変革せず。
第九款　諸官省とも、勅奏判を論ぜず、官員を増益すべからず。若し已《や》むを得ずして増員を要する時は、其の情由を具して決裁を乞ふべし。
第十款　諸官省とも、現今雇入外国人の外、更に雇入るべからず、若し已むを得ずして、雇入れを要する時は、其の情由を具して決裁を乞ふべし。

第十一款　右院定日の会議を休《や》め、議すべき事あるに方《あたっ》ては、正院より其の旨を下し、毎会期日を定むべし。

第十二款　款内の条件、之を遵守して違背すべからず。此の条件中、若し増損を要する時は、中外照会して之を決すべし。

明治四年辛未十一月

太政大臣　三條實美
右大臣　岩倉具視
参議　西郷隆盛
参議　木戸孝允
参議　大隈重信
参議　板垣正形
議長　後藤元燁
神祇大輔　福羽美静
外務卿　副島種臣
大蔵卿　大久保利通
大蔵大輔　井上馨

兵部大輔　山縣有朋
文部卿　大木喬任
工部大輔　伊藤博文
司法大輔　佐々木高行
司法大輔　宍戸璣
宮内卿　徳大寺實則
開拓次官　黒田清隆」

以上、約定書の全文である。連名する者十八名、当時の要路重臣を網羅したと云つてよい。

さて此の約定書、公平に之を見てゆく時は、海外派遣者が、国内留守者を拘束して、一切新規の処置を許さず、官吏の増員を禁ずるといふのが主眼のやうに見えて仕方が無い。在留者の中には、三條太政大臣があり、西郷・大隈・板垣の三参議もある。派遣者が是等の重臣を拘束する事、傍《はた》から見る時、いかにも無理であり、行過ぎでは無いか。第三条に「来歳大使帰国の上は」とある、来歳は普通には、明年、翌年の意味であるが、岩倉大使の帰国は明治六年の九月であるから、来々年、明後年までの不在である。足掛け三年の長きに亘つての不在に、留守者には一切新規の処置を許さぬといふ事、不可能を強《し》ふるものでは無いかと疑はれる。殊にそれは廃藩置県の直後である。廃藩置県は明治四年七月十四、十五日の両日に公布実施せられた。国の隅《すみ》々に至るまで、此の影響を受けない所は無い。国民の実生活は、深刻にして切実なる影響を受け、殊に扶持《ふち》離れをした者は途方に暮れて、塗炭の苦しみを受けてゐる。之を救ひ、之を導いて、安堵し、安定せしめる事、刻下の急務であらうに、それを顧みる事無くして、政府要路の英俊、半数をあげて海外へ出掛け、調査もすれば観光もして、それに大金を費し、足掛け三年に亘つて、留守の人々には新規の処置を禁止するといふ事、いかにも独りよがりであつて、公正とは思はれない。一体此の約定は、誰が思ひつき、誰が発議したのであるか、明瞭で無いが、若し大久保以外の人が提案したのであれば、大久保は必ず之に反対したに違あるまい。

実際問題としては、大使一行の不在中に、官制の上にも、人事にも、手直し又は新規処置の必要は、そこここに起り、それを海外旅行中の大使に一々報告して決裁を乞ふ暇なく、西郷を主とする残留参議に於いて、便宜処置するの外、無かつたであらう。その一例は、明治五年正月の銀行設立認可である。これは当時東京府（知事　由利公正、参事　黒田清綱）に於いて、銀行設立の議があり、大蔵省へ許可を申請したところ、省内に異議があつて捗《はか》らない、それを参議の板垣が極力尽力して斡旋《あっせん》したので漸く省内もまとまつた為、御用掛として大蔵卿不在中省務を監督してゐた西郷は、三條太政大臣に上申の上、許可するに決し、明治五年正月朔日、之を黒田参事に報じた。その書状には、これは昨日決定のつもりであつたが、三條公御不参の為、延引して今朝になつた事、又大蔵省からいろいろ反対があつたが板垣の尽力でまとまつた事を特に記されてあつて、西郷のあたたかい人柄が偲ばれる（由利東京府知事は、その後、貿易視察の為に海外へ出張したが、太政官より壬申七月十九日付にて免官の辞令に接したと云ふ）。

第二例は警察制度である。「銀行」といふ言葉も当時はまだ熟してゐなかつたと見え、西郷の書状には「バンク」とあるが、「警察」も同様で、西郷は「取締組」又は「ポリス」と云つてゐる。明治五年二月、そのポリスを司法省の所管とするか、又は東京府の所管とするかの問題があり、同時にその定員をきめて費用も見積らねばならぬといふので、西郷は実に親切に東京府参事黒田清綱に通報し指導してゐる。

更に重大なるは、徴兵制度の確立である。幕府時代には、武権は士族の独占する所であつた。廃藩置県の結果、士族が扶持を離れたので、その救済の為にも、四十万の士族を将兵として国防に当らしめるがよいといふ意見があつたが、兵部大輔山縣は、普仏戦争の実蹟にかんがみ、仏国の将校を教師として招聘すると共に、独逸の如く全国民に武権を拡大する徴兵制を布かうとした。海外の制度に精通して山縣の諮問に答へた者は西周《にしあまね》であり、大局の上に立つて之を是認し、此の案を成立せしめたものは西郷であつた。かくして明治五年十一月二十八日、徴兵令は公布せられた。

徴兵の制度は、国家保護の責任を全国民に課したるものであつて、一般国民はその権利を拡大すると共に、その責任を痛感するに至つた。中世兵権武門に移つて以来の積習はここに完全に破られた。廃藩置県と表裏一体をなす大変革といふべきであらう。それが明治五年十一月二十八日、岩倉・木戸・大久保等の不在中に、快刀一閃、物の見事に断行せられた事は、注意しなければならぬ。

注意を要すると云つたのは、是の時、西郷は元帥陸軍大将であり、更に近衛都督であつたからである。初め大使米欧派遣の時には、山縣が兵部大輔として責任を負うてゐた。その兵部省は、明治五年二月二十八日、陸軍と海軍との二省に分けられ、山縣は陸軍大輔となり、併せて近衛都督となつた。しかるに其の信用した山城屋和助事件によつて窮地に陥つた時、西郷は行幸の御供申上げて九州に在つたが、急を聞いて直ちに帰京し、その威望を以て軍の動揺を鎮め、明治五年七月十九日、元帥陸軍大将近衛都督を一身を以て兼任し、以て山縣の陸軍大輔の地位を護つたのであつた。若し西郷が助けてくれなかつたならば、山縣は陸軍を去る外なかつたであらう。此の処置が急を要した事情から見て、海外の大使には無断で行はれた事は確かであらう。西郷は大久保に宛てて、此の事件の処置を、八月十二日付書状にて報告してゐる（続の十四参照）。それは好意に充ちてはゐるが、事前の打合ではない。それを見れば徴兵令も、同様に独断専行であつたらうと思はれる。さてさうなると、大久保の感情、昂《たか》ぶつてくるのではあるまいか。

続の十六　大久保の憤慨

大久保が欧洲から帰朝したのは、明治六年五月二十六日の事であつた。此の帰朝は、本国政府より岩倉大使に通牒して、

「陳ぶれば政府御人少なく、内外事務多端に付いては、木戸参議殿、大久保大蔵卿殿、両人不可欠の要用これあり候間、夫々へ相断り、至急帰朝致すべき旨、勅旨に候。此段御達に及び候間、支度出来次第、早々御帰朝これあり候様、致し度候」

と申送つたのに基づくものであつて、木戸・大久保の両人、勅旨とあれば打揃ひ即時帰朝すべきのところ、両人の間に感情の疎隔があつて別々の行動をとり、木戸は露国を見て帰る事となり、大久保ひとり急ぎ帰朝したのであつた（『大久保利通文書』第四巻参照）。

帰朝直後、大久保の行動は明らかでないが、現任の大蔵卿であるから、大蔵省へも顔を出したであらうし、三條太政大臣へも、西郷参議へも、必ず挨拶に行つたに相違ない。しかるに帰つて見て、大久保の驚いた事は、自分等の不在中に、数多くの人事の異動、官制の新規公布が行はれてゐた点である。それは洋行直前の約定書から云へば、明白なる違犯であつて、洋行者の諒解を受けず、大

使の決裁を乞ふ事なくして、勝手の処置と考へられたであらう。大久保は驚きと共に怒りを発したに相違ない。殊に自分の統括してゐる大蔵省にまで、御用掛として只監督を頼んで置いた西郷が、銀行の事、警察の事、独断して処置した事、面白くなかつたであらう。まして徴兵令の如き重大事は、大使の帰朝を待つべきでは無かつたかと、苦々《にが》しく思つたのでは無からうか。帰朝後、八月十五日付にて、欧洲滞在中の村田新八・大山巖両人へ宛てたる大久保の書翰に曰く

「当方の形光は、追々御伝聞もこれあるべし、実に致様もなき次第に立至り、小子帰朝いたし候ても、所謂蚊背負山《ぶんばいふざん》の類にて作《な》す所を知らず、今日迄荏苒《じんぜん》一同手の揃を待居候。仮令有為の志ありといへども、此際に臨み、蜘蛛の捲き合をやつたとて、寸益もなし、且又愚存もこれあり、泰然として傍観仕候。国家の事、一時の憤発力にて暴挙いたし、愉快を唱へる様なる事にて、決して成るべき訳なし。（中略）当今光景にては、人馬共に倦み果て、不可思議の情態に相成候。追々役者も揃ひ、秋風白雲の節に至り候はゞ、元気も復し、見るべきの開場もこれあるべく候」

即ち大久保は、留守政府の一切の処置に反対であり、否、単にその処置と云はず、政府要路の人その物に反対であつて、その改革は、之を岩倉大使帰朝の日を待つて、一気に之を行はうと決心してゐた事、明らかである。

して見れば、帰朝直後の大久保の西郷訪問は、穏当なる挨拶では無かつたに違ない。両雄は、その再会の瞬間に、親友一変して怨敵と化し、倶に天を戴かざるが如き感情の昂奮を覚えたのであら

う。人は感情を如何ともし難い。流石の英傑も、大腹中の将軍も、たかぶる感情を制御し得ず、龍虎の争、天下の風雲を捲き起して了つたのであらう。

何が悪かつたのかと云へば、王政復古、廃藩置県といふ空前の大改革、いはば荒療治を断行した直後、国内の整備、国民生活の安堵、いまだ成らざるうちに、その大手術の医師上下百人、そろつて足掛三年の長い間、鵬程万里、遠く米欧各国を旅してゐたのが悪かつたと云ふの外は無い。此の洋行は、大変な費用を要したであらう。扶持離れした国民の、いはば塗炭の苦しみをよそにして、総勢百人の大名旅行、西郷は一言も不平を云はず、木戸にも、大久保にも、非常な好意を以て、快く送り出したのであつたが、世間には此の洋行を苦々《にが》しく思ふ者があつたのであらう。当時の狂歌として伝はるものがある。

条約は　結びぞこなひ　金《かね》は捨て
世間へたいし（対し、大使に通ず）何と岩倉

蓋し使節派遣の目的、西洋の文物制度の視察を主とすると共に、併せて条約の改正を図るに在つたのに、いよいよ米国で話を始めて見ると、一体全権委任状もつてゐるのかと反問せられ、そのやうなもの入用だつたのかと初めて気がついて、大久保と伊藤とが太平洋を渡つて帰国し、委任状を貰つて再び渡航したが、段々交渉の結果、条約の改正は将来我国に於いての談判に待つ事としたので、ここに大きな無駄づかひが、時日の上にも、金銭の上にもあつた事を諷刺したのである。

山口と　知らで預けた　臍栗《へそくり》を

外務にされて　何と少輔
爪に火を　とぼして溜《た》めた　金を捨て
さすが塩田は　辛《から》き目に逢
白脛《はぎ》に　見とれもせぬに　百五十
ポント墜《おと》した　久米の仙人

洋行中いろいろの失敗又は醜態のあつた事は十分想像し得るが、誰もそれを責めはしない。それはそれで見のがして良いが、それと反対に、何故留守の西郷は非難を受けねばならないのか、それが我々には分らないのだ。やり方は大久保流とは違ふであらう。あくまで大久保流にといふのであれば、大久保が残留すればよかつたのだ。自分は足掛け三年外遊する、留守は西郷にあづけるが、一切新規の処置は許さぬとは、嗚呼何といふ我儘な、虫のよい要求であらうか。留守の三年間、大した動揺なくして終つたのは、一に西郷の人徳威望による。兵部省の如き、山縣ではどうにもならなかつたのを、西郷が元帥陸軍大将近衛都督となつて、山縣のそばに附添つたからこそ、鎮静したのだ。西郷は「私にも御脇に立ち、共に難を引受申すべく」と云つてゐるが、苦境の山縣の保証人になつて、そのそばに立つた親切な態度、山縣は忘れても、我等は忘れる事は無い。

憤怒は、いかなる英傑にも、平常心を失はしめずには措かぬ。大久保も平常心を失つて、大蔵卿現職の身でありながら、登庁して政務を見る事なく、名勝旧蹟の巡覧に月日を無駄づかひして、秋風白雲の節を待ち、岩倉大使帰朝の暁、その威力を借りて、一気に西郷を追放しようとする。西郷も腹を立てて、病気も手伝つたのであらう、世の中つくづくいやになり、ひたすら死地を求め、何とぞして国家の為に御役に立つやう死なせて貰ひたいといふ。惜しいかな、両雄はすでに平常心を失つてゐるのだ。

岩倉大使帰朝して、閣議は開かれた。閣議に於いては、西郷の主張が認められ、一同異議を唱へなかつた。西郷は満足し、手を拱《こまぬ》いて発令の日を待つてゐた。その間に、人知れず大久保の秘策は行はれ、そして成功した。西郷は直ちに辞職し、飄然《へうぜん》として家を出で、行衛をくらまして了つた。

西郷は身軽であつた。家を持つてゐなかつたのだ。不思議にも西郷は、参議であり、陸軍大将でありながら、自分の家屋敷を持たず、日本橋小網町の住居は、実は借家であつて、しかも家賃は三円であつたと云ふのだ。

大町桂月の著『伯爵後藤象二郎』（大正三年刊）を見るに、「西郷が陸軍大将の身を以て、家賃三円の茅屋に住みたりし際」、後藤の住まひし西洋館の壮大であつた事を説き、後藤は木戸と共に、相隣りて地を高輪に求めたが、それは元の薩摩の下屋敷と、旗本屋敷二つとを併せたもので、広さ凡そ四万坪「伯は三年間、毎日百人の人夫を使用して工夫に工夫し、邸内の道路を改むること前後七回、梅林の位置を換ふること三度に及び、梅林の外、竹林あり、松林あり、瀧あり、池あり、牛の牧場さへもあり、品海（品川の海）前に開けて、総房（千葉県）の翠微、座に揖《いふ》す」るが如くであつたと云ふ。

西郷が明治六年、参議であり陸軍大将でありながら、日本橋小網町に借家住居して居り、その家賃三円であつたといふ事は、私にとつては大いなる驚きであつた。そこで大町桂月の著書以外、何か正確な記録を得たいと思つたが、寒林の蔵書、乏少であつて役に立つもの、殆んど無い。只明治八年の「官員鑑」に、官員の月給（明治八年八月二日調）を記して、太政大臣八百円、左右大臣六百円、参議及び各省の卿は五百円とあり、それより推測して、明治六年参議西郷の月給は、凡そ五百円位かと思はれる。今一つ明治七年の官員録が出て来て、それにも太政大臣八百円、左右大臣六百円、参議・議長・卿・長官・大将は五百円と記し、その陸軍の部には、大将として西郷、中将として山縣有朋、西郷従道、黒田清隆の三人を掲げてゐる（中将は四百円である、尚、西郷は参議陸軍大将近衛都督のすべての官職に対して辞表を出したけれども、政府では大将は元のままとして、辞表は一部受理せられなかつたのである）。『大西郷全集』を見るに、西郷の「俸給は、（明治六年）七月迄は四百円、八月より五百円であつたかと推定される」とある（第二巻七二六頁）。

もともと西郷の家は、経済的には恵まれてゐなかつた。明治五年六月二十三日、板垣與三次へ宛てた西郷の書状を見ると、西郷の父九郎は、薩摩郡水引村の豪家板垣與右衛門より金を借りた。それは弘化四年に百両、嘉永元年に百両、合せて弐百両であつた。父は返済出来ないままに歿して、借財の責任は西郷に引継がれた。西郷は気にかけてゐながら、何分自身島流しにあつたり、戦争に出たりして、返辨し得る状態では無い。板垣家の人々は、よほど心のあたたかい優しい人柄であつたと見えて、催促をするでも無く、親切に附合つて、時々は贈り物も届けてくれる。西郷は

「亡父御懇情を以て、莫大の金子《きんす》拝借を得、是が為に多くの子供を生育いたし候故にて、全く

右の御蔭を以て道を開き得候次第、折々、亡父よりも申聞かせ候儀にて、何卒御返済いたし度、色々手段を廻《めぐら》し候へども、頓《とん》と御返辨の道も相付かざるのみならず」

云々と述べて金を返したのが明治五年六月、官職は参議であり、明治天皇御巡幸の御供申上げて、鹿児島へ立寄つた時であつた。

之によつて西郷の家は貧しかつた事が分るが、貧しいといつても、賞典禄は二千石、参議の月給四、五百円と云へば、何も三円の家賃で貧弱なくらしをしなくてもよささうなものであるが、此の人は生来贅沢な生活を好まないので、他の高位顕官の如く「御前様《ごぜんさま》」と呼ばれて妻妾にかしづかれる趣味がなく、その上国家有用の人材育成の為に、賞典禄は全部提供してゐるので、本人は飛白《かすり》の単衣《ひとへ》のつんつるてんに、肥大の身を包んで、陋屋に起居してゐたのであつた。参議陸軍大将近衛都督として位、人臣を極めたる西郷、一生の栄華の極点に立つた西郷の、それが姿であつたのだ。

続の十七　丁丑公論

明治六年十月の政変に就いて、世間に通用してゐる解釈は、外征と内治、いづれが急務であるかの争であつて、先づ国内の整備に努め、国力の充実を図り、それが一応成功した後に外国関係の改善に当るべしとする議論が勝ち、急いで外の問題を解決しようとする方が敗れたのだとするのであるが、此の説によつては、明治七年四月、兵を出だして台湾を討ち、八月大久保を大使として清国と交渉を始め、八年五月露国との間に千島と樺太との交換を約定し、九月軍艦を派遣して朝鮮と交渉し、江華島問題を談判した一連の対外交渉は、之を何と解すべきか、矛盾に苦しむであらう。

その矛盾を、最も早く指摘したものは、福沢諭吉の『丁丑公論』である。それは明治十年の十月に書かれたものであるが、その中に曰く、

「明治七年（六年の誤）内閣の大臣に外征を主張する者と、内政を急務とする者と、二派に分れ、西郷は外征論の魁にして其見込を屈せず、遂に桐野以下附属の将校兵卒数百名を率ゐて故郷に帰りたり。（中略）其景況は恰《あだか》も陸軍大将が兵隊を指揮して鹿児島に行くと云ふも可なり。尚細《こまか》に内実を表すれば、王制一新の功臣が、成功の後に不和を生じて、其一部分は東に居残り、

一部分は分れて西に赴たりと云ふも可なり。其証拠には、西郷が帰郷の後も、政府は之に大将の月給を与へたり。之を公の俸禄とす（西郷の月給は陸軍省に積たりと聞く）。（中略）

薩人は既に政府に対して並立の勢をなし、兼て又政府より之を怒らしめて益其乱心を促したるの事情あり。初め西郷は外征の論を主張して行はれざるの故を以て政府を去りたるに、去て未だ一年を経ず、豈計らんや先きに内政の急務を唱へたる者が、俄に所見を変じたる歟、台湾を征伐して支那政府に迫り、五十万の償金を取て得色あるが如し。西郷の身に於ては、朋友に売られたるものにして、心に忿々たらざるを得ず。又政府の人が内政を修るの急務を論じながら、其内政の景況如何を察すれば、内務省設立の頃より政務は益繁多にして、嘗て整頓の期あることなく、之れに加ふるに地租の改正、禄制の変革を以て、士族は益窮し、農民は至極の難渋に陥り、凡そ徳川の政府より以来、百姓一揆の流行は、特に近時三、四年を以て最とする程の次第なれば、遠方に閉居する薩人の耳に入るものは天下の悪聞のみにして、益不平ならざるを得ず。（中略）

又薩の士人は、古来質朴率直を旨とし、徳川の太平二百五十余年の久しきも、遂に天下一般の弊風に流れず、其精神に一種貴重の元素を有する者と云ふ可し。然るに該藩の士族にして政府の官員たる者は、漸く都下の悪習に倣《なら》ひ、妾を買ひ妓を聘する者あり、金衣玉食、奢侈を極る者あり、或は西洋文明の名を口実に設けて、非常の土木を起し、無用の馬車に乗る等、郷里の旧を棄てて忘れたる者の如し。之に反して薩に居る者は依然たる薩人にして、西郷桐野の地位に在るものにても、衣食住居の素朴なること、毫も旧時に異ならず。等しく是れ竹馬の同藩旧士族、其東に居る者と西に居る者と、生活の趣を殊にすること斯の如くにして、却て其伎倆如何を論ずれば、穎敏《えいびん》の才智に至ては東に対して譲る所あるも、活潑屈強の気力は西に十分にして、常に他を憫笑する程の有様なれば、少年血気の輩は忿懣に堪へず、（中略）是亦乱の原因の一大箇条なり」

『丁丑公論』の丁丑は明治十年であつて、その九月二十四日西郷以下自刃し、いはゆる西南の役平定し、官軍凱歌をあげて帰還するや、福沢諭吉之を見て感慨に堪へず、西郷自刃の一箇月後、十月二十四日筆を執つて、

「世論に云《いは》く、西郷は維新の際に勲功第一等にして、古今無類の忠臣たること楠正成の如く、十年を経て謀反を企て古今無類の賊臣と為《な》り、汚名を千載に遺《のこ》したること平将門の如し、人心の変化測る可らず、必（畢の誤）竟大義名分を辨ぜざるの罪なりと。此議論凡庸世界の流行なれば許す可し。田夫野翁の噂、市井巷坊《しせいかうばう》の話、固より歯牙に止むるに足らざればなり。或は月給に生々する役人世界の談にしても亦恕《ゆる》す可し。西郷は実に今の官員の敵にして、西郷勝てば官員の身も聊か安んぜざる所あれば、如何様にも名を付けて之れを誹《そし》るも尤もなる次第なり。然るに（中略）学者士君子を以て自から居る論客にして、（中略）滔々として世間の噂話に雷同し、（中略）西郷桐野等の官位を剝脱したる其日より、之を罵詈讒謗して至らざる所」なきは、浅見暗愚の致す所であつて、西郷は無二の尊王家であつて、決して賊では無く、道徳品行

の上に於いても、少しも非難すべきものは無い、廃藩置県の重大事が西郷の一諾によつて断行せられたのを見れば、西郷は決して自由改進を嫌ふ者では無く、真実に文明の精神を慕ふ者と云つてよい、「西郷の死は憐む可し、之を死地に陥れたるものは政府なり」と断定したものである。最初に引用したのは、西南の役を論じてその源流に溯り、明治六年十月の政変を分析評論した部分であるが、内治主義と外征主義との争とする通説を打破つて、独自の見解を表明した点、見事であると云つてよい。

当時と現今とを比較するに、頗る大いなる相違がある。今日は西郷の書翰、大久保の日記及び書状等、ある限り殆んど皆公刊せられて事情の究明に便利であるが、福沢の執筆当時は一切秘密にされて一見する事不可能であつた。また今日は岩倉・大久保の圧力は無きに等しいが、丁丑の当時は空を蓋ふ雷雲低く垂れて呼吸すら困難であつただらう。その中に筆を執つて、兎も角もこれ程までに西郷の真実を明らかにし、正義の為に気を吐かうとしたのは、福沢氏、識見あつて気概に富むと云ふべきであらう。但しその福沢と雖も、書く事は書いたものの、その公刊を憚つて之を筐底に蔵したままであり、いよいよ公刊したのは二十数年の後、明治三十四年（その二月三日福沢諭吉歿す、六十八歳）の事であつたのは、雷雲空を蓋ひ、重圧ひしと感ぜられてゐた為であらう。

それもその筈、『丁丑公論』の結論に、

「然らば則ち政府は啻《ただ》に彼れ（西郷）を死地に陥れたるのみに非ず、又従て之を殺したる者と云ふ可し。西郷は天下の人物なり。日本狭しと雖も、国法厳なりと雖も、豈一人を容《い》るゝに余地なからんや。日本は一日の日本に非ず、国法は万代の国法に非ず、他日この人物を用るの時ある可きなり。是亦惜む可し」

と断ずるに至つては、西郷の幽魂を慰むると共に、之を陥れ、之を死地に追込みたる人々、大敵あつて之を討つに西郷を必要とする時は之を利用し、大敵無くなりて再び西郷を必要とせざるに至るや、敝履《へいり》の如く之を棄て去りたる人々の良心を刺すもの、場合によつては著者に危険があつたかも知れない。

『丁丑公論』は、明治三十四年の出版、薄い小型の本であるが、古本屋の店頭に現れる事、極めて稀である。私も一本を手に入れてゐたが、書庫未整理にして見当らず、本稿に引用するに当つては、『福沢諭吉全集』（第六巻）に拠つた。

今や当事者の日記書翰のほぼ出揃つたところで、之を比較対照しつつ吟味するに、

(一) 朝鮮遣使に就いての西郷の希望は、最後の閣議に於いて肯定せられ、席上一人として異議を唱へる者は無かつた事。

(二) 閣議終了の後、大久保の秘密工作が始まり、西郷の希望を阻止する体制が堅固に構築せられた事。

(三) 西郷は閣議の決定に従つて前進しようとして図らずも此の阻止体制に触れ、即時辞職して政府を去つた事。

(六) 軋轢の根本は朝鮮問題にあらずして、西郷、大久保両人心情の疎隔に在つた事。

(七) 西郷、大久保の両人が本来親友の関係であつたのに、俄に不倶戴天の敵となつたのは、明治六年五月、帰朝直後の大久保が西郷をたづねて面談した日の衝突に始まつたと考へられる事。

(八) 両雄衝突の原因は、明治四年十一月、洋行者と残留者との間に取替はされたる約定書にあつた事。

(九) 約定書は大使一行不在の間、残留者は、人事制度万般に亘り、一切新規の処置を差控へ、若し必要あれば出先きに連絡して大使の決裁を乞ふべしとしてゐるが、大変革直後の国情に於いて足掛け三年政治を釘付にするは本来不可能である事。

(十) 留守の大官は西郷を以て代表とし実力者としたが、問題の起るや西郷は敏速に親切に処置して之を解決鎮定したので、もし西郷の威望が無かつたならば、大混乱に陥つたであらうと思はれる事。

(十一) 西郷が洋行者より非難を受けたのは、留守中無為に日を送つたが為でなくして、あまりに親切に処置し、適切に手当した点が、一切新規の処置を差控へると云ふ約定書に違反し、洋行者から見れば余計な手出しをした事けしからぬと云ふ点に在る事。

続の十八　西郷と大久保

明治六年十月の政変、その主要なる点は、前述した所によつて、概略承知せられたであらうが、念の為に今一応御注意を願ひたいのは、十月十五日の閣議に於いて、西郷の案を採用する旨決定し、之に対して一人も異議を唱へる者なく散会した後の、西郷と大久保との態度である。

(一)　西郷は、十五日以後、二十二日同志参議三人と打揃つて岩倉邸を訪問するまで、静かに大臣の上奏を待つのみで、何一つ動いた形跡は無い。

(二)　之に反して大久保邸へは、十五日の夕より、往来の客頻繁であつた。十五日夕には、西郷従道、黒田清隆。十六日には、黒田、西郷従道、伊地知正治、夕再び黒田。十七日大久保は三條邸へ参り、辞表及び趣意書提出。大久保邸の来客は黒田、得能良介。十八日の来客は奈良原繁、三島通庸、得能、伊藤博文、大隈重信、大迫貞清、森有禮。夕再び得能。十九日、三條公病気見舞に参る。大久保邸の来客は松方正義、西郷従道、岩下方平、黒田。黒田に秘策を授く。二十日「今日無事」。二十一日の来客、得能、吉井友實、西郷従道。売茶亭にて伊藤と会談。大久保、五代友厚を訪ふ。

以上は『大久保日記』の記す所である。大久保は多くの人に会ひ、適当に之を使用したであらうが、秘策を授けたのは黒田一人である事、注意を要する。

更に重大なるは、宮中に対する態度の相違である。西郷が、明治天皇の厚き御信任を戴いてゐた事は、西郷の病気を御憂慮遊ばされ、侍医及びドイツ人医師を御差遣になり、診療せしめ給うた一事によつても明らかである。然るに西郷は、朝鮮遣使問題に就いて、太政大臣を差置いて、直接天皇に上奏し、親しく天裁を仰ぐ事は恐れ多い事、非礼の儀なりとして、希望もしなければ、考慮もしなかつた。つまり雲上人によつて天日を遮られた以上、これは天命如何ともする能はざるものと観念したのであつた。

その西郷の無私純忠の精神を理解せず、西郷は直接上奏、即ち直訴するかも知れないとして恐れたのは、岩倉であつた。それ故に岩倉は、あらかじめ宮内卿徳大寺實則に手を廻し、西郷の上奏を許さざるやう手当をしてゐた事は、十月二十二日交渉決裂して西郷等岩倉邸を辞去したる直後に、大久保に通報したる岩倉の書状によつて知られる。

此の態度、即ち西郷は、天皇に頼つて自己の道を切り開かうとした事一度もなく、之に反して西郷の反対派は、宮中と西郷との間に連絡のつく事を最も恐れ、その遮断に努めてゐた事は、明治十年二月十七日、岩倉より大久保に与へたる左の書翰によつても察せられるであらう。

「勅使ノ事、如何ナリシヤ。今ニテハ御止メト存候得共、只今ノ景況ニテ、西郷エ命下リ候ハバ、議論ヲ引起シ、前途困難ニハナラズヤト懸念ノ儘、一報ニ及ブ。

二月十七日　午後三時

岩倉具視

京都木屋町

三條上ル　池亀ニテ

大久保利通殿」

これは明治十年二月、鹿児島暴発の電報に接し、大久保は横浜より船にて神戸へ赴き、それより汽車にて京都へ参つたのが二月十六日、十七日の『大久保日記』に、「今朝八字（時）より参内、鹿児島、勅使差立てらる云々、御治定」とあり、十八日に「鹿児島暴徒、熊本管内水俣佐敷へ乱入の趣相聞へ、勅使御見合、直に征討仰出ださる」とあると照応するものである。是の時京都に在つて、天皇の御左右に侍してゐたのは三條太政大臣であり、東京に在つて政府を指揮してゐたのは岩倉右大臣であつた。

つまり西郷は、太政大臣を差置いて直接上奏するは非礼であり、困難な問題の天裁を仰いで宸襟を悩まし奉るは臣子の忍びざる所であるとして、決して直訴上奏しなかつた。同時に西郷反対派に於いては、西郷の直訴上奏を恐れ、宮内省と連絡して、遮断の方策を講じたのであつた。従つて西郷進退の一件、天皇はその真相を知ろしめす事なく、政府限りに行はれたのであつて、西郷に対する批判は、此の点を明確にして、その上で行はるべきである。端的に云へば、西郷は勅旨に反したのでは無く、政府の権臣より排除せられて辞職しただけである点を識知すべきである。

以上、明治六年十月政変経過の跡を丹念に辿つて来て、一応整理を終つたのであるが、さて顧りみるに、まことに理解しにくい、不思議な事が多い。即ち此の政争は、つきつめて云へば西郷と大久保との対立抗争であつて、それ以外の人々は、結局脇役に過ぎないのであるが、その主役両雄が何故に死を以て相争はねばならないのであるか、両雄の間に調停妥協の道は全然無く、一は必ず他を排除しなければならぬ立場に在つたのであるか、それが我々には分らないのである。

両雄は、共に鹿児島の城下に生れた。しかも鹿児島の中の加治屋町、此の町が西郷を生み、又大久保を生んだのであるから、平たく云へば両家は隣組であつたと云つてもよいであらう。そして西郷の生れたのは文政十年(西暦一八二七年)十二月七日であり、大久保の生れたのは天保元年(西暦一八三〇年)八月十日であつたから、西郷は三年の先輩、大久保は三つ年下、いはば竹馬の友であつた筈である。

今両雄の交際を見る上に正確なる手懸《てがか》りとして、その間に往復した書翰を検査して、次の如き結論を得た。

(一)『大西郷全集』に収むる所の西郷の書翰、すべて四百十五通。そのうち大久保に宛てたるもの百四通。つまり西郷書翰の残つてゐるもの、四分の一は大久保宛であると云つてよいが、是れは両雄の関係が頗る親密であつた事を証するであらう。

(二)西郷より大久保に贈つた是等の書翰の本文を検するに、末尾の留筆《とめふで》、或は恐惶謹言と記し、又は恐々謹言と書き、態度頗る謹慎で礼儀正しく、仮りにも先輩振つて横柄《わうへい》な点は全く見られない。

以上二つの点から考へて、先輩西郷が、いかに大久保を重視し、礼を厚くし心を尽くして交つてゐたかが分るであらう。

次に両雄間の文通は、安政五年十二月二十九日付、大久保の質問と、之に答ふる西郷の安政六年正月二日付返書とに始まるのであるが、此の第一回の文通こそ、歴史上重大なる意味をもつものである。安政五年戊午の四月、井伊直弼大老となるや幕政を専決し、七月水戸・尾張・越前の藩主を処罰し、更に検察の手はひろく全国の勤王有志にのびた。西郷は京都より月照を護衛して鹿児島へ下つたが、形勢の不可なるを見て、月照と共に海に投じて死なうとした。月照は死んだが、西郷は蘇生した。藩の首脳部は、西郷も死んだ者として幕府へ届け、ひそかに西郷を大島へ送り、菊池源吾と変名して素生《すじやう》をかくし、ひそかに時機を待たせて置いた。それまでの西郷は、藩主島津齊彬の信任を得て、薩藩勤王のいはば選手として京都江戸に活躍し、全国の有志有力の人々と手を執つて、国家の大事に奔走してゐたのであるが、今や井伊の出現によつて大打撃を受け、更に齊彬の死に遭つて頗る窮地に陥り、表向は死者として扱はれ、ひそかに変名して大島へ流されて、本人の言葉によれば「土中の死骨」となつてゐたのであるから、薩藩の勤王運動は、此の際、別の選手を送らねばならぬ。此の選手交替の機会に、新しく任務に就いた者、それが大久保に外ならぬ。

交替して選手となる事、引受けたは良いが、一体どうすれば良いのか、諸藩の有志との同盟、どこまで進んでゐたのか、井伊が更に苛酷なる処分を、水戸・尾張・越前の藩主に加へる時は、諸藩の有志、それぞれ脱藩奮起すべきであるが、その間の打合せは、どうなつてゐるのか、一体同盟の有志有力者としては、誰々を信頼して良いのか、それが大久保には分らない。そこで、詳しくそれを指示して貰ひたいと、安政五年十二月二十九日付で、西郷へ質問状を送つた。翌年正月二日、西郷は此の質問に答へたのであるが、それには「小生儀、土中の死骨にて武運に拙《つたな》く」、「大義の一挙に付、御策問の趣」、お断り申上ぐべきであるけれども、「数ならずも先君公（齊彬）の朝廷御尊奉の御志、親《した》しく承知し奉り、如何にもして天朝の御為めに忍ぶ可からざるの儀も相忍び、道の絶え果《は》て候迄は尽《つ》くす可きの愚存に御座候間、汚顔を顧りみず」返事をすると述べて、有志脱藩義挙を起す時機に就いては、越前と打合せの上に決定すべく、先君（齊彬）の意志は、水戸・尾張・越前三藩を同盟として「天下の大事を談ぜられ、朝廷の御為に尽くさせられ」たのであるから、其の線で進みたい事、万一井伊が京都に対し暴圧を加へる事があれば、諸藩一斉に起つて御難を救ひ奉るべき事肝要であるが、「憤激の余りに事を急ぎ候ては、益《ますます》御難を重くし奉る可」き間、よくよく考へて貰ひたい事など述べた後に、同盟の幹部の氏名をあげて、水戸に武田伊賀守と安《あ》島《じま》帯刀《たてはき》、越前に橋本左内と中根靭負《ゆきへ》、肥後に長岡監物、長州に益田右衛門介、土浦に大久保要、尾張に田宮如雲を挙げてゐる。いづれも第一級の人物であつて、是等の人物協力すれば、国難の打開も見事に出来たであらうと思はれるのであるが、それが井伊の暴圧によつて崩れた事は残念と云ふの外は無い。

然るに天の配剤の妙なる、西郷は月照を救はうとして成らず、自分は「土中の死骨」となつて大島へ流されてゐたので、井伊の難を免れたのであつたが、その窮地に在りながら大久保の質問に答ふる態度、堂々として秘匿する所なく、謹慎にして昂奮せず、謙虚にして誇示する風が無い。流石は英主齊彬公の信任を得、天下に周遊して大事を画策《くわくさく》し、志士の間に重んぜられた名士だけあると感嘆せられる。此の書状の中に、重野安繹《しげのやすつぐ》も流罪に処せられて、西郷と時を同じうして大島に居つた事が見えてゐる。重野博士が西郷から橋本の噂を聴いたのは此の奇縁に依り、後に橋本景岳傳を書くに至つたのも、実に此の奇縁に導かれての事であつて、人事遭逢の不思議、驚くの外は無い。

右にあげたのは、大久保宛西郷書翰の最初の一通である。最後のものは何時《いつ》かと云ふに、明治五年八月十二日付、英国ロンドン滞在中の大久保に宛てた一通である。これは「御一別以来、御音信に能はず候処、いよいよ以て御壮健御週歴の由、珍重に存じ奉り候。随つて小弟異義無く消光罷在仕候間、憚ながら御放慮成し下さるべく候」と書出し、「余事ながら御放念下さるべく候。此度幸便に任せ、荒々《あら》御意を得奉り候、恐惶謹言」と結んであつて、いかにも礼儀正しく親切丁寧である。

その他数多くの西郷書翰、いづれも興味深く重要ではあるが、今は紙数もあまりに多くなつたので、すべて省略する外は無い。只一つ、慶応三年七月二十七日、大坂滞在中の西郷より京都に在る大久保へ宛てて、英国公使館に通訳官サトーをたづねた結果を報告したものは、一言紹介しなければならぬ。

西郷は、英国の態度を探《さぐ》らうとして、公使の宿泊してゐる寺をつきとめ、通訳官サトーに何時にたづねたらばよろしいかと尋ねてやつた処、朝の七時に来てほしいと答へたので、その時刻に参つた処、公使は本日多忙と云ふ、当方は別段要用は無く、只御挨拶に参つただけであるから、面会しなくてもよいと云つた処、是非逢ひたい意向だといふから、二、三日中には逢へるかも知れない。サトーの話に、仏国人のいふには、日本も西洋諸国の如く大名の威権を除いて幕府に統一しなければならぬ、それには先づ長州と薩摩とを打亡ぼす必要があると云ふにより、サトー之に答へて、長州征伐を見るがよい、長州一藩すら討てない幕府に、諸大名の権力を取除く事が出来るものかと云つたので、仏国人も閉口したが、かやうな事を公然と話す程であるから、幕府がフランスと同盟する可能性はあるものとして、朝廷方は英国と結んで之に対抗する必要がある、就いては「何ぞ英国へ御相談なされたき儀も御座候はば、承知致し度」と、サトーがもちかけて来たので、西郷は之に答へて、「日本政体変革の処は、いづれ共、我々尽力致す可き筋にて、外国の人に対し面皮もなき訳と返答いたし置申候」。

是れが大久保への報告の要点であるが、之を見れば西郷の外交は、その用意周到にして礼儀正しく、対手の腹中を洞察して少しもそれに誘惑せられず、日本国内の問題は日本人たる我等の責任に於いて解決すべきであつて、外国の援助を乞ふが如き恥づべき事は出来ないと言明して、禍を未然に防ぐが如き、至れり尽《つ》くせり、満点と評価してよい。

以上駈足《かけあし》で述べて来たところを概括すると、次の要点に帰着する。西郷より大久保に宛てた書翰の今に残るもの百四通、西郷書翰全部四百十五通の四分の一に当り、両者の交際極めて緊密であつた事を示してゐる。それは安政六年正月に始まつて、明治五年八月に終り、其の間十四年に亘るが、終始礼儀正しくして、仮りにも浮薄軽率の風は無く、而して懇切丁寧であつて友情に充ちてゐる。

その内容から見れば、大久保は後輩として道を尋ね、西郷は先輩として己の経験する所を語り、後事を有為の後輩に依頼するといふ美しい態度である。そこに見られる西郷の経験は、人物の批判と選定、問題の解釈と処置、応待の態度、いづれも適切であつて、活眼達識、人をして首肯せしむるに足るであらう。是に於いて我等は怪しまざるを得ない。何故に少年竹馬の友であり、多年懇切なる親友であつた両雄の間に、談合融和の道はどうして無かつたのであるか。此の疑問を解くものは、明治六年五月、大久保帰朝直後の日記であらう。若しそれが残つて居たならば、必ずや此の疑問を解くべき記事があつたであらうが、それが焼失して伝はらないといふ事は、大久保の為にも、又西郷の為にも、極めて不幸であり、史家として痛恨事としなければならぬ。

　西郷・大久保両雄の、いづれも忠誠の人であり国家柱石の重臣である事は、我等の確信して疑はざる所である。或はいふ、幕府を打倒し、廃藩置県を断行する上には、西郷の力最も重きをなし、而して西洋の文明を採用して内治外交を一新するには、大久保の偉才を用ゐなければならなかつたのだと。我等は毫も其の説に反対では無い。然しそれなればこそ、大久保の長く生存して多く貢献せん事を希望すればこそ、両雄の懇談和解を要求して止まないのである。何となれば、龍虎相争へば、双方共に全からず、西郷を打倒する事は、必然大久保の破滅を来すからである。現実に大久保は、西郷の死後、わづかに八箇月にして倒れたでは無いか。

　明治の御代は、明治天皇の聖徳の故に、光り耀いた。唯一の不幸は、天皇の聖断を仰がず、かげに於いて両雄の争があり、龍虎相ついで倒れ、忠誠を尽《つ》くしての輔翼、その終りを全うしなかつた事である。若し当年の廟堂に、高邁なる見識と、勇敢なる胆略と、そして温和なる高徳を具備する英傑あつて、よく両雄を操縦統御し、之を一堂に収めて協力せしめ、各その才に応じて力を発揮せしめたならば、明治の御代は更に一段その輝きを増したであらう。

此の稀代の英雄を操縦し統御する人物、そのやうな偉大なる人物が、一体世の中にあるものであらうか。あるのだ。いやあつたのだ。橋本景岳だ。西郷は斯《こ》の人に心服してゐた。前にあげた安政五年のくれに大久保の質問を受け、翌年正月に西郷の答へた書翰の中に諸藩の有志脱藩して、幕府討伐の為に一斉に奮起すべき時機、それは何時かと云へば、越前の指揮を待ち、その指令によつて起つべきだと答へてゐるが、越前といふのは、橋本景岳その人であつて、他の何人でもないのである。日本国の前途打開の指導者として、西郷が心服してゐたのは、安政六年の当時わづかに二十六歳の青年橋本景岳であつたのだ。そして西郷は、それ以後、之にまさる英傑の指導者を見る事なく、常に恋々として景岳を敬慕し、その書状を鞄の中に収めて持ちあるき、明治十年九月二十四日、城山の麓に於いて自決する時まで、曾て手放す事は無かつたのである。それ故に若し景岳にして、井伊の大獄に死せず、明治の大政に参与して居つたならば、当然参議の筆頭として、西郷・大久保の両雄を指導して、無用にして有害なる摩擦を避け、両雄共に終りを全うせしめ得たであらう。

続の十九　高潔の心事

以上述べ来つたところ、かなり迂余曲折して、おわかりにくい点もあつたかと思はれるが、同郷竹馬の友であり、皇国再興の同志であつた西郷・大久保の両雄が、いつ如何なる事情によつて友情の阻隔を来たし、龍虎相争つて、結局共倒れになる悲劇を招いたのであるか、その裏面の真相は、ほぼ明らかにし得たと信ずる。これは私自身、長い間疑問をいだき、種々に心を砕いて考究して来た問題であるが、今いよいよ執筆した時、老衰八十七歳、視力すでに衰へて、群書の翻読に堪へず、わづかに残る記憶を頼つて、病中文を綴つた為、我ながら不十分不満足を歎くのであるが、これも亦運命、何とも致しやうが無い。

今此の稿を終らうとするに当つて、二、三附記して置きたい事がある。第一は、西郷が辞表を捧呈して政府を去つた時、直ちに従者小牧新次郎及び家僕熊吉の二人を従へ、飄然として日本橋小網町の借家を出て隅田川まで来、それより熊吉を帰して借家引払ひの用意をするやう命じ、自分は小牧をつれて舟に乗り、小梅村へ行つて越後屋喜左衛門の別荘に入り、ここに数日優游自適した。越後屋は深川の米問屋であつて、荘内藩酒井家の用達をしてゐた所から、西郷はかねて懇意にしてゐたと云ふ。かねてと云つても、西郷と荘内藩とが接触するのは、明治元年九月二十四日、荘内藩力屈して官軍の軍門に降つた時を初めとするのであるから、ここ五、六年の間の事に過ぎない。荘内藩主酒井左衛門尉忠篤《ただすみ》は、嘉永六年二月の生れであつたから、明治元年には十六歳の少年であつた。藩の重役は泣きの涙で此の少年藩主に附き従ひ、西郷の陣営をたづねた。しかるに西郷は、殆んど賓客を迎へるが如く、あたたかく之を待遇し、帰りに臨んでは、帯刀を許すと共に、御年少であるから、駕籠なり馬なり、自由に御用ゐなさるがよいと云つた。荘内藩主従としては、殆んど再生の恩人として、西郷を敬慕したであらう。此の感激が、後に明治十年西南の役に、荘内の人々をして深く西郷に同情し、遂に西郷の悲運に殉ずる者を出すに至つたのであるが、同時に今明治六年には、辞表を捧呈し借家までも引払つて来た西郷に、しばしのかくれ家《が》を小梅村に於いて提供したのであつた。

　次に西郷の立てた私立学校に、西郷を慕ふ青年が多く集まつたと云ふ事、何となく穏かで無い感じがあつて、或は不逞の力を養成するものかと疑はれる点があるが、それに就いては、先づ西郷草する所の、集義塾建設の趣意書を見よう。

「学校を建設し、人材を教育するは、古来より模範たりと雖も、此校に於ては、愈ゝ其切《せつ》なる者より起れり。戊辰の役、艱難の功を奏するもの、畢竟殊死《ひつきやうしゆし》憤戦の功に由《よ》ればなり。然るに海陸軍其他功労を賞せられ、恩典を蒙むると雖も、今日余生を得る者は、抑ゝ《そもそも》第二等にして、誰か自《みづか》ら功とし労として安《やすん》じ居る者あらんや。必ず戦死の忠勇功烈に感激して止《や》まず、自ら其賜《たまもの》を有するに忍びざる処なり。自然難に当りては、その人を渇望すること、平日に百倍す。是れ人の常なり。嗚呼《ああ》忠死の士、此の心あらざらんや。故に賞典禄を集め、以て人材を養育するの校費に備ふ。各〻能く其意を体認し、教師の訓に随ひ、能く勉励して業を終へ、国家の用に供するに足らば、転〻《うたた》忠死の霊魂を慰し、且《か》つ死者をして生存せしむるに等し。徒《いたづら》に法則を以て人を責むるを欲せず。只忠死の心を以て志とし、人々自ら責《せ》めんことを希《こひねが》ふ」

此の集義塾建設の趣意書、書かれたのは明治六年となつてゐるが、年月明確で無い。只それが賞典禄を基礎としてゐる点から考へて、明治二年六月二日西郷に賞典禄二千石を賜はり、ついで大久保に千八百石を賜はり、西郷は強く御辞退申上げたが許されず、そのうち段々と他の人々にも及んで、大山綱良八百石、桐野利秋三百石御下賜になり、現実にその禄を拝受するに及んで、その使途を考へ、やがて集義塾の建立となつたものであらうから、恐らくは明治四、五年の頃でもあつたらうか。

但し明治六年までは下るまいと思はれるのは、此の集義塾の基礎をなす寄附金の中に、大久保の賞典禄千八百石が組入《くみい》れてあつたからである。即ち明治九年三月九日大久保より大山綱良へ宛てた書状によれば、「小子（自分）へ下し置かれ候賞典禄、かねて御地（鹿児島）学校費へ差出置き候処」、昨年来諸省の費用減額となり、殊に内務省は創立日浅く事務拡張を要する際、甚だ困難を感ずるに依り、自分に賜はる賞典禄は、今後「内務省御用途の万一に充《あ》てんことを願」ひ立てたから、御面倒ながら学校の方へよろしく御通知願ひたいと申送つてゐるのである。大久保が西郷・大山・桐野に同調して、賞典禄を集義塾に提供するといふ事は、明治六年両雄阻隔以後にはあり得ない事であるから、恐らくは大久保の洋行以前、両雄協和時代に溯るであらう。

前にも述べたやうに、西郷は家が貧しかつた。親の代からの借金を、西郷は背負つてゐた。陸軍大将にして参議を兼ね、月給は五百円といふに、本人は自分の邸宅を構へず、家賃三円の借家に住んでゐたのも、ケチで金をためようといふのでは無く、一つは本来の性質が簡素なる生活を好み、豪奢人に傲るを嫌つた為であり、一つは家が貧しかつた為であらう。その西郷に対し、維新第一の功労を讃《たた》へて、賞典禄二千石を賜はつたのであるから、旱天の慈雨、いかやうに門戸を張る事も出来たであらうに、西郷は之に一切手をつけず、之を以て学校を立て、忠君愛国の士を養成し、之によつて戊辰の役に戦死した人々の英霊を慰めようとした。

西郷の詩の中に於いて、最も人々の愛誦する所となつたものの一つに、「一家の遺事《ゐじ》人知るや否《いな》や、児孫の為に美田《びでん》を買はず」といふ句があるが、賞典禄二千石、アッサリと学校に寄附して、己の為にも、家の為にも、少しも用ゐる所なかつたのは、斯の人、英雄にして同時に聖賢のあとをふまうとする者、古今に稀なる高潔の心事に驚かざるを得ない。

西郷の詩に、「市利朝名我が志に非ず、千金抛《なげう》ち去つて林泉を買ふ」といふがあつて、鹿児島城外の武村に屋敷を買求めた際の作と伝へられてゐる。商業によつて巨利を博する事も、朝廷に用ゐられて名誉ある地位に就く事も、皆我が希望する所では無い、只気に入る屋敷がほしいので千金を捨てて買求めたといふ意味であるが、さて西郷が千金を奮発して買求めた武村の屋敷、どのやうなものかとしらべて見ると、

「この武村の邸は、囲《かこ》ひは柴垣にて、小さき門に、小さき木札に、西郷吉之助とあり、門の右方は物置小屋、猟犬を此の処につなぎ置かれ、左方は入口にて土間となり、玄関はなし、いつも庭の方に廻りて座敷に上りたり。其の座敷の庭に、大きい松四五本あるのみにて、蹈《ふみ》石もなく、少し前は野菜畑なり。敷地外は田圃《たんぼ》にて、遠く桜島を望む、景色絶佳なり。室内には、四方の壁に、西洋の銅版画、ワシントン、ナポレオン、ペートル、ネルソン四つの額をかけられ、床には白鶴と落欵せる書幅の外、床飾り等もなく、傍《かた》への机に硯反古等載せあり、令息寅太郎氏の手習せしものと思はる。扨墨は、唐墨と和墨と磨り交へたるがよしとの事にて、其の通りに磨り合せ、先生には毛氈の上に画箋を展《の》べ、其の上にて片膝押し立て、徐々と筆を下されたり」（荘内石川静正薩摩紀行）

此の武村の屋敷、これが西郷一代の驕り、いはゆる千金の買物であつたのだ。

西郷の晩年、いはゆる西南の役に就いては、何人も容易に之を是認しないであらう。更に詳細に見てゆけば、明治六年十月の政変以後は、すでに法規はふみにじられてゐたとさへ云つてよい。西郷は辞表を捧呈した。参議は免ぜられた。然し陸軍大将は元の如しと命ぜられた。その点から云へば、西郷がほしいままに郷里へ帰り、山野に優游してゐるのは違法である。然し事の本源に溯れば、正式閣議の決定を守らうとしたのは西郷であり、秘策をめぐらして之を転覆したものは大久保であつたのでは無いか。そしてその結果、西郷は政府より一気に排除せられて了つたのである。鳥羽伏見の戦、一万五千の徳川勢を、僅々二、三千の兵を以て撃破つたのは西郷であり、山岡や勝を受容して、穏かに江戸城を受取つたのも西郷であり、畢竟徳川幕府を倒し大政を朝廷へ帰し奉つたのは西郷であり、それ故に王政復古第一の功勲を讃へられて賞典禄二千石を賜はつたのであり、その後廃藩置県の大事も、西郷あつたればこそ出来たのであるに、その功勲第一等の西郷を、陰険なる秘策によつて政府より除去したのが明治六年十月の政変である。その政変以後の西郷を、常規を以て律するは無理であり、苛酷であり、涙ある者の出来る事ではない。西郷自身どうにもならない運命に一身を委ねたのである。西郷の歌に、

思はじな　思ひし事は　たがふぞと
思ひ捨てても　思ふはかなさ

（昭和五十六年八月五日稿）

（附記）此の歌、西郷自筆の短冊、終戦後の混乱のうちに、某家の秘庫を出て、市中流浪の運命に陥り、そして遂に私の手に入つたものである。凡そ人の一念は、強い力をもつもので、その念力の引くところ、古人の遺筆遺物は、知らず識らずの間に、最も敬愛し愛惜する人のもとに集まつてくるものだ。私は此の文を草するに当り、大久保宛の西郷の書翰を収めたる額を書斎にかかげ、机辺に西郷の此の述懐の短冊を安置し、あだかも西郷その人と面接し、その深い溜息《ためいき》を聞くが如き想ひで、問ひかへし、聞きかへしつつ、筆を進め来つたのである。

徳川幕府の打倒、廃藩置県の断行、徴兵令の断行、更にいへば警察や銀行の創設、いづれも西郷によつて実行せられた所であり、その最も重大なるものは、西郷なくしては実現不可能であつただらう。それほどの大功労者を政権の座より引摺《ひきず》りおろして、此の深い溜息を吐かしめたのである。此の短冊、一

葉の小品ながら、千万無量の感慨を秘めたるものといふべきであらう。

（附記　昭和五十七年十月一日喪中執筆）

続の二十　身を殺して仁を成す

但し以上の評論は、世上普通の俗情に於いて考察し判断し感想する所であつて、若し立脚の地を変じ、思考の次元を転ずるならば、別個の様相を呈するであらう。即ち西郷究極の志を見て行くに、功利権勢は、その求める所ではなく、祈る所は天皇の尊厳の確立であつた。前に掲げた獄中有感の詩に、

たとひ光をめぐらさざるも葵は日に向ひ、
もし運を開く無くとも意は誠を推す、

といひ、また

生死何ぞ疑はむ天の附与なるを、
願くは魂魄を留めて皇城を護らむ、

と云ふは、沖永良部島に流されてゐた時の作であらうから、文久二年か三年の作であらうが、その境遇も、またその志操も、一生変つて居らないので、明治十年の作としても、完全にあてはまるであらう。また

王家の衰弱、人をして驚かしむ、
憂憤身を捐《す》つ千百の兵、
忠義凝つて成る膓鉄石、
楹《えい》となり礎となつて堅城を築け、

といふは、明治四年の春、朝廷の微弱なるを悲しんで鹿児島に下り、天皇の親兵（近衛兵）たるべき者を募集し、直ちに四個大隊を得て、之を東京へ送つた時、兵士に与へて其の志を励ました詩である。

世上の毀誉《きよ》、軽きこと塵に似たり、
眼前の百事、偽《ぎ》か真《しん》か、
追思す孤《こ》島、幽囚の楽、
今人に在らず、古人に在り、

此の詩は明治二、三年頃の作と云はれてゐるが、内容から云へば、明治六年以後の境遇に、そのままあてはまる事、不思議な程である。即ち西郷は、前後いづれの時に於いても、世間一般の人とは気が合はず、孤独寂寥の感情をいだいて居り、却つて南島流謫の間に接した貧しい漁夫などの中に、琴線に触れる美しい心を認めたのであらう。ここに古人といふは、私の前に書いた小文の「昔の人」と同じであつて、必ずしも偉大なる人物である事を必要とせず、ただ純情無垢《むく》であつて、私利私慾、嫉妬憎悪などの卑劣なるかげりの無い人の意味であらう。

西郷といふ人は、不思議な程に無慾であつた。大総督府参謀として幕府討伐に向つた時、名は参謀といふものの実質は大将軍として一切を指揮したのであるから、これが他の人であつたならば、最後まで押通して其の功を独占したであらうところを、西郷は最もむつかしい所、いはば急所眼目は自分で処置して、あとは他の人に委任し、花々しい功績、人目につきやすい武勲を、人々に分与してゐるのである。山岡鐵太郎や勝海舟との交渉は、人目につかぬ蔭の仕事であり、全人格のぶつつかりあひであつて、他の人では不可能な難関であるから、それは西郷喜んで引受けるが、慶喜や海舟と連絡して、江戸城を無事に引取つた後、幕軍の残党上野にたてこもつたのを討伐する際には、全軍の指揮権を長州の大村益次郎に譲つて、自分自身はその下に属して黒門口に向ひ大手を指揮したが、その采配振りの見事さ、大村の感歎する所であつたと云はれる。そして彰義隊の乱を鎮定すると、奥羽は他の人々に委任して、自分は鹿児島へ帰り、会津・荘内頑強にして降らぬと聞けば、また兵を提《ひっさ》げて新潟へ向ひ、荘内を降伏せしめ、奥羽平定を見届けて鹿児島へ帰り、箱館の幕軍屈しないと聞くや、また兵をひきゐて北海道に向つた。征戦に席のあたたまる時は無く、少々往復の度が過ぎてゐるやうに思はれるが、これ亦功の一身に帰するを好まず、なるべく他の諸将をして名を成さしめようとし、その苦難と聞くや之を救援しようとした為であつて、その心事を表明するものは、左に掲ぐる詩である。

世俗相反する処、

英雄却つて好親す、

難に逢ひては肯《あへ》て退く無く、
利を見ては全く循《したが》ふ勿れ、
過《あやまち》を斉《ひとし》うしては之を己《おのれ》に沽《か》ひ、
功を同じうしては是を人に売る、
平生偏《ひとへ》に勉力し、
終始身に行ふべし、

題して「偶作」とあるが、西郷自身としても気に入つた詩で、後進に対してよく書いて与へたと云ふ。第五句と第六句、失敗があれば自分が責任を取る、成功すれば名誉は他人に譲らうと云ふ、此の様な人、他に誰があらうか。

事功を謀らず名利を貪らないのであるから、他人を羨む事も無く、咎める事も無い。

天歩艱難、獄につながるゝの身、
誠心豈忠臣に耻づるなからんや、
遥に事跡を追ふ高山子《たかやまし》、
自《みづか》ら精神を養つて人を咎めず、

此の「偶成《ぐうせい》」の詩も、西郷の人柄を偲ぶに足る。高山子は、高山彦九郎正之、尊王の先駆者の一人であつて、寛政五年に割腹して果てたが、ひろく全国を周游し、特に九州を縦横して、九州に於いて歿したので、西郷は特に此の人に心を惹かれ、平生《へいぜい》思慕してゐたらしい。拙著『悲劇縦走』にも記して置いたが、天下の秘境であつて殆んど人の往来を絶つてゐた日向の米良《めら》へ入つた人、私の知つてゐる限りでは、寛政四年の高山正之と、明治十年の西郷とだけである事も不思議であるが、高山の如く名利求むるなくして只尊王の精神を錬磨長養した古人に心惹かれたといふところに、西郷の性格が明らかに現れてゐる。「人を咎めず」といふ句は、重大である。西郷は惜しみなく人を賞讃するが、人を非難する事は、あまりしてゐない。明治八年に旧荘内藩士戸田務敏が西郷をたづねて教を受け、之を記録したるものに曰く、

「人皆な事を成すに、己れが事は、此の位の事は宜しきものと恕し、人の事は責むるなり。総《す》べて己れに恕する丈《だ》けは、人をも恕し、人を責むる丈けは、己れをも責むべし。畢竟恕は人に帰し、責は己れに帰すべし」

とあるが、是れは英雄豪傑の事でなくして、むしろ聖賢君子の性向であるといはねばならぬ。

それ故に西郷に近づいて、此の精神に触れた者は、感動し、敬慕して、生死を共にしようと冀ふに至る。明治六年失脚以後も西郷の傍を離れない者が多く、明治十年西郷に殉じた者、凡そ二万人に上つたのも、畢竟西郷を尊敬し、西郷に於いて生き甲斐を覚えたからであらう。そしてその代表としてあげてよいのは、村田新八である。

文久二年春、島津久光の意に違ひ、西郷徳之島に流されるや、村田新八之を歎き、西郷に罪無しと主張した為に、村田も亦罪人として鬼界島へ流された。元治元年二月赦免召還の藩命あつて、西郷沖永良部島を出発するや、船を鬼界島に寄せて村田新八を乗せ、手を携へて鹿児島に帰つた。そ

の後、村田は西郷と共に国事に奔走し、殊に鳥羽伏見に始まる幕軍の征討に当つたが、明治四年秋には岩倉大使の一行に加はつて欧洲に赴く事になつた。その出発に際して西郷は、左記の詩を作つて之を送つた。

連歳眠食《みんしょく》を同じうす、
交情日々に親し、
豈図《はか》らんや今夜の夢、
忽ち雲を隔つるの人とならんとは、

文久二年より明治四年に至り、年をかぞへて正に十年、その十年の間、西郷と村田とは殆んど形影相伴つて、運命と行動とを同じうした。「連歳眠食を同じうす」といふは浮辞《ふじ》虚言では無い。その村田を米欧万里の旅に送らうとして、西郷は感慨を此の詩に託したのであつた。自然洋行中は、村田は大久保と共に在る事、多かつたであらう。パリで写した写真、前列に大久保が居り、後列に村田の顔が見える。洋行を共にしたので、大久保は村田を自分の味方と思込んだのであらう、明治六年八月十五日には、欧洲留学中の村田新八・大山巖両人へ宛てて書状を送り、帰朝して見る本国の状態は、「実に致し様もなき次第に立至」つて居り、「人馬共に倦《う》み果て、不可思議の情態に」なつてゐると、西郷を主班とし中心とする留守政府を酷評してゐる。然るにその反応を見るに、同年十月の政変、西郷失脚して故山に帰るや、村田は大久保と袂を分ち、西郷に随つて鹿児島へ帰り、やがて十年の九月、西郷と共に城山の露と消えた。時に西郷五十一歳、村田は四十二歳であつた。

西郷は「敬天愛人」を標語として掲げたが、斯《こ》の人ほど人を愛した人は、古今に稀である。人を愛する者にして初めて能く人からも愛せられる。白眼を以て他に対し、陰険奇策を弄して人を陥れる者は、他の人から愛せられる資格は無いのだ。西郷は一点の私利私慾をさしはさむ事なくして人を愛したが故に、接触する所、みな西郷に心服し、心酔して止まなかつた。

然らば何故に西南の役、薩軍遂に敗退したかと云へば、それは西郷によつて全国民に、天朝尊崇の精神が徹底してゐたからだ。西郷以前、官軍は微弱であつた。天下猶徳川将軍を重しとしてゐた。鳥羽伏見より江戸城明渡しを見るに及んで、天下万民天威の赫々として犯すべからざるを見た。明治五年山県の失政によつて近衛兵動揺するや、西郷は直ちに山県を助けて、元帥陸軍大将近衛都督となつた。西郷来つて指揮を執ると聞くや否や、将兵の不平不満は一瞬にして消滅した。之を見た参議副島種臣は感に堪へず、後日追想して歌を詠じた。

子供すら　夜泣かずありけり　大君の
醜《しこ》の御楯《みたて》と　汝《な》がなりし時

泣く児も黙《だま》る大西郷、斯《こ》の人の侍立によつて、天朝の威厳は輝きわたつた。既に天朝の威光四方に輝きわたつた後に於いては、自発にせよ他動にせよ、此の御威光の妨げとなるものは、たとへ西郷であらうとも、他の何人であらうとも、必ず消滅しなければならない。古人曰く、「身を殺して仁《じん》を成《な》す」と。西郷がそれだ。

（昭和五十六年八月九日午後三時擱筆、蟬声満耳）

続の二十一　薩摩を刺激したるもの

首丘の人を尋ねて義経より西郷に及び、一応の略述に終るつもりであつたところ、図らずも重病にあひ、生涯のうち、いつかは書かうと考へてゐた西郷の評論、今にして書かずんば遂にその機会はあるまいと思ひ、病中つとめて筆を馳せたが、あとから読み返して見ると、或は前後重複し、或は繁簡よろしきを得ず、いかにも老衰の醜態、恥ぢ入るの外は無い。然し猶二、三述べて置きたい点があつて、ここに補足する事にした。

明治十年二月十二日西郷挙兵し、大軍をひきゐて上京の途に就いたのは、何に刺激せられての事であつたか。佐賀の乱を見送り、台湾征伐も千島樺太の交換も江華島事件も傍観し、熊本神風連の乱にも秋月、萩の乱にも起たなかつた西郷が、それらの事件それぞれ終熄鎮定したる後に於いて、初めて起つに至つたのは、一体いかなる事情の切迫によつてであつたか。

西郷を、もしくは西郷門下の壮士を刺激したる第一は、明治十年一月、政府が鹿児島に於いて製造し貯蔵せる兵器弾薬を、あげて大阪に移転し、禍を未然に防止しようとした。そしてその事を秘密にせんが為に、前例を破つて沿道の民家に予告せず、夜ふけ人静まるを待つて、ひそかに搬出した。政府としては、すでに熊本、秋月、萩の乱を見たる後に於いて、此の処置をとるは治安上当然の事と考へたに無理は無い。しかも西郷門下より之を見れば、私学校を叛徒と同一視し、未発のうちに其の武力を殺《そ》がうとしたものとして憤慨したのも、是れ亦無理ではあるまい。かやうにして明治十年一月二十九日の夜、私学校徒五十余人、火薬庫を襲ひ、弾薬六百函（一函五百発入）を奪取つて、之を私学校に収めた。政府の出先機関も、私学校の幹部も、双方之を聞いて驚いてゐるうちに、翌三十日の夜には、更に大規模の弾薬掠奪があり、三十一日の夜には、磯の火薬庫より小銃及び弾薬二万四千発が奪取られた。

此の弾薬掠奪と時を同じうし、之と表裏相待つて、西郷及びその門下に挙兵の決意を促《うなが》し、政府に討伐の機会を与へたるものは、警視庁の大警視川路利良が中原尚雄・高崎親章等二十三名の警部を選び、秘密に鹿児島に帰り、決死以て諜報《てふはう》、離間に当り、私学校の瓦解消滅を目指して挺身努力せしめようとしたいはゆる密偵事件である。是れはその発想と命令とが、川路大警視より出てゐる所に、一段の深刻味がある。川路は鹿児島の出身であり、西郷によつて抜擢せられ、重用せられた人である。一体警察制度そのものが、西郷によつて創立せられた事は、前にも述べたが、西郷は、明治五年警察制度を立てると共に、川路を選んで洋行を命じ、諸外国の警察制度を研究せしめた。然るに川路が帰朝せる明治六年の秋には、西郷と大久保とは既に敵対関係に在り、そして間もなく西郷の失脚となつた。それより川路は、西郷を去つて大久保に附き、その為には如何なる労苦もいとはざる腹心の部下となつた。川路が中原等を呼んで密命を下したのは、明治九年の十一月末であり、中原等二十三名が川路の旧宅に会合して協議したのは同年十二月二十六日であり、そして東京を出発したのは翌二十七日であり、鹿児島に着いたのは、十年一月十一日であつたといふ。是等の警部が、私学校徒の疑ふが如く、西郷暗殺の密命もしくは計画を有《も》つてゐたか、どうかは、もとより明らかでないが、明治九年の末には、非常手段を以てしても、鹿児島暴発の力を減殺《げんさい》して置きたいと云ふ考が、政府当局に、端的に云へば大久保にあつたに違ない。それは内務省の長官として、治安に責任をもつ以上当然の事である。同時に是れが私学校徒を憤激せしめるのも当然であつて、今更どちらに軍配を挙げるべきでも無い。

是に於いて想起するのは、大久保の賞典禄引上げである。西郷が二千石の賞典禄を一文も私せず、すべて忠死の士養成の為に集義塾へ提供した事、大久保も之に倣《なら》ひ、千八百石の賞典禄を提供して学校費に宛ててゐたが、明治九年三月九日、大山綱良に断《ことわ》つて之をやめ、今後は内務省の費用に宛てるやう改めた事は、先き（続の十九）に述べたが、是れも鹿児島の勢力を減殺《げんさい》する手段の一つと見られぬ事も無い。

更に一つ注意すべきは、陸軍参謀局に於いて、精密にして詳細なる九州地図を作製し、之を印刷して関係深き要所々々に配布した事である。それは竪五尺一寸三分、横三尺九寸五分の大きいもの（私の蔵する物は少しく裂けてゐる為に、此の寸法は多少のズレがあるかも知れないが）であつて、椎葉《しひば》や米良《めら》など、明治以前は秘境であり不可知であり、不思議であつた山奥の地理が、明白に又詳細に描出せられてゐるのは劃期的の如く感ぜられる。ところで此の「九州全図」、右肩に「明治十年二月」、左下に「陸軍参謀局」とある。従つて是れは、西郷討伐の作戦の為に作製せられたものにきまつた。西南に兵馬動くと見て、事前に地理を精査し、正確なる地図を作つて作戦に便するは、軍として当然の任務であつて、若し之を作らなければ、懈怠《げたい》の罪を免れないであらう。然し此の地図の出版が明治十年二月であれば、その作製の為に九州の山野道路を測量するは、少なくとも一箇年前に発足して全速力をあげねばならないであらう。私の云はうとするのは、地図の作製が九年の春に発足したとするならば、同じく九年三月に大久保が賞典禄千八百石を鹿児島へ送らなくなつた事と表裏相待ち、形影相弔《てう》するではないか、といふ事である。

兎も角も維新第一の功臣、一点の私心なき忠誠の重臣を、正当なる廟議によらずして、闇夜の秘策によつて無理非道に失脚せしめた以上、それが無事に治まるとは誰も考へられず、政府当局は警戒してあらかじめ手をうたうとし、それに対して一方の敵意がますます募るのは当然の成行、どちらが悪いのでも無い、その原因である彼の秘策がわるいのだ。彼の秘策といふは、外でも無い。明治六年十月十九日の夜、大久保より黒田に、人知れず授けた秘策だ。それによつて閣議正式の決定は覆へされ、そして西郷は、勲功第一等の栄誉も、筆頭参議の地位も失つて、政権の座より撮《つま》み出され、弾《はじ》き飛ばされて了つたのだ。その後の西郷の動きを観察し、判断し、批判しようとするには、原点が此の秘策に在る事、従つて最大の責任は、此の秘策が負ふべきものである事を忘れてはならぬ。

私が中学校に於いて漢文を学んだ時、教科書の第三巻に、土屋弘作る所の西郷南洲傳が収めてあ

つた。私は十五歳の頃、之を読む事を教へられ、その文の奇偉なるを喜び、反覆愛誦した。その中にいふ、

「南洲の名、遂に天下に重し。六年五月、累進して正三位陸軍大将に至る。此の歳《とし》南洲大いに征韓の事を論じて曰く、宜しく今に及びて之を伐《う》ち、以て東洋の形勢を制すべしと。而して在廷の諸公と議相協《かな》はず。因りて病と称して鹿児島に帰る。朝廷しばしば召せども出でず。是より先賞《さき》典禄を辞す、許されず。此に至りてことごとく之を捐《す》てて、私学を各郷に置き、藩の子弟を教育す。いくばくもなく、佐賀、萩、熊本相つぎて乱起る。将士の欠望する者皆曰く、機失ふべからず。南洲曰く、機とは何の謂ぞと。聴《ゆる》さず」

その後十年一月、遂に私学党に勧められて兵を挙げ、「連戦皆敗れ」て鹿児島に還り、城山に拠つたが、兵食皆つき、九月二十四日、遂に自決した、年は五十一歳であつた事を述べた後に、

「外史氏曰く、南洲は雄心落落、首《しゅ》として征韓論を倡《とな》ふる者なり。蓋《けだ》し東亜の諸邦を連合し、以て欧米各国に当らんと欲せしならん。其の志何ぞ偉なる哉《や》。惜しむらくは之に教ふるに一忍字を以てする者無く、遂に無名の師を起し、敗残狼藉、前功共に廃せり。然りと雖も一呼して起てば、健児鋭卒、先を争ひて奔附し、信従悦服すること、猶赤子《せきし》の慈母に於けるがごとし。此れ豈徒爾《とじ》ならんや。杜牧、烏《う》江の廟に題して云ふ、勝敗は兵家も期すべからず。羞を包み恥を忍ぶは是れ男児。江東の子弟豪俊多し。土を巻き重ねて来る未だ知るべからずと。亦以て南洲の賛辞に充《あ》つべし」

文章としては面白いが、史実を究明して行くと、落ちつかない点が、いくつか出て来る。第一に、征韓の事、在廷の諸公と議相協はずと云ふは誤りであつて、此の問題が閣議に上つたのは、明治六年十月十四、十五の両日であつて、十四日は議論まとまらず、翌日続行する事となり、十五日続行して見ると、参議の間では依然として賛否両論対立したが、しばらく参議を別室へ退けて、三條太政大臣と岩倉右大臣と両人にて相談した後、再び参議を招き入れて、大臣としては西郷の論を是認し採用する事に決定した旨を告げたので、大臣に於いて御決定の上は、我々として異議はござりませぬとは、参議一同の挨拶であつた。して見れば、正式の閣議決定は、西郷案の採用であつた事、明らかであり、それが大久保の日記に明記せられてゐるところに、絶対の強味がある。その閣議決定が覆《くつがへ》されたのは、四日後の十月十九日、大久保の秘策が発動し、それが成功した為であるから、此の所は、「使節として韓国に赴く事、閣議の採用決定する所となりしに拘らず、不幸秘密の策動によつて破棄せられ、直ちに官を辞して野に下り、遂に鹿児島に帰る」と修正しなければならぬ。その続きの文、「朝廷しばしば召せども出でず」とあるが、これは事実に合はない。十月二十三日西郷辞表をたてまつり、翌日板垣・副島・後藤・江藤等それぞれ辞表を上《たてまつ》るや、政府は急いで後任を補充し、西郷に同調せる者に再任の余地無からしめた。即ち十月二十五日には、大隈重信を参議兼大蔵卿、大木喬任を参議兼司法卿、勝安房を参議兼海軍卿、伊藤博文を参議兼工部卿、寺島宗則を参議兼外務卿に任じ、十一月二十九日には大久保を参議兼内務卿に、七年一月二十五日には木戸を参議兼文部卿に、七年八月二日には山縣有朋を参議兼陸軍卿に、また黒田清隆を参議兼開拓使長官に任命した。西郷追落しに協力した人々を重用し、西郷派の面々に復帰の余地無からしめる意図が看取せられるであらう。

次に土屋氏の文、明治十年西郷遂に兵を挙げたが、「連戦皆敗る」と云ふ一条、結局敗れたのであるから、かやうに約言し略説しても誤とは云ひ難いが、薩軍熊本城に迫つたのが二月の下旬、それより三月の下旬までの一箇月は、田原坂方面の激戦に驚くべき武勇の発揮は、政府首脳をして頗る前途を憂慮せしめた事、木戸参議の書状に頻々と見えてゐる。例へば明治十年三月十四日、長松幹に与へたる書翰には、

「昨今の処、戦争の景況、随分賊勢も強盛、今に田原坂落ち申さず候。（中略）彼等の名義とては一も取る可きもの元より御坐なく候へども、戦争上だけの処にては、則今敗死するとも恥辱は御坐なく候。如何となれば、我に於いては第一　天子を奉戴し、其外弾薬器械金力船艦電信すべての便利を得、元より彼と同日の比にあらず。然して天下六七分の力を引受け、いはゆる草履かたかた、下駄かたかたと申す有様にて相支《あひささ》へ候は感心の事に御坐候」

文中「草履かたかた下駄かたかた」の語は、三月十二日木戸より山尾庸三宛の書翰にも、また三月十五日木戸より渡辺昇宛の書翰にも見えて居て、蓋し薩軍の装備、兵器不揃の状態を、「片足は下駄、片足は草履」と譬へたものであらうが、その不揃不整備不完全なる装備を以て能く戦ひ、田原坂も吉次坂も、官軍容易に突破出来ず、政府首脳は頗る苦慮したのであつた。

三月十九日付、木戸より岩倉に宛てたる書翰には更に詳しく、

「田原坂も最初の算用とは齟齬《そご》仕り、已《すで》に二十日近く相成候へども、其功これ無く、日々六七十万の弾薬を費し、（陸軍の弾薬も限りこれ有り候）百五六十人の死傷、（已に傷人のみ二千五百もこれ有る由、死人は未詳）実に大難戦にて御座候。（中略）敵も決して侮るべきものに御坐なく候は、毎々申上候通、此一戦はかばか敷《しく》も参らざる節は、大に趣向を改め申さずては容易ならず、此度は随分大兵を附与の積に御座候」

と述べ、そして

「此度の事は消え果つるまでのつづまる処御奉公に御座候間、此上は天也と御安心祈り奉り候」

と結んでゐる。

木戸が岩倉の安心を祈つたのは、岩倉が安心してゐないからで、岩倉は薩軍強くして官軍苦戦してゐると聞くや、何の自己反省も無く、殆んど逆上の態にて、西郷に対し罵声を投げかけ、

「嗚呼国家の元勲にして此の如く賊臣となるは、抑何の故ぞや。千思百慮すと雖も其事由を解すること能はず。実に維新以前より今日に及ぶまで天下を瞞着《まんちゃく》し、衆人を愚弄したること其れ亦甚だしといはざるべけんや」

と酷評してゐる。これは三月一日、岩倉より三条・木戸両氏に宛てたる書翰の一節であるが、そこには国家の元勲を、冷酷に政府重臣の座より追放したる明治六年十月の一件に就いて、毫末の反省も感ぜられない。之に対して直ちに反対意見を附記した者は木戸である。曰く、

「西郷の所業、甚だ悪《にく》むべし。然りと雖も朝廷も反省なくんばあるべからず。孝允は都下に住し、折節政府の人に接し、而して尚疑ふもの亦少なからず。況んや辺境に於いてをや。西郷も決して尊氏が如き奸悪に非ず。惜しい哉、識乏しくして時勢を知らず、一朝の怒を洩らすに己れの長ずる所を以て身を亡ぼし、又国を害するなり。所長を以て身を誤まる、古今皆是れなり。短なる所を以て身を誤まるもの鮮《すくな》し。西郷悪《にく》むべしと雖も、亦憐むべき者なきにしも非ず」

是れは流石に木戸だけあつて、西郷を非難すると同時に、政府の反省を要求してゐるのである。三月十四日長松幹に宛てたる書状の尚々書の如きは、往年西郷に迎へられて、王政復古に協力した事をなつかしく回想して、

「十二年前丙の歳（慶応二年丙寅）、弟京都へ潜行、西郷伏水（伏見）まで迎ひに来り、是より和会候て、終に両藩相合し、御一新の事業も両藩同力成就いたし候様のものにて御坐候。薩人中にも西郷なかりせば、決（し）て長薩和会同力は万々むつかしく、実に西郷も前後国家の為には苦労もいたし、又其功も少なからず候処、今日の次第に至り候は、誠に以て歎惜の極に御座候。往時を想像候て、堪えざるここちいたし申候」

と述べてゐる。西郷をなつかしく回想しては、大久保の酷薄なるやり方を残念に思ふに至るは自然であらう。二月十五日、木戸は岩倉右大臣に宛てたる書翰に於いて曰く、

「毎々申上候通り、大久保先生の人物には毫も間然する所これなく敬服仕候へども、行政上の事は、先づ才子の説を専ら取候て、孝允等の愚説は一向味はひ貰ひ候事出来申さず、是は此れ

まで大久保と説の違ひ候処にて、前途を想像候ても、此事は人々の性質より出来候ものに付、一時は兎も角、到底六ヶ敷《むつかしき》事と存じ奉り候」

といひ、何故に政府は薩摩に対して、

「過酷の御処分に陥り候や、一円合点《がってん》に落ち申さず、孝允心底甚だ安からず」

と歎いてゐるのである。

最後に掲げたいのは、四月四日木戸より岩倉右大臣宛の書翰であつて、「今日まで四十余日の戦争にてわづかに三、四里の進軍、兵士の死傷五千有余」、是れでは戦は長引き、種々の困難が出てくるであらうし、只今にても土佐・因幡その他の士族、いづれも薩軍が勝てば喜ぶ風があると述べた後に、

「いよいよ不祥の点に至り候はば、元より大覚悟御座なくては相済まず、然し是は天にて御座候間、必ず必ず御切迫これなき様、願ひ奉り候。七ころび八起きとか申候事も御座候」

と説いてゐる。即ち薩軍の善戦は、政府首脳の心胆を寒からしめた事、明瞭である。

続の二十二　走狗烹らる

西郷が在廷の諸公と議合はずして失脚したかのやうに普通に云はれてゐるのは誤であつて、正式の閣議に於いては西郷の案採用せられ、その閣議に列したる大久保も異存は述べず、只内心あくまで反対にて辞表提出の意を固めつゝ引取つた事、そして其の閣議決定がその後極秘裏に行はれたる大久保の暗躍によつて覆へされ、それによつて西郷の辞職となり引退となつた事は、以上述べ来つた所によつて明白となつたが、その際に於ける大久保と岩倉との、西郷に対する冷酷なる態度、血も涙もなき仕打《しうち》は、真に驚くべきものがある。

それに就いて思ふに、大久保が同郷の先輩にして従来盟友であつた筈の西郷に対して憎悪《ぞうを》の感をいだくに至つたのは、韓国遣使の事が問題となつたより前、明治六年五月二十六日欧洲より帰朝した時に始まるものであり、帰朝して留守をあづかつてゐた西郷が、大使一行出発時取交した約定書に反し、大使の承認を経ずして勝手に人事及び制度の異動変改を行つたのを見て激怒し、西郷に会つて之を面詰《めんきつ》するに及んで、両人の友情は断絶し、盟友却つて仇敵の如き関係に変じたのであらう。

彼の約定書は、恐らく大久保の発案であつたらうと思はれるが、もともと無理な約束であつて、廃廃藩置県直後の国情、国民塗炭の苦しみに在り、世運激流の如き変動期に、政府の首脳手を携へて外国へ旅行し、足掛け三年の長き留守の間、人事も制度も変更せず、元のままの姿で待つて居れとは、随分人を食つた発想である。三條太政大臣も西郷参議も、どうして此の様な約定書に調印したのか、不思議に思はれるが、恐らく大抵の人は条文を熟読も熟思もせず、求められるままに調印したものであらう。その点、西郷の軽卒といへば軽卒であるが、些事《さじ》にこだはらぬ西郷に、そのやうな吟味を要求するのは無理であらう。西郷は木戸や大久保が、洋行したいと云へば快く之を承諾して送り出して、自らは留守一切の責任を負うた。その好意が、やがて罵詈となつて報いられたのだ。

大久保はその後、西郷との間に、面談も文通もしなくなつた。岩倉は、西郷に対して、冷酷なる言辞を以て応答した。明治六年帰朝後の大久保と岩倉とには、西郷に対する感謝、もしくは温情は、微塵も見る事が出来ない。何故このやうに冷たくなつたのであるか。考へて見ると、岩倉や大久保にとつて、西郷は、もはや無用となつたのである。徳川幕府の存在する限り、西郷は、朝廷として西郷無くて叶はぬ人物であつた。鳥羽伏見の戦も、江戸城の攻略も、会津・荘内の平定も、すべて西郷の力を頼みとした。その徳川が崩れ去つた後にも、三百諸侯の存する限り、西郷は、朝廷として無くては叶はぬ人物であつた。廃藩置県の大事は、西郷の力を頼みとして断行せられた。さて其の次は、これといふ強敵は無い。今は岩倉や大久保でやつてゆける。つまり西郷は無用の人となつた、と考へられたであらう。

これに就いて想起せられるのは、「飛《ひ》鳥尽《てうつ》きて良弓かくれ、狡兎《かうと》死して走狗烹《に》らる」といふ古語

である。此の語、または之と同じ意味の語は、史記の中にしばしば出会ふ所である。即ち越世家には、

「蜚《ひ》鳥尽《つ》きて良弓蔵《をさ》まり、狡兎《かうと》死して走狗烹《に》らる」

とあり、淮陰侯《わいいんこう》傳には、

「野獣すでに尽きて猟狗烹《に》らる」

「高鳥尽きて良弓蔵められ、敵国破れて謀臣亡ぶ、天下すでに定まりぬ、我れまことに烹《に》らるべし」

などと見える。私は初め、是れは司馬遷が歴史の流れに沿《そ》うて人々の運命の変転してゆく様を見てゆく間に、おのづから発見し体得した人生の鉄則かと思つて、その明察に驚いてゐたが、そのうちに、同様の語が韓非子の中に存するを見た。即ちその内儲説に、

「狡兎尽きて則ち良犬烹らる、敵国滅ぶれば則ち謀臣亡ぶ」

とある。韓非子の傳は、史記の中に収められてあり、李斯《りし》と時代を同じうし、秦王に用ゐられようとしたのを、李斯に讒《ざん》せられて囚人となり、李斯の贈つた薬を服して自殺したとある。之によれば韓非子は、史記に先だつ事、凡そ百数十年である。従つてあの言葉は、司馬遷に始まるものではなく、古くから云ひ伝へられたものである事が知られる。更に云へば、此の語、三略にもあれば、文子にもあり、淮南子《ゑなんじ》にもあると云ふ。即ち此の語は、春秋戦国の世に於いて、しばしば見る人々の運命より帰納した人生観の一つの法則であつて、当時の人々の痛感し共鳴したところであらうと考

へられる。

ひとり海のあなたの春秋戦国の昔に止まらぬ。我国に於いても、同類の運命はしばしば顕著であつた。義経がそれだ。義仲や平家が強敵として存するかぎり、義経は重く用ゐられるであらう。その義仲が亡び、平家が亡びた時、それは義経の棄てられる時であつた。西郷も亦その通りだ。徳川の余力残存し、三百諸侯存するかぎり、西郷は武勲第一等の功臣として重んぜられた。その徳川が瓦解し、廃藩置県の大事完了すると共に、岩倉も大久保も、西郷を必要とせず、却つて之を無用の長物として来た。まことに悲しむべき運命の変転である。

西郷は、論功行賞に於いて、第一等に挙げられ、抜群の武勲を讃へられ、官職に於いては参議にして陸軍大将、文武の両面にわたつて最高の栄誉を与へられた。然し元来が無慾無私、ただ君を仰ぎ人を愛する至誠の士であつて、驕奢は最も嫌悪する所であつた。されば今栄達の地位に在つても、栄達を喜ぶ気は少しもなく、僅か三円の家賃を払つて借家に安住してゐた。その心は、南島流謫《るたく》の日も、征戦辛苦の際も、在朝栄誉の時も、全く同一であつて、境遇によつて変るものでは無かつた。それが、西郷の面目であり、本質であつた。

それ故に今、岩倉や大久保に、いかやうに冷たくあしらはれても、それに対抗して罵声を放つたり、策略を弄するといふ事は無かつた。然し心中に於いては、やはり寂しく、往年の交友、清純憂国の英傑を想ふの情に堪へなかつたであらう。

安政年間、京都江戸の間を往来して国事に奔走した時、西郷が心を許し手を握つたのは誰々であつたか。安政六年正月二日、大久保の問に答へて西郷が挙げた盟友は、水戸に於いては、武田耕雲齋と安《あ》島《じま》帯刀《たてはき》、越前に於いては橋本景岳に中根雪江、肥後には長岡是容、長州に増田（益田）右衛門介《のすけ》、土浦に大久保要、尾張に田宮如雲、以上八人であつた。そのうち長岡、安島、橋本、大久保の四人は、その年（安政六年）のうちに亡くなり、益田は元治元年に自刃し、武田は慶応元年に斬られ、田宮は明治四年に歿した。八人のうち七人すでに亡くなつて、明治六年に存する者、中根雪江一人となつた（中根は明治十八年に歿した）。西郷は南島流謫の日、すでに「洛陽の知己皆鬼となり、南嶼《しよ》の俘囚ひとり生をぬすむ」と詠じたが、往年の盟友、殆んど皆亡くなつた今は、流石に寂寥を覚えて、一層懐古の情に堪へなかつたであらう。

　而して安政の盟友八人のうち、西郷が最も尊敬し信頼してゐたのは誰かといへば、それは八人の内、最も年少の橋本景岳であつた。それは左の点から推測せられる。

㈠　右安政六年正月二日大久保への答書に、大義の為に挙兵するは、水戸・越前・尾張三藩の発動を基準とし、時機とすべきであつて、同盟の諸藩は、三藩と死生を共にすべしとあり、しかも三藩の中に於いて藩主と藩士と上下同心、一致して動けるもの、越前を第一とし、その越前に於いては千古未曾有の識見を以て指導し、藩主及び老臣の間に絶対の信任を得てゐた者は、外ならぬ橋本景岳であつた。

㈡　伝ふる所によれば、安政二年十二月二十七日、水戸藩士原田八兵衛の宿舎に於いて、橋本は初めて西郷に会ひ、よつて数日後、改めて西郷を薩摩屋敷にたづね、国事を談じようとした。

時に西郷二十九歳にして、橋本は二十二歳。西郷は一見して柔和にして婦女子の如き橋本を軽視し、粗末にあしらつたところ、橋本は従容として国家内外の情勢、百難こもごも至るを指摘し、そして其の対策の概略をあげて、之を西郷にただした。西郷之を聴いて大いに驚くと共に深く心服し、よつて翌朝礼装して橋本を訪ひ、昨日の無礼を陳謝すると共に、懇切に今後の指導を請うたといふ。

(三) 西郷が安政六年大島に流されてゐた時、全然別の事情で此の島に流されてゐた者に重野《しげの》安繹《やすつぐ》があつた。此の人、文政十年十月六日の生れといふは、東京帝国大学編纂の『学術大観』であるが、富山房の『国史辞典』には文政十年十月十日とある。前者は実は私が東大の史料によつて書いたものであるが、さてどちらが正しいかは、今日急に判定しかねる所である。然しそれは日の問題に限られる事であつて、年月は文政十年十月、一致して動かない。西郷は文政十年十二月七日の生れであつたから、両人は同年の誕生にきまつた。

不思議な事には、安政五年十二月、西郷大島に流され、姓名を秘匿して菊池源吾と称し、いぶせき月日を送つてゐた時、その大島に、全く別の事情で流されて、寂しく暮してゐたのが、重野であつた。運命は此の両人を友として語りあはしめた。安政六年二月十三日付、西郷より税所《さいしょ》・大久保両人へ宛てた書状に、

「誰も咄《はなし》相手もこれ無く、種子島《たねがしま》城助、両度参り、寛々《ゆるゆる》罷り在り候。重野、両三日参り居り候位にて、島人の子三人程、是非と申す事にて相受取り居り申し候。皆十計にて何も約(役)に

は立ち申さず、朝暮の飯は、自分にいたし候へども、何も苦もこれ無く、心配するやうな事もこれ無く、何方《いづかた》におひても苛政の行はれ候儀、苦心の至に御座候。当島の体《てい》、誠に忍びざる次第に御座候」

とあるは、当時西郷の話相手、殆んど唯一の話相手が重野であつた事を証明するであらう。大島に在る事三年、文久元年の暮れに召還の命下り、翌年正月鹿児島に還つて後、西郷は或は登用せられ、或は流され、やがて征戦の総指揮官となり、朝廷の高官となり、波瀾万丈の生涯を送つたが、その間に再び重野と相会して往事を語つた形跡は無い。

一方の重野は、明治四年文部省に出仕し、ついで左院、太政官に転勤の後、八年修史局副長仰付けられ、十年一等編修官、十四年編修副長官、十七年東京大学教授兼任、後には修史局編修長、東京学士会院幹事、文学博士、元老院議官、貴族院議員等、学者として輝かしい道を進んで、明治四十三年、八十四歳にして歿した。此の人の側から見ても、大島以後は、西郷と悠々昔語りをする機会があつたとは思はれない。

若し此の推定にして誤なしとするならば、明治十七年の十一月、三条太政大臣の篆額《てんがく》を乞うて、重野教授撰する所の「景岳橋本君碑」が建てられたが、その重野教授の文章、橋本の伝を説くに当つて依拠する所は、大抵安政文久の間、大島に於いて西郷が語り、重野が聴いたものであつて、従つてそれは、西郷の観た橋本であるとしてよいであらう。そこで其の碑文に於いて、西郷の語る橋本を見よう。

㈠　西郷常に曰く、吾れ先輩に於いては藤田東湖に服し、同輩に於いては橋本左内を推す、此の二人の才学器識は、吾輩の企て及ぶ所では無いと。

㈡　橋本は、身長僅かに五尺、色白で、しなやかで、まるで女のやうであつた。柔和謙遜、人と争つた事は、曽て無かつた。然し重大事に臨めば、正論を説いて、少しも枉《ま》げる事は無く、くはしく説明したので、人皆その誠意に感じ、之に心服した。

㈢　幕府の名奉行川路左衛門尉、老練にして豪英の士であつたが、橋本に会つた翌日、人に語つていふには、昨日会つた橋本のすばらしい言論には実に驚いた、自分は半身斬り取られたやうにさへ感じた、今まで多くの人物に会つたが、是れ程の英傑は見た事が無い、と云つた。

㈣　武田耕雲齋は、橋本に会ふや、一度会つただけで旧知旧友の如く親しくなり、歎じていふには、東湖は不幸にして亡くなつたが、その身代りに橋本が現れた、と。

㈤　橋本の説は、かうだ。世界情勢を考へて、我国鎖国の制度を改め、国を開いて万国と交はり、その工学、化学、其他物質文明を採用すると同時に、我国の伝統、道徳、その精神文明は固く之を守り、之を存続発展せしめなければならぬ、と。

㈥　西洋の学問を興す時は、注意して其の善い面を興さねばならぬ、もし善からぬ面を採れば大害を受けるであらう、とは、橋本が注意して人に説いた所である。

以上は西郷が、橋本に関して、その生々《なま》しい想出、忘れがたき感動、その敬慕、その痛惜を、重野に語つた所の概要である。重野は之を聴いて、かくの如き不世出の天才に会ふ事の出来なかつたのを憾《うら》むの情に堪へず、たまたま碑文の制作をたのまれて橋本の手記をしらべたところ、橋本は重野の名を西郷から聞いたとの記載があつたので、重野も旧知の如く感じて嬉しかつたと記した。

凡そ碑文は、作者その文字を選び、詞藻を練り、名文と称せられるもの、世に多い中に、此の「景岳橋本君碑」の如きは、一段特立して精彩光り輝くものであるが、それは重野博士の文才もさる事ながら、その内容殆んど皆西郷よりの聞書であつて、いふならば西郷と重野との合作と云つてもよく、極言すれば西郷その人の作と云つてもよい所に妙味が存し、光源があるのであらう。

西郷に、是れ程までに惚れ込まれた人は、外には無い。かやうに断定する証拠は、明治十年九月二十四日、城山の麓に於いて、西郷が五十一歳、数奇なる一生を終へた時、間もなく其の場所へ入つて来た官軍が、そこに落ちてゐた西郷の遺品として革文庫を拾ひ、之を持ち帰つたところ、中には安政四年十二月十四日付、橋本より西郷宛の書翰が入つてゐたので、吉井友實之を巻物に仕立て、天覧に供し奉つたといふ。明治十年は、安政四年よりかぞへて二十年の後である。十八年前に亡くなつた友人の、二十年前の書翰を、従つて今は無用の品を、常に身に添へて携帯し、砲煙弾雨の中にも、退避流離の際にも、之を手離さなかつたといふは、普通尋常の事では無い。橋本は西郷にとつて、親友であり、知己であつたばかりでなく、最も尊敬すべき指導者であり、同時に心魂こめて傾倒した目標であつたに違ない。同郷の親友として、憂国の同志として、敬愛し提携して来た大久保にそむかれ、年来引立てて来た黒田や川路までが自分を離れて大久保に附き、よつてたかつて自分を追落し、あげくの果《はて》には、謀反人《むほんにん》として処分せられようとした時、西郷の追想し思慕してやまなかつたのは、実に橋本景岳であつたのだ。

続の二十三　西郷の心服する人

西郷ほどの巨人が、自分より七つも年下の、初めて会つた時に二十二歳の弱冠、別れた時にしても二十五歳といふ若者に感激し、その識見、その理想に驚嘆し、その礼儀の正しく、その辯論の条理整然、一点の疑惑をもゆるさざるに共鳴し、遂に終生殆んど師範の如く之に傾倒するに至つた対象、橋本景岳といふは、そもそも如何なる人物であつたか。景岳の本質を明らかにしなければ、西郷を理解しがたく、景岳が分れば西郷も分る筈であるから、これよりしばらく景岳を説いて、その面目を明らかにしよう。

㈠　嘉永六年夏、ペルリ軍艦四隻をひきゐて浦賀に来り、開国を要求するや、之に応ずべきか、之を拒否すべきか、即ち従来鎖国の方針を墨守すべきか、或は之を一変して国を開くべきかの問題に、人々は当惑し、混迷し、昂奮した。その混迷困惑の原因は、二百年の長き鎖国の為に、海外の情勢に盲目となり、異邦といひ、外人といへば、之を軽蔑するか、又は恐怖するのみであつて、正しく之を理解する事が出来なかつた所に在る。従つて今米国その他との交渉に当つても、拒否反応は一般的であつて、之を承認し受容しようとするは極めて少数であつた。然るに橋本景岳は、その極めて少数の有識者に属し、しかも其の最もすぐれたる活眼達識の指導者であつた。それは橋本が、はやく十六歳の少年にして大坂に遊学し、緒方洪庵に就いて蘭学を学ぶ事三年、二十一歳江戸に出でて更に杉田成卿の門に学び、自由に蘭書を読んで、世界の歴史地理、最近の国際情勢に通じてゐたからであつた。

(二) 同じく開国と云つても、兎角消極的な考への人が多かつた中に、橋本は極めて積極的であつて、活潑進取の気象横溢してゐた。その作られた詩の中に、或は

洋行、禁の解くる、遠きに非ざるを知る、
春帆を掛けて太平に泛《うか》ぶを要す、

といひ(太平は太平洋である)、また

たれか西海に航して皇威を耀かす者ぞ、

と歌つた如き、それを証するであらう(西海は大西洋であらう)。

(三) 橋本は、同じ地球の上に国を建てながら、一切他国と交はらず、孤立して国を鎖《とざ》す事の不条理なるを指摘し、よろしく国を開いて万国と交はるべしと主張するが、同時に欧米諸国には侵略の野心ある事に注意し、我国もまたよろしく軍備を充実し、戦術を錬磨すべしと説いた。安政五年中秋の詩に、

誰か知る一片清輝の影、
嘗て澳門の白骨を照して来る、

と歌ひ（澳門はマカオである）、地理全書を読んで、その後に書きつけた詩に、

凡百の君子、兵を忘るゝなかれ、

と警告した如き、之を証する。

(四) それでは橋本は、世界情勢、列強の動きを如何やうに理解し、推測し、そして如何なる方策を以て、之に対応したのであらうか。

先づ長期展望としては、諸国の間に合縦連衡の動きある事に注目し、遠い将来に於いては、国際連盟の如きもの組織せられ、諸国間の紛議を会議に於いて平和裡に解決し、なるべく戦争を回避する方向に進むであらう事、そして其の際、国際連盟の牛耳を執り、盟主として指導的立場に立つものは、英国か、もしくは露国か、此の二つの内であらう事を指摘する。かやうに諸外国に提携同盟して互に援助する傾向がある時、日本が孤立して支援を受けるべき友邦をもたないのは、頗る不利であり不安であらう。若し朝鮮・満洲より沿海州に至るまでを包括領有し、更にアメリカ洲又は印度に領地をもつといふ事であれば、その時は独力孤立して万国の間に濶歩し得るであらうが、それは現在、望み得べくも無い。印度はすでに英国に抑へられ、沿海州は露国の手に帰してゐる。此の二大強国、一は南を、他の一は北を、倦まず進んでアジアを制圧しつづけて来た。是れはアジア諸国にとつて、従つて我が日本国に取つても、最も警戒を要する所であるが、幸に此の英露両国は、英雄並び立たず、相互反撥の関係に在る。それ故に日本としては、その一方と同盟して、他の一方を撃破するが良い。同盟国があれば、

たとへ敗れても全滅する筈は無い。従つて其の戦は、我国の戦力を錬磨し、国民を訓練し、弱国を強国に転化する絶好の機会となるであらう。

凡そ当時の開国論、世界現状の分析吟味もなく、漫然として西洋の文明にあこがれ、他国の平和主義を期待するか、もしくは彼の要求を容れない時は、忽ち武力に訴へられるかとの恐怖にもとづくもの多い中に、景岳に此の判断あり、此の指導あるは、怒濤逆巻く闇の夜に、東西を辨ぜずして途方に暮れたる船の為に、強力なる光を投げて行手を示す灯台にも似てゐたであらう。幕府の名奉行川路左衛門尉、識見の高く胆力の豪邁を以て謳はれたる人物が、しばらく対談して驚嘆し、我が身真つ二つに斬られた如く感じたとなげいたのも故あるかなだ。百万の大軍を物の数ともせぬ英雄大西郷が、初め青二才とあなどつた二十二歳の橋本に、此の雄大宏遠なる国策あるを知つて心服し、一切を斯《こ》の人の指導に委ね、此の道に命を棄てて憾《うらみ》なしとしたのも、当然であらう。

いや感心するのは、まだ早い。以上は対外策だ。景岳の偉大なる国策の、前半に過ぎない。あとには其の後半が残つてゐる。後半とは即ち対内策である。

㈤　橋本は世界情勢を分析し、その将来の動向を達観して、開国策を主張すると同時に、列強に侵掠併呑の跡、顕著なるを指摘して、之を警戒して兵備の充実に努むべきを説き、差迫る英露二大勢力の東方進撃の対策としては、その一方と同盟して、他の一方を撃破すべしとした。前人の未だ夢にも見ざりし遠大なる国策である。然るに橋本は、之を夢想し、空談したのでは無い。此の雄大なる対外策は、その前提とし、基礎として、日本国民の一致団結を必要とするとした。そしてその日本全国民の一致団結は、全国民（当時三千万人）が、国家成立の根本をかへりみ、すべて天皇の御徳を仰ぎ、朝廷の指揮に従ふ時に、初めて可能であるとした。即ち開国も、国防も、天皇の御指揮によつて行ふべしとしたのである。

明治以後から之を見れば、此の考は平明通常の論理であつて、何の新味もないかの如く、誤解せられやすいであらう。安政の昔に於いては、是れは破天荒の創見であつて、幕府側から見れば爆弾的発言、幕府存立の基礎を動揺せしめる危険思想と考へられたであらう。初めは豊臣政権五大老の一員に過ぎなかつた徳川が、肩を並べてゐた同輩を抜いて首位に就き、覇権を掌握したのは、慶長五年関ヶ原の戦勝に依つてであるが、それでも大坂城に豊臣の旗ひるがへり、太閤恩顧の諸将残存する間は、猶一脈の不安を存したが、元和元年大坂陥るに及んで、徳川の覇権は確立した。それより後、徳川幕府当局の心中に於いて遠謀し深慮する所、第一の不安は、京都の朝廷に在つた。それは武家政治にとつて宿命的懸念《けねん》であつて、彼等は常に承久・建武の追憶に苦しまざるを得ない。そこで徳川幕府は、朝廷を尊んで之を名誉の源泉とすると同時に、現実の政治に於いては一切を幕府に御委任あらせられたるものとして、朝廷と国民との直接の接触は、あくまで之を遮断すると云ふ敬遠主義を固執した。彼等の最も忌む所は、毛利・島津・前田・上杉等の大名が京都に親しむ事である。その為に考按せられたる遮断の一法式は、京都の周辺を徳川の譜代側近にして最も信頼すべき溜間詰《たまりのまづめ》の大名を以て取巻く事である。即ち姫路の酒井十五万石、彦根の井伊三十五万石、此の二つが東西に呼応して居る。もし是れが小浜の酒井十万石、伏見の稲葉十万二千石と連絡し、更にその外側に在る越前の松平三十二万石、尾張の徳川六十一万九千石、紀伊の徳川五十五万五千石の応援を得るならば、僻遠外様の大名の京都手入は不可能となるであらう。徳川幕府対内策の基本は、かやうなものであつた。此の政策を根本からゆさぶり、全国民よろしく一致団結すべし、而してその中心は朝廷に在り、天皇の御指揮を仰いで大事を決定すべしとしたのが、橋本の意見であつた。橋本の意見は、神武天皇以来の悠遠なる歴史より帰納した日本国の本質に立脚してゐる事は、安政三年四月二十六日、中根雪江に宛てたる書翰に、「国是と申す者は、国家祖宗の時、既に成り居り候者にて、（中略）子孫の代に在りて別段国是を営立すると申す例もなく、道理もなし」と云ひ、「元来、皇国は異邦と違ひ、革命と申す乱習悪風これ無き事故、当今と申し候ても、直ちに神武皇《マヽ》の御孫謀御遺烈御恪守御維持遊ばされ候て然るべき義と存じ奉り候」とあるによつて明確である。

原理原則を説いてゐるだけでは、大した問題にもならないかのやうに思はれるかもしれないが、此の原則を現実差当つての政治に応用してくる時、橋本と幕府執政首脳たる井伊大老とに於いては、烈しい対立となつて、雷電はためき、火花狂ひ散らざるを得ないのである。即ち将軍徳川家定、病危篤にして嗣子が無い。候補者は二人、一人は水戸の出である一橋慶喜、今一人は紀州家の家茂。橋本は説いて曰く、そもそも将軍職は天下の公器であつて、天皇の選任し給ふ所である。朝廷に於かせられては、方今の時勢、差迫る重大なる外交問題の処理の為に、識見あり、手腕ある人物を選んで、征夷大将軍に任命し、幕政を担当せしめらるべきであるとし、そして朝廷へは、選任の標準を、年齢、才器、人望の三点に於いて吟味せらるべきを進言した。第一の年齢に就いて見るに、安政四年に於いて、紀州の家茂は十二歳、之に対して一橋の慶喜は既に二十一歳である。差迫る重大国難に対処して、全国に号令するに、十二歳の少年が良いか、二十一歳の青年が適してゐるか、問はずして明らかであらう。第二の才器は、本人の資質、聡明か、否か、といふ事である。之に就いて橋本は、慶喜平生の言行に注意し、是れならば流石は水戸に生れ、自然に先祖義公の精神を継承したる者、大事に臨んで大節を失はないであらうと見届けて、之を宣伝した。第三の人望、慶喜に希望をつなぐ者、水戸に尾張、それに越前、即ち徳川親藩の主力であるが、之に加へて幕府役人のうち有為有能の人々も、外様大名に在つては薩摩の島津等も同調して居る。それ故にもし朝廷に於かせられて、官職任命本来の建前《たてまへ》に立脚して将軍を選ばれ、そして其の選任に当つて上記三つの点より銓衡せられるならば、任命を受ける者が二人の内のどちらであるかは明瞭であり、そしてそれは公明正大の人事として、他の非難を許さないものであつたらう。橋本の運動は、極めて穏当にして礼儀正しく、周密にして水も漏らさぬものであつた。これが安政四年、わづか二十四歳の弱冠の企劃する所であり、遊説《いうぜい》する所であるとは、驚歎の外はないであらう。ここに其の例証として、橋本より尾州藩の側《そば》用人田宮彌太郎に送りたる書状のうち、安政四年十二月十九日の一通を抄出しよう。

「儲君《ちよくん》（あとつぎ）の義は、実に天下万民の趨向を定め、其志を一にし候者にて、古より邦家の隆替治忽、士気の励廃、軍勢の振弛等、皆儲君の善悪在無に関係し、一人微渺の身を以て、億兆の向背を出来《しゆつたい》し候事、その轍迹顕著、申す迄もなき義と存じ奉り候」

「吾が一身の吉凶禍福を超然脱却して、億兆の為、万世の為、殫慮極力、忠貞諤々の論を発し、最良至当の長策を定め候事、当務第一の義に候。もし此《ここ》に到り躊躇顧望して、吾策の必行と必行せざるとを料り、猶予致し居り候は、恐らくは志士の愧《は》づる所と存じ奉り候」

「さすれば此一件、実に天下の御大事、且ついよいよ御良策と思召し極められ候上は、精々御思慮を労せられ、一橋公御行実の善悪邪正、御的視候て、其の御心術の御趨向、何等の地に在らせられ候や、其御徳量、御才器、御気象等如何、真に大任に御恰当成され候や否や、仔細に御探索下さるべく候」

論じ来り論じ去つて、千言万語、倦む事を知らざるは、御三家の一として、尾州藩の向背は、影響極めて重大なるが為であるが、それにしても橋本の懇切丁寧、礼儀をつくして老成錬達の風あるは、驚くべきではないか。

此の書状を受取つた田宮彌太郎は、やがて如雲と名を改めた人、尾州藩の老臣であつて、藩主慶勝の信任あつく、政治の枢機に参与し、声望頗る高かつた。安政の大獄には、藩主と共に咎を受けて退けられたが、文久二年に復職し、維新の際には、越前藩と提携して功労があり、永世禄を賜はつたが、明治四年四月、六十四歳にして病歿した。後に従四位を贈られてゐる。この人の態度が、即ち尾張藩の態度を決定したのであるが、それには此の人に与へたる前記橋本の書翰が大きく影響してゐるに違ない。

橋本は、人に接するに、実に礼儀正しく、人に説くに、まことに親切であり、丁寧であつて、毫も粗暴、急迫、威嚇の風が無い。年長、上位、大官、権臣の人々が、二十歳を越えていくばくも無い弱冠橋本に驚嘆し、共鳴し、之に同調し、むしろ之を盟首とするに至つたのは、全く橋本の卓見と高徳によるもの、史上稀に見る壮観である。

続の二十四　橋本の卓見　溜間詰

将軍の継嗣問題に、朝廷より介入して適否の意志表示をせられた例は、徳川時代に入つて今安政に至るまで二百数十年の間、曾て無かつた。いはば、それは徳川家に御一任の事項であつて、徳川一家の中の誰を選ばうとも、それは徳川家の内事であり、自由であると考へて、誰人《たれひと》も之を疑はなかつたであらう。それを今、橋本景岳が、重畳する国難打開の為には、政治を総裁し統率する将軍としては、年齢に於いても、人格に於いても、又衆望に於いても、是非を判別して大事を処理し得る能力の有無を検察して銓衡せらるべく、その選任は朝廷より指示あらせらるべしと進言し、主張した事、つまり将軍の選任は、天皇の大権に属する事、決して徳川一家の内事では無いと説いた事は、破天荒の卓見であつた。五百年前、北畠准后が職原抄を著《あらは》して、大義を明らかにされた効果は、長い長い伝承の後に、今や漸くその第一歩を踏み出さうとするのである。

天下万人恐れ憚つて、敢へて適否を評議する者の無かつた将軍に対してさへ、かくも率直大胆に、その選任の法式の一新を主張した程であるから、それ以外の官職に就いて、極めて大胆なる構想をいだいた事は、怪しむに足らないであらう。

(六)　橋本は既に鎖国保守の不条理にして不可能なるを説き、開国進取の急務にして、それが必然の道なるを明らかにした。然るに国を開いて万国と対峙し、列強の軽侮を許さず、その野心を破砕せんが為には、雄大なる世界政策を立てなければならないが、それに先だつて必要なるは、国内の整備である。即ち鎖国時代には、海外の情勢には一切耳目を傾けず、只国内の治安、即ち朝廷や諸大名に対する拘束又は駕御が、幕府政治家の最大関心事であつた為に、大名の配置も、奉行の選任も、すべて其の見地から為されたのであつたが、今後は世界万国に対して、如何にして我国の国体、領土、利益を守るべきかを考慮して、官職制度の改廃、選任方針の一新を計らねばならないとした。

原理をかやうに説いて、さて仮りに構想を立てて見れば、かうもあらうかとして示したのは、先づ内相専任としての候補者は、越前の松平慶永、水戸の徳川齊昭、薩摩の島津齊彬、次に外相の候補者は肥前の鍋島齊正、外相の下に局長として之を輔佐するは川路左衛門尉聖謨、永井玄蕃頭尚志、岩瀬肥後守忠震、その外に天下有名達識の士を学識者として、陪臣処士の身分を選ばず自由に登用して、内相外相の下に配置し、京都御警衛の責任者としては、彦根の井伊直弼、大垣の戸田氏彬あたり、北海道総督としては、宇和島の伊達宗城、土佐の山内豊信等を任用するのがよいであらう、その外たとへ身分は低くとも有志有力の人々を挙用するならば、「今の勢にても随分一芝居出来候はんか」、更に露国又は米国より技師五十人ばかり借り受けて技術師範とする一方、海外留学者を派遣して学術を研究せしめ、大いに産業を振興すると共に、浮浪の徒を集めて北海道の開拓に当らしめ、交通は海路を主とする事によつて航海術に習熟せしめるが良いであらう、とした。

御承知の通り鍋島は佐賀三十五万七千石、山内は高知二十四万二千石、伊達は宇和島十万石、いづれも外様《とざま》大名である。殊に島津となれば、鹿児島七十七万石、雄藩中の雄藩であつて、その豪強不屈の精神は、関ヶ原の戦以来、天下周知の所である。是等は従来の幕府当局からは、仮想敵国として目を着けられ、警戒の対象とされて来たのであるが、それを今、橋本は、或は内相、或は外相に推挙し、または京都警衛総督に挙げ、北海道開拓総督に起用しようといふのである。此の驚くべき政策転換は、従前の着眼が、専ら徳川政権の維持存続に在つたのに対し、橋本の目的が、一に日本国の基礎を強化し、世界に雄飛せんとする所に在つた為であつて、その道破した如く、「畢竟《ひつきやう》日本国中を一家と見候上は、小嫌猜疑には拘はる可からざるは、勿論に御坐候」だ。

(七) 是に於いて橋本は、その雄大なる国策の上に立脚して、爽快なる一句を吟じた。

人間おのづから適用の士あり、
天下いつか為すべきの時無からむ、

意味はかうもあらうか。世間では、人物が居ないと云つて歎いてゐるが、活眼を以て探求すれば、大事を担当するに適してゐる人物は必ず存在してゐるのだ。又凡人は今の時世、衰へ果てて最早駄目だとあきらめて、只世の衰運を歎《なげ》くのみであるが、若し真に志を立てて決然奮励するならば、いつでも大事を成し得るのだ。如何にも爽快にして確信に充ちたる進軍ラッパである。

弱冠橋本景岳の、此の雄大なる国策、爽快なる進軍ラッパを聴いては、老練達識の奉行川路左衛門尉も打ちのめされた如く感じて、「吾身半分もぎ取られた如く感じた」と云つたに、無理は無い。京都の名士も、江戸の要人も、水戸も、尾張も、その他諸藩の傑士も、一たび橋本の人物に接し、その言論を聴くに及んでは、之に感服し、之を讃美せざるは無い勢であつた。而してその最も驚歎し、最も心服して、ここに全身全霊を捧ぐるに至つた者、それは西郷隆盛であつた。

橋本の卓見は、是れ天授のものであり、独創に出づるものであるが、同時に天は彼れに恵むに、絶好の基盤と環境を以てした。即ち彼れは、福井藩士の家に生れて、藩主と先輩とに恵まれたのであつた。いかなる英才傑士といへども、藩士として藩主に恵まれない時は、あたら雄志をいだいて空しく挫折するの外は無いであらう。幕末に当つて、雄偉の傑士に富む者、水戸、長州、薩摩を以て最大とするであらう。然るに水戸は、藩士両派に分れて抗争し、その血みどろの戦に傑物全滅して了つた。之を統御し、之を指導すべき藩主が、方針も立たないのでは話にならぬ。長州も長州だ。一旦幕府と戦ふ決意をした筈でありながら、形勢不利と見るや、三家老四参謀の首を斬つて陳謝するとは何事であるか。薩摩も亦ひどい。或は西郷を島流しにし、或は有馬正義を上意討にした。藩主に明察無く断行無きも困るが、断行の勇あつて包擁の徳無きも難儀だ。然るにひとり越前藩主松平慶永(春嶽)は、若き橋本を理解し心服し、全面的に之を信任して、橋本に全権を与へて邁進せしめた。同僚の藩士も亦よく橋本を理解し畏敬したが、就中中根雪江をその第一とするであらう。中根は藩主の側近に在つて、懇切に之を輔佐する老臣であつたが、是の人が極めて純情無私であつて、それ故に素直に橋本を受け入れて、その熱心なる援護者、否むしろその信奉者となつた。斯くの如く藩主、老臣、藩士のあたたかき理解、同心協力は、他の雄藩に於いて、曽て見ざる所であつた。それ故に橋本が、その雄大なる国策を提《ひつさ》げて四方に游説《いうぜい》する時、それは一個弱冠の無責任なる言論では無くして、それは松平越前守の名代であり使者であり、越前三十二万石の大藩を基盤とし背景とするものとして、一言一句に金鉄の響あり、千鈞《きん》の重みがあつたに違ない。

橋本の進軍ラッパは、高く鳴り響いた。水戸、尾張、薩摩、長州、熊本、之に呼応して、国策遂《すゐ》行《かう》の道、大きく開けるかに見えた。此の情勢を見て憤激に堪へず、非常手段を以て此の運動を阻止し、之を破砕せんとする者が現れた。外でも無い、井伊直弼だ。彼れは元、攘夷論者であつた。嘉永六年には、その旨を以て伊勢大神宮に祈りを捧げた。安政五年には、一転して開国の政策を執つた。彼れにとつて、それは、どちらでも良いのだ。彼れは朝廷を尊んだ。決してそれを軽く視たのでは無い。然しながら彼れの尊王は、東湖や、景岳や、松陰の尊王とは、大きく異なつて、云ふならば、次元を異《こと》にするものであつた。それは井伊が、溜間詰《たまりのまづめ》の譜代大名であつた事によるのであるから、その点から究明しなければならぬ。

いはゆる三百諸侯、之を部類分けにすれば、三家三卿、親藩、譜代、外様《とざま》の四つとなるであらう。第一の三家三卿は、徳川の主流本家の血統断絶した場合に、その中より選ばれて本家を相続すべき資格あるもの、従つて本姓徳川を名乗り、たとへ尾州に在り、紀州に在り、又は田安に在り、一橋に在つても、総括して徳川一家と考へる。第二の親藩は、本家より分れて別家となつたもの、血統は継いでゐても、本家相続の資格は無いもの、越前家及び其の支流が此の部類に属するであらう。

松平を姓とし、徳川とは云はない。譜代は慶長五年関ヶ原以前より徳川に従属せるもの、之に対して関ヶ原以後に帰服せるものを外様といふ。外様に対しては幕府は警戒しなければならず、殊にその強大なるものは仮想敵国として、ひとり警戒するのみならず、機会あれば其の力を削減しようとつとめた。かやうに分類して考察すれば、幕府勢力の基本として其の忠誠の信頼すべきものは、譜代大名である事、明瞭であるが、一口に譜代と云つても、本質に色々相違がある。その中で三河以来辛苦を共にして覇業を成すに貢献し、家康の訓練を受けて其の精神を理解してゐる者、之を将軍の参謀として幕政の枢機に参与せしめた。此の一類、江戸城に出勤しては、溜間詰となつた。是れが幕府のかげの支持の勢力だ。先づ其の顔触を見るが良い。

彦根の井伊	三十五万石	会津の松平	二十三万石	桑名の松平	十一万石
忍の松平	十万石	荘内の酒井	十四万石	姫路の酒井	十五万石
小浜の酒井	十万石	岡崎の本多	五万石	松山の松平	十五万石

是等が溜間の主力である。尤も時代によつて、多少の出入はあり、必ずしも一定してゐたわけでも無かつたらしく、例へば岡崎の本多、明和の武鑑には帝鑑間とあるが、『華族譜要』には溜間とあり、また荘内の酒井、高田の榊原、共に文久の武鑑には帝鑑間とあるが、『華族譜要』には二つとも溜間とある。小浜の酒井は明和の武鑑に雁間といひ、『華族譜要』に帝鑑間とあるが、文久の武鑑には溜間とある。即ち多少の出入を免れないが、大体以上の顔触として之を見るに、

㈠　三河以来、家康と苦楽を共にし、その指揮を受け、その精神を受け、そのやり方を会得せ

る腹心の部将であつて、徳川将軍の最も信頼せる面々である。

㈡ 幕末衰弱の世運に際しても、徳川将軍家に対する忠誠心は少しも衰へず、あくまで之を護衛しようとして粉骨砕身したのは此の面々である。

徳川幕府の職制、将軍の下に、老中あり、若年寄あり、将軍の命を受けて政務を処理するのであるが、必要あれば、老中の上に大老を置いて、大事に参画せしめ、場合によつては、将軍に代つて決裁せしめた。その大老の起原は、寛永十五年十一日七日、土井利勝・酒井忠勝の両人、些少事には関与せず、重大事にのみ意見を述べるやう命ぜられた所に在ると云はれてゐるが、当時はまだ大老の名称は無かつたらしい。大老の名称が決定し、将軍の下に在つて大事を掌り、場合によつては、将軍に代つて専決し得る者として、鎌倉時代の執権に比せられるに至つたのは、酒井忠勝の子忠清が、寛文六年三月に選任せられた時である。それより後、大老に任ぜられた者八人、以て徳川の世を終へた。

㈠ 酒井雅楽頭忠清（寛文六―延宝八）
㈡ 堀田備中守正俊（天和元―貞享元）
㈢ 井伊掃部頭直興（元禄十―同十二）
㈣ 井伊掃部頭直該（宝永八―正徳四）
㈤ 井伊掃部頭直幸（天明四―同七）
㈥ 井伊掃部頭直亮（天保六―同十二）

(七)　井伊掃部頭直弼（安政五―万延元）

(八)　酒井雅楽頭忠績（慶応元）

その中で第三と第四とは、名は異なつてゐるが、実は同一人で改名したのだと云ふから、人でかぞへる時は七人である。その(一)と(八)の酒井雅楽頭《うたのかみ》は姫路、溜間詰であり、井伊はいふまでもなく彦根、溜間の筆頭である。堀田は佐倉十一万石、諸書皆帝鑑間と記してゐるから、之は例外としなければならないが、八例のうち、只一つを除いて、あとは皆溜間である。此処に徳川勢力の中枢的根拠の存する事、推察するに足るであらう、是等溜間詰の面々は、本来徳川の家来筋であるから、格式の上から云へば、主人筋の御三家三卿よりは低い事云ふまでも無く、その他の親藩に対しても礼を尽さねばならぬであらうが、功績による自負と、責任感の強固不抜なる点に於いては、将軍の最も信頼する所であつた。寛永十五年島原の乱に賊勢盛なりと見るや、特派せられて征討総司令官となり、諸大名を指揮して忽ち一乱を平定した者は、智慧伊豆と呼ばれたる松平伊豆守信綱であり、即ち是れ忍の松平（溜間）の先祖であり、幕末に及んで徳川の衰勢顕著なるに拘らず、あくまで之を守護しようとしたもの、会津・桑名であり、荘内であつて、いづれも溜間詰であつた。

続の二十五　井伊の願文

徳川幕府の威容、表から之を望めば、壮大なる雛壇《ひなだん》の上、中央に端然《たんぜん》として座を占めるは征夷大将軍、その背後に連なつて光彩を加へるものは、三家三卿に親藩であり、将軍の前面、二、三段下つて老中、その下に若年寄、寺社奉行、町奉行、勘定奉行等、衣紋《えもん》をつくろひ、威儀を正して列なるであらう。裏から之を検するに、此の壮大なる雛壇のかげに在つて、懸命に、然しながら黙々として、壇の支柱を支へてゐる一連の譜代大名、それが溜間詰の諸侯である。幕府勢力の根拠、その政策の規模、その思考の限界、それを知らむが為には、此の黙々たる支柱、椽《えん》の下の力持《ちからもち》の、心理と力量とを、測定しなければならぬ。然るに彼等は、表面に出る事を余り好まず、黙々としてかげに在るが故に、その心術を言語文章に於いて捕捉《ほそく》する事はむつかしいが、実現の迹《あと》を見てゆけば大概理解せられるであらう。

今、朝廷と幕府との関係を見るに、幸に福地源一郎の『幕府衰亡論』に、極めて簡潔に之を略述してゐるので、それを引用しよう。

「凡そ徳川幕府の政治は、将軍専裁の政治なり。上は天子と雖ども、下は諸大名と雖ども、決して干渉を許さざるの政治なり。徳川氏は、朝廷に対しては、尽すべきの尊敬を尽して、臣節を全くするを旨としたれども、政治に於ては、其内治たると、外交たるとを問はず、都《すべ》て将軍の専断を以て取行ひ、若し朝廷より彼是《かれこれ》と仰下さるゝ旨もあらば、政治の事には、京都の御口出しは御無用なりと拒絶し、剰《あまつ》さへ是に関係の公卿堂上を厳に譴責して罰したるは、其例少なからざりき」

「家康公が開国の主義を定めたる時には、是を朝廷に奏したりし乎《か》。家光公が鎖国を令したる故に、天子に勅許を乞ひたりし乎。寛政の令と云ひ、文政の令と云ひ、其の他享保文化の蝦夷地事件にせよ、英吉利《イギリス》露西亜《ロシア》等より使節渡来の時にせよ、曾て一度も京都へ報上したる事なし」(二十一頁〜二十三頁)

凡そ政治は、朝廷よりの御委任を受けて、将軍の専断決行する所であつて、たとへ形式的には勅命を仰いで之を公表する場合あるにせよ、実質的に朝廷の指揮を受ける例は無く、万一干渉がある時は之を拒否する外は無いと云ふのが、家康以来二百数十年一貫せる方針だと云ふのである。

さあ、かうなると大変だ。今嘉永安政の際、橋本景岳の計画する所、その雄大なる国策は、差迫る国難を克服し、国を開いて万国と交はり、西洋文明を採用して、世界に雄飛せんが為には、三千万の国民よろしく一致団結すべし、その中心は朝廷に在り、天皇を仰ぎ、その指揮を仰いで、将軍にも総督にも、賢者傑士を選任すべしとするのである。是れは政治を以て将軍の専決なりとする幕府の方針を基本に於いて否定するものであり、まして将軍の継嗣、誰を選ぶかの問題にまで口出しをされて、たまるものか、と云ふ反撥が、溜間から出て来るに違ない。

そこで嘉永安政の際、溜間詰の諸大名、どのやうな人物がゐるかと見るに、一々精査するまでも無い、筆頭の彦根に井伊直弼が居る。井伊氏はもと建武延元の忠臣、宗良親王を奉じて、遠江井伊谷城に拠つて奮戦した名族であるが、その子孫直政に至り、家康に属して戦功あり、徳川氏創業第一の名臣と称せられ、関ヶ原の戦の後、近江の佐和山城十八万石に封ぜられ、慶長七年二月、四十二歳を以て卒した。佐和山は元石田三成の本拠としたる所、井伊は之を領して、やがて城を彦根に移した。直政の次男直孝に至り、封を増して三十五万石とし、近江全国及び山城淀堤《よどつつみ》を放鷹の地と定め、以て京師守護の密命を授け、子孫に世々之を承継せしめたといふ。放鷹の地と定めたといふは、演習練武公認といふ事であつて、意味は深長であるとしなければならぬ。京師守護の密命といふは、鎌倉時代の初に京都守護といふと同じく、万一の際の武力制圧を意味するであらう。島田三郎氏の『開国始末』に、「抑井伊氏は徳川氏の創業と相縁《よ》りて中興せり、其中興は直政直孝絶倫の材武《さいぶ》によると雖も、徳川氏の信任恩遇なかりせば、此《ここ》に至るを得ざるべし、是れ井伊氏が世々家国を挙げて徳川氏に奉ずるの心を有し、是を以て祖宗の遺訓となし、是を以て伝家の大法となせし所以にして、（中略）直弼の心事も亦実に此に在り、其期する所は、遠く直政直孝の勲業を追はんとせしが如し」とあるは、事実にかなふものであらう。

直政より十余代を経て直中に、男子十五人女子五人あつて、その第十四男が直弼であつた。生れたのは文化十二年の十月。井伊の家風として、男子多くある時は、相続者一人を除いて、その他は他家へ養子にやるか、家来の家を継がせるか、それで無ければ僅か三百俵の米を与へて質素に暮らさせるかして、本家の財力の減少を防いだので、十四男に生れて他家の養子にもならなかつた直弼は、わづかに女中一人下男一人を附けられて、簡素な生活に甘んじ、家を埋木《うもれぎ》の舎《や》と名づけてゐた。然し剛毅の性格は少しも屈せず、学問と武道の修練を励んで居るうちに、弘化三年二月、兄の直亮に子が無い為に、弟の直弼を養つて相続者とするに至つた。時に直弼三十二歳。やがて嘉永三年冬、直亮病んで卒し、十一月二十一日、直弼封を継ぎ、掃部頭《かもんのかみ》と称した。年は三十六歳である。それより三年後の嘉永六年六月は、即ちペルリ軍艦をひきゐて浦賀に入り、武威を示して開国を迫り、天下為に震駭するに至つた時である。

米国使節ペルリの要求に接した時、井伊直弼は、是れと云ふ幕府の役職には任じてゐなかつた。然し彼れは、彦根三十五万石の城主として、溜間詰諸侯の筆頭に在り、幕府勢力の根幹を以て自任する者、一国の命運に関する此の重大事に際会して、期する所無ければならぬ。是に於いて直弼、衷心を披瀝して、神に祈つた。願文に曰く、

「　　　敬白祈願之事

国家ノ憂ニ先達テ之ヲ憂フルハ、良臣ノ節ナリ。直弼不肖ナリト云トモ、開国元勲ノ創業ヲウケツキ、天朝ノ守護、西国非常ノ押鎮、諸侯棟梁ノ模範タリ。今ヤ外国夷狄ノ賊徒、皇国侵掠ノ暴威ヲ挟ミ、前代未曾有ノ大患ヲ生ス。天朝ノ栄辱、幕府ノ安危、神国興廃ノ堺、殆ント今日ニ逼《せま》レリ。今来舶ノ外寇ヲ制止シ、其根元ヲ断チ、皇国安躰、人民安堵ノ良策ヲ決スルノ日

アランヤ。将上裁不服、困窮急迫ノ内乱ヲ生スルニ至ランカ。モシ外寇、此虚ニ乗シ、不虞ニ来舶シテ闘戦ニ及フ事アラハ、人心ノ不和、期セスシテ大敗ヲトリ、内外ノ擾乱、天朝ノ震襟ヲ悩シ、幕府ノ鬱憤、万民土炭（塗炭ノ誤ナラン）ニクルシミ、祖宗創業ノ天下、マサニ危急ニ至ラントスルカ。直弼イヤシクモ中興ノ業ヲツキ、洪恩ノ忝キニ浴シ、今如此大患ニ臨ムト云モ、模範輔弼ノ時勢ヲ得カタク、大息天ヲ仰キ、朝ニハ切歯握拳ノ憤ヲ尽シ、夕ニハ断腸砕心ノ胆ヲケスレリ。仰キ願クハ、祖宗ノ神ヲ初メ奉リ、弓矢ノ軍神、分キテハ高祖日蓮大導ノ諸天善神、妙法両大善神、共ニ霊光ノ慈眼ヲヒラキ、威徳冥助ノ神慮ヲタレ、直弼患（憂ノ誤カ）国苦悩ノ至誠ヲ憐ミ、今ニモ企ツヘキ来舶ノ賊心ヲ押ヘ、之ヲ妨ケテ海外ニ制止シ、執政諸有司ノ私曲ヲ退ケ、英雄忠良ノ公臣ヲ進メ、ハヤク輔佐良弼ノ枢要ヲヒラキ、神策英断、人心一和ノ武威ヲシメシテ、永ク夷狄ヲ服従セシメ、外冦大患ノ根元ヲ断チ、天朝ノ震襟ヲ安シ、幕府ノ鬱憤ヲ散シ、万民土炭ニクルシムヘキヲ救ヒ、皇国ヲ盤石ノ堅ク泰山ノヤスキニ復古シ、祖宗創業ノ天下万々歳、応護ノ霊験、加力ノ奇特ヲ顕シ玉ヘ、得セシメタマヘ。時世人力ノ及ヒカタキヲ以、謹而神前ニ祈願ノ旨趣ヲ告奉リ、叩頭三拝敬白。

嘉永六癸丑八月二十有五日」

此の願文は、井伊直弼の辯護に、終始力をつくした旧彦根藩士中村不能齋も、その子中村勝麻呂氏も、また井伊家の文書記録に基づいて、直弼の寃罪を雪《そそ》ぎたいとして『開国始末』を著はされた島田三郎氏も、恐らく見られた事が無かつたものかと想はれる。思ひも寄らず私は、昭和三十三年、旅先の京都で、古本屋の好意によつて、之を見せて貰つた。それは元は彦根の旧藩士の家から出たもので、その藩士の家に伝はる古文書、一括して売物に出た中に、此の一通が入つてゐた。売物に出たのであるから、求めて置けば良かつたのであるが、当時無収入の私には、少々高いものと思はれた上に、不思議な因縁で、売主の家を私は知つてゐた為に、気の毒な感じがして、購求する事をためらひ、只店主の好意によつて、之を精査し書写するに止めたのであつた。

さて此の願文、それは極秘のものである筈なのに、どうして藩士の家に伝はつたかといふ問題がある。私の見たのは、草稿であつて、所々に添削があり、修正がある。蓋し直弼は、此の重大なる願文を作るに当り、先づ草稿を作り、反覆読みかへして、或は文字を改め、或は削除し、又は加筆した上で、その清書を特定の右筆に命じたのであらう。そして清書は直弼、之を神前に納め、草稿は右筆の家に留められたものであらう。兎にも角にも是れは真正の草稿であつて、決して偽物では無いのであるから、井伊直弼当年の心事を見るべきもの、之にまさるものは無い。それでは此の願文によつて、我等は何を知り得るかといふに、重大なるは次の数点である。

第一、直弼は当時（嘉永六年八月二十五日）開国には反対であつた事。それはペルリを指して、「外国夷狄の賊徒、皇国侵掠の暴威を挟み、前代未曾有の大患を生ず」といふのであるから、その「外寇を制止し、其根元を断」たねばならないのであつて、それと手を結び、仲好く交際する事は思ひも寄らぬ、神に祈る所は、「来船の賊心を押へ、之を妨げて海外に制止」する事であり、我国の「武威を示して永く夷狄を服従せしめ、外寇大患の根元を断」つに在つた。それは頑固なる鎖国主義の踏襲であつて、橋本景岳の卓抜なる開国進取の策とは、正反対の立場に在るものであつた。

第二に直弼は、徹頭徹尾、「徳川幕府」本位であつて、決して「日本国」、くはしく云へば「皇国日本」本位では無かつた事に注意しなければならぬ。それは此の願文に、「開国元勲の創業をうけつぎ」とあるによつても考へられる。此の文は、草案には初め「中興元勲」とあつたのを、後に中興を消して開国と改めたのであるが、意味する所は徳川氏の覇業であり、「元勲」はその覇業を助けた井伊直政、その子直孝、此の父子二代を指すものであらう。島田三郎氏の『開国始末』に、「直政直孝を井伊氏中興の二宗となす」と云ひ、又同書に引用する直弼の文に、「当家の儀は、東照宮格別御取立、祥久両君（直政の法名祥寿、直孝の法名久昌）之戦場と申、万代諸侯之亀鑑とも相成るべき大功の家筋」とあると併せ考へるべきである。そして此の願文を捧げた対象は、如何なる神かと云ふに、「仰ぎ願くは祖宗の神を初め奉り、弓矢の軍神、分きては高祖日蓮大導の諸天善神、妙法両大善神」とあり、その「祖宗の神」は、草案に「祖宗の神霊」とあつたのを、後に霊の一字を削除したのである。恐らく是れは、直政直孝二代の霊を指すのであらう。願文の中には、「天朝の震襟を安んじ」とも云へば、「皇国を盤石の堅く泰山のやすきに復古し」などいふ文句もあるものの、すぐそれに続いて「祖宗創業の天下万々歳」とあつて、規範とするは家康家光の覇業、直政直孝翼賛の時代に在つた事、疑を容れない。

第三に願文の旨趣、結局何を希望するかと云へば、此の重大なる問題に当面して、幕府の役人共すべてなつてゐない故に、之を退けると同時に、英傑の士を要路に進めて、将軍を輔弼する事とし、一大英断を以て人心を一新し、武威を示して外国に交渉を断念せしめねばならない事、また直弼いやしくも中興の業を継ぐといへども、輔弼の地位を得がたく、空しく切歯扼腕してゐるのみであるといふ事を述べてゐるのであるから、此の二つを一つにまとめる時は、当時要路の有司は役に立たない、よろしく彼等を退けて、井伊氏歴代重用せられ、大老の地位に在る事すでに四回に及んでゐる、その先例に従つて自分を大老に進め、将軍を輔佐し、場合によつては将軍を代行して大事を決裁せしめていただきたい、と云ふのが、願文の本意であらう。つまり自分を大老として、此の大問題を専決し得る地位に進めて貰ひたいと云ふに尽きるであらう。

願文の日付は、嘉永六年八月二十五日である。祈願の対象は、井伊家の祖神である。若し是れが他の名神大社であれば、そこへ納められた願文は、自然宮司社家の承知する所となるであらうが、井伊家の祖神に宛てられたのであれば、外間に漏れる気遣《きづかひ》は無く、藩士といへども之を知らず、極めて少数の側近以外には、絶えて知る者無かつたに相違ない。即ち井伊直弼が時勢に慨歎し、自ら大老となつて将軍に代り、大事を専決したいとする願望は、全然表面にあらはれず、極秘極密のうちに進められたのである。

その井伊によつて、やがて囚禁せられ斬罪に処せられるであらう筈の橋本景岳も、その英敏にして且つ接触する所頗る広汎であつたに拘らず、井伊にかくの如き野心のある事には全然気附かず、只その剛気の質、用ふべしとして、政治革新の際には之を登用して京都守護の次官としたいと云つたのは、安政四年十一月二十八日の事であつた（村田宛書翰）。

景岳さへその調子であつたから、まして禁錮謹慎のうちに在つた吉田松陰が、井伊の恐るべき意図に気附かう筈はない。松陰が井伊の徳川氏に対する忠誠無二の心を賞讃して、「一死を快《こころよ》くすれば名を後世に揚げ、一義を闕《か》けば羞《しう》を終身に荷《にな》ふ、況や義を行ふ者、未だ必ずしも悉く死し且亡びざるをや、若し然らずと云はば、何ぞ仰ぎて堂々たる近江国犬上郡彦根城三十五万石の大藩翰《はんかん》を見ざるや」と説いたのは、安政三年三月二十五日の事であつた（講孟劄記《さつき》告子上篇）。

続の二十六　井伊と岩瀬の一騎打

さても井伊掃部頭直弼は、嘉永六年米艦渡来して開港通商を強要し、是非の国論沸騰して、処士横議し、外交と並んで将軍継嗣の問題まで、朝野の間に自由に論議せらるるを見て憤激に堪へず、徳川氏に委任せられたる政治の重大事と云ひ、一家の内情に過ぎざる継嗣の選択と云ひ、共に本来将軍の一存に決すべきであり、若し将軍病弱もしくは若年にして、之を決裁しかねる場合に於いては、大老をして代行せしめる事、幕府以来の慣行であり、そして其の大老に任ずべき者は、従来すでに数回にわたつて行はれたる先例古格の示すところ、譜代大名の中枢として、信任最も篤き溜間詰の旗頭、彦根の井伊以外には考へられないであらう、つまる所、我れ直弼こそ之に該当する者であると確信し、之を神に祈つた事は、その願文草案の出現によつて明白となつた。

直弼は之を祖神に祈つた。然し、神に祈ると同時に、極秘のうちに工作をめぐらして、大老就任の道を開いたに相違ない。然るに其の工作の巧妙なる、指紋も現れず、足跡も残らず、我等をして捕捉に苦しましめるのであるが、一つの注目すべき点は、老中松平伊賀守忠固《ただかた》であらう。

松平伊賀守、始の名は忠優、後に忠固と改めた。信州上田五万三千石の城主である。嘉永元年十月、老中に任ぜられたが、首席老中阿部伊勢守正弘（福山十万石）は、安政二年八月之をやめ、代りに堀田備中守正睦《まさよし》（佐倉十一万石）を以てした。その理由は、伊賀守の人柄不純であつて、阿部伊勢守及び水戸老公と相善からず、ひそかに伊勢守の失脚を計つた為であるとの説がある。然るに安政四年六月十七日、阿部正弘病んで卒した。正弘は、天保十四年閏九月、寺社奉行より挙げて老中に任ぜられた。時に年齢わづかに二十五歳に過ぎなかつたが、度量寛大にして能く衆を容れた為、それまで長い間、水野越前守忠邦の厳烈苛察の政治に苦んだ人々は、阿部の時代を迎へて、春風俄に吹き到つて、万物また蘇るかの感を覚えた。幕府の外交方針が、一方に水戸老公、他方に越前・薩摩と協議しつつ、暗中摸索の態ながら、兎も角も内外に波の高まる事なく、安政元年三月、日米和親条約を結び、ついで英露の諸国に及ぼすに至つたのは、全く阿部伊勢守の力に依つた事であつたが、その阿部の下に、同じく老中に列してゐながら、阿部に反感をもち、ひそかに之を傾けようと陰謀をめぐらしたのは、松平伊賀守であつて、その為に阿部伊勢守は、安政二年八月、急に之を罷免したのであつたが、四年六月、阿部正弘の卒去にあひ、堀田正睦は再び松平忠固をあげて老中としたとは、『阿部正弘事蹟』の諸書によつて詳説してゐる所である。

福地源一郎の『幕末政治家』によれば、松平伊賀守の人物、その器量、その明暗は、一層明らかに感知せられるであらう。曰く、

「此人、素よりさせる政治家にもあらず、往年曽て一たび閣老となりたりしも、令名の聞ゆる事なくして罷《やめ》られ、久しく閑地にありしが、如何なる攀援《はんえん》ありてか、阿部伊勢守が卒後に再挙《あげ》

られて閣老となれり。此人、性質執拗にして時勢を洞察するの識見もなく、政治を変通するの材略にも乏しく、所謂偏意地《かたいぢ》一方の保守家なるに、幕府が斯《かか》る革新を要するの時に於て、此伊賀守が閣老に再任せられたるこそ不思議なれと、諸人みな奇異の想を為《な》したり。余が水野筑後守に聞きたる所に拠れば、是ぞ正しく水野土佐守が紀州殿を儲君に立てんが為に、陰《ひそ》かに後宮の応援を仮《か》りて、以て此人を閣老に任じ、彼一橋殿説の反対に立たしむるの策に出でたるなれば、伊賀守は紀州党第一の人なりき。而して当時越前侯も堀田備中守殿も是を知られず。余（筑後守）が如きも後年に至りて僅に知り得たるなりと云へり。此説蓋し実を得たるが如し」

文中、水野土佐守の策動とある、その土佐守は、名は忠央、新宮三万五千石を領した紀州家の附家老である。此の人、学問もあつて丹鶴叢書を編輯し、洋学の採用にも志あつて、当時傑物の一人ではあつたが、心術に私があつて、純正では無かつたらしい。その秘かに希望する所は、紀州藩の附家老といふ地位より脱却して、一個独立の大名になりたいといふに在つたので、その為に紀州藩より将軍の後嗣《あとつぎ》を出し、それを己《おのれ》の功績としようと考へたのだと云ふ。

同気は相求め、類は友を呼ぶと云ふ。水戸・越前・薩摩を連ねて大事を決しようとした阿部伊勢守に睨まれて一旦老中をやめさせせられた松平伊賀守は、漸く堀田備中守によつて再任せられた老中の地位を固めんが為に、有力なる援護を得ようとして、紀州と結び、彦根に通じたと云はれる。水野土佐守は己れ独立の大名とならんが為に、領内の女が幕府の後宮に於いて勢力があつたので、それを利用して紀州より将軍を出さうとしたと云はれる。彦根に取つての好都合は、松平伊賀守は、もともと姫路の酒井家に生れて、養子になつて上田の松平を嗣いだのであり、姫路の酒井と彦根の井伊とは、溜間詰の重鎮、幕府の中枢を以て自ら任じてゐる事だ。井伊を迎へ入れて大老とする事、人知れず成就したに就いては、上述の如き風説の中に、恐らく真実がひそんでゐたであらう。

『幕末政治家』は、前文につづけて曰く、

「然れども伊賀守は、井伊の紀州説たるを知りて、井伊の剛愎なるを知らず、己れ井伊を籠絡し得べしと思ひ誤りて、却て井伊の為に退けらるるの後患あるを前知せざりき。果せる哉井伊は大老に任ぜらるゝや、直に大老の事を行ひ、敢て一歩をも閣老に仮借せず、伊賀守を視て恰《あだか》も其次官に於けるが如くなりければ、伊賀守は大に之を喜ばずして、井伊を憎み、之を退くるの念を発したるに、早くも井伊の知る所となりて退けられたり」

著者の福地は、微官とは云へ、当時幕府の外交班に勤めてゐたのであるから、その見聞談は頗る参考になるであらう。本書はこのつづきに、永井玄蕃頭の直話として、松平伊賀守が、岩瀬、永井、鵜殿等の壮年有司、堂々と事を論じて、老中の説といへども憚りなく抗議するを憎み、是等を懲戒免職しなければならぬとしたのを、堀田が諭してやうやく中止したのであつたと記してゐる。

岩瀬肥後守、永井玄蕃頭、鵜殿民部少輔は、鉄中の錚々、当時最も俊秀の人物であつた。若し之に加ふるに、川路左衛門尉、水野筑後守、堀織部正等の数名を以てし、是等の傑物を抜擢して要路に立て、十分にその手腕を発揮せしめたならば、内治に於いても、外交に於いても、定めし目醒ましいものがあつたに相違ない。

就中、岩瀬肥後守忠震に就いては、私はその筆蹟一幅を蔵してゐるが、それには「経史は則ち聖賢の供案、妻子は則ち屋漏の史官」と書かれてある。妻子は屋漏の史官といふは、観る者をして襟を正さしめる名句である。屋漏は、室の西北隅、人無き隠微の処をいひ、詩経に君子は屋漏に愧《は》ぢずとあるは、他人の窺ひ知る事の出来ない家内に於いても、言行共に正しい人を君子といふとの意味であらう。人は兎角外面を飾つて徳行を装ふが、内実の生活は妻子之を知る。若し妻子より信頼と尊敬とを受けて居る人あれば、その人必ず君子であり、道徳の士であるに違ない。史家の人物を評伝する上に、重大なる着眼点の一つである。岩瀬肥後守は、揮毫に当つて、是の句を採つた。その人柄、想ひやられるでは無いか。且つまた其の筆蹟、極めて剛直であつて、臆する所なく、媚びる所がない。私は此の一幅によつて其の人を想察し、尊敬してゐるのである。

その岩瀬や永井、鵜殿等が、堂々と対外政策を論ずるを聞いて之を憎み、是等の一連を懲戒免職しなければならぬとしたのは老中松平伊賀守であつたとは、永井玄蕃頭の直話だといふ。伊賀守の人柄はこれに依つて分るであらうが、その伊賀守の後任として、井伊によつて登用せられたる老中間部下総守詮勝《あきかつ》は、外交担当の老中として、才識果して適当であつたか、どうか。当時我国の銀貨(壹分銀)は、金貨(小判及び壹分判)に対して、金一銀六の割合であつて、外国の金一銀十五の割合とは大差あつた為に、金貨大いに流出したので、幕府は之を憂ひ、米国公使ハルリス(ハリス)の忠告に従ひ、金貨を改鋳して、万延の豆小判を造つたのであつたが、その談判交渉に当り、間部は英国公使の質問に対して答へる事が出来ず、「拙者は大名である、政府の財務は勘定奉行が之に当り、領内の事は家老に任せてあるので、金銀の事を自ら聞いた事は無い、かやうの事は、勘定奉行や外国奉行に交渉して貰ひたい」と云つたので、英国公使は思はず嘆息して、「それで済《す》むとは、さてさて羨《うらやま》しい国だ」とあきれたと云ふ。

話は少しく元へ戻らねばならぬ。老中に松平伊賀守があつて、外は水戸・越前・薩摩に対抗し、内は岩瀬・永井・鵜殿等俊秀の奉行を抑へむが為に、井伊を幕府へ迎へようとし、将軍の大奥では、紀州の附家老水野土佐守の身内の婦人の運動があつて、水戸は悪評、紀州賛成の空気濃厚であり、その為には井伊の力を借りようとして居る。当の井伊は井伊で、彦根本来の家柄、かかる時こそ大老となつて、徳川家の為に尽さねばならぬと念願してゐる。渠《きよ》成つて、水通ず。水戸も越前も知らぬうちに、安政五年四月二十三日、井伊は大老となつた。

井伊掃部頭、幕府に迎へられて大老となる。越前を中軸として水戸・尾張・薩摩の雄藩を連ね、ひろく天下の豪傑俊才を集め、皇国日本本来の姿に復して、天皇の御旗の下に、三千万の国民一致団結し、港を開いて万国と交はり、採長補短、慎重に、同時に急速に、欧米の学問文化を採用し、世界に雄飛すべしとする橋本景岳の計画は、此の瞬間に瓦解した。否、瓦解したのは計画だけでは無い。凡そ景岳に共鳴し同調したる人々は、身辺危急を告げるに至つたのだ。安政五年四月二十七日、岩瀬肥後守は、井伊大老に面会して激論したる後、ただちに書状を橋本に送り、

「御文通類は、総《すべ》て速に丙丁を願候。貴翰も直に悉く投火候」

と注意した。丙丁は投火と同じく、焼却の義である。流石は岩瀬だ。井伊直弼大老に任じたのが四

月二十三日、それより僅四日後に、岩瀬は苛察なる大獄の起らむ事を予感して、いつ家宅捜索が行はれるやも知れずと、同志の文通書類を焼いて、証拠を湮滅《いんめつ》しようと警告したのである（是等の書類が数多く残つて、当時の状況を詳細に我等に示してくれるのは、かかる警告によつて素早く秘匿せられた為である）。

井伊が大老として幕府に入つて後一週間、五月朔日将軍の継嗣は紀州の慶福《よしとみ》と内定した。それはまだ内定であつて、その公表は勅許をいただいて後にする予定であつたが、間も無く清国が英仏両国の武力に屈服し、天津は占領せられ、北京は攻撃せられた為に、天津条約を結んで和を乞ふに至つたとの報道が伝はつた為に、その戦勝の余威を駆つて英仏が我国に迫る前に、米国の要求を容れて通商条約を結ぶを以て国益であるとし、急いで幕議をまとめ、勅許を待つに暇なく、六月十九日、神奈川に於いて、井上信濃守・岩瀬肥後守とハルリス（ハリス）との間に、通商条約を締結調印したのであつた。此の調印の一点を以て、井伊の先見の明を讃へ、之を開国の恩人とするは、頗る事実に反するものと云はねばならぬ。開国の責任者としては、前に阿部伊勢守（安政元年の和親条約）、後に堀田備中守があつて、その苦心と決断とを認めなければならぬ。井伊は外交に就いて定見なく、只徳川の威権を守り、守つて之を失ふまいとするのみであつた。之に反して堀田の開港貿易に決意したのは、安政四年十月二十六日、ハルリスの説を聴いた時であつたとは、福地の云ふ所である。即ち『幕府衰亡論』は述べて曰く、

「ハルリスは（中略）堀田閣老の邸に至り、演説凡そ六時間に渉り、鎖国の不利を論じ、開国

の必要を説き、今日の時勢に際して、日本を保維して独立を全くするは外交を開くにあり、日本を富強ならしむるは貿易を盛にするに在りと、遠くは西洋、近くは清国の実例を引証して、滔々懸河の辯を揮て説出たり。斯る実際上の政治論を聞たるは、堀田閣老は云ふに及ばず、幕府の俊秀と雖ども、実に臍の緒を切て初めての事なりければ、胆挫かれ、魂奪はれ、茫然として迷夢の醒たるが如き心地したるは、尤《もつとも》の事なりき。堀田閣老を初として、松平河内守、川路左衛門尉、水野筑後守、井上信濃守、永井玄蕃頭、岩瀬肥後守、堀織部正等の諸氏が、大に悟る所あつて、後来開国の国是を執て百難に当りたる精神は、此時のハルリスの演説に一痛棒を喫したるが故なりとは知られたり。（中略）（翌五年六月調印の条約に就いて）世間の説にては、此条約は幕府の官吏が亜（米）国官吏に脅かされて、一も二もなく唯々諾々したるが如くに讒誣《ざんぶ》して、今日にてさへ之を信ずる輩ありと雖も、当時の応接筆記を閲すれば、井上岩瀬等は着々其利害を聴き、且つ論じ且つ議して、聊《いささ》か苟《いやしく》もする所なかりしは、余が大いに感服する所なり」

之に就いては、同じく福地の著述である『幕末政治家』に、鎖国攘夷を固執する水戸の烈公を説破する事は、川路といへども、永井といへども、不可能であつただらう。若しそれを成し得る人物を求めるならば、幕府の有司に於いては岩瀬肥後守、諸藩士に在つては橋本景岳、外人に在つてはハルリス（ハリス）、「此の三人の外にはあるべからず」（一七七頁）と断定してゐるのを参考すべきであらう。且つまた岩瀬はその年齢に於いても年長（安政五年に岩瀬四十一歳、橋本二十五歳、十六年のへだたり）であれば、地位（岩瀬は幕府の目付、即ち中央政府の監察官、之に対して橋本は越前藩の侍読兼御内用掛、仮りに云へば秘書課長）に於いても上下の大差あつたに拘らず、両者相互往復の書翰を見るに、互に尊敬信頼し、胸襟を開き、丹心を披瀝して、国難を打開せむとする態度、まことに美しいと云はねばならぬ。安政五年六月十九日の日米通商条約締結は、実にかくの如き一世の傑物岩瀬肥後守を主役として行はれたのであつた。

さて話がここまで進んで来ると、安政五年六月十九日、日米開港通商の条約に、敢然として調印したのが、井上信濃守と岩瀬肥後守とであり、しかもそれが決して井伊の強要に依るものでは無く、井上・岩瀬の見識に於いて、日本国の利益の為に、幕議を導いて断行した事明らかになれば、井伊を以て開国の恩人とする説は消滅しなければならず、同時に勅許を待たずして調印した事、井伊の罪悪であるとする議論も亦、その根拠が無くなるであらう。ありのままに云へば、条約調印の主唱者は岩瀬であつて、井上之に同調し、首席老中にして特に外交担当の堀田も賛成し、勢に乗じて岩瀬は之を以て井伊大老を説破しようとし（岩瀬より橋本へ宛てたる四月二十七日の密書に、「今日彦公へ余程の激論を発し申置候」云々とある）、井伊は本心は兎もあれ、清国の覆轍《ふくてつ》をふむを恐れて之を黙認したのであらう。勅許を待たずして調印したとして井伊を責めるのは、井伊が幕府最高の地位に在つた以上当然の事でもあるが、同時に井伊攻撃に良き口実として利用せられたからであらう。兎もあれ此の一点から幕府当局は囂々たる非難を受ける事となり、之に対応して井伊は相手構はず大弾圧を加へ、恐るべき血の粛清を行ふに至つた。

続の二十七　井伊の暴断

日本が鎖国の方針を一転して、開国通商の道を開いたのは、主として米国の総領事ハルリス（ハリス）の誘導に依る所であつた。彼は米国の全権使節として江戸に上り、安政四年十月二十一日江戸城に於いて将軍に謁して国書を呈し、二十六日老中堀田備中守の邸に至り、鎖国の不利を説き、今日の時勢に於いて日本国の独立を保持し、之を富強ならしめる道は、開国通商の外に無しとの趣意を、凡そ六時間に亘り、滔々懸河の辯を以て演説した。かかる演説は未曾有の事であつたので、堀田備中守を始め、外交を担当せる人々の迷妄を開悟せしめた効果は、計り知るべからざるものがあつた。

是に於いて幕府は、ハルリス提出の通商条約の草案を採り、井上信濃守・岩瀬肥後守等をして一々細密に討論をつくし、安政四年十二月二十五日に至つて、草案の議定を終了し、只その調印をあますのみとなつた。

此の草案の作製に就いて、世間には幕吏が米国官吏に脅かされて、一も二もなく盲従した如くに非難する者があるが、井上や岩瀬が一々利害を考へ、議論をつくして成案を得たものである事、又それは相手のハルリスも認めて、日本側委員の論駁によつて、ハルリスの原案もしばしば添削修正を加へられたので、井上・岩瀬の如き全権を得た事は、「日本の幸福なり」といひ、彼等は「日本の為に偉功ある人々なり」と云つたとは、福地の『幕府衰亡論』に詳述してゐる所である。

かくて条約の草案は、安政四年十二月二十五日に合意終了したが、調印に先き立つて朝廷の御諒解を仰ぎたいとして、林大学頭・津田半三郎の両人を上京せしめたが、かやうな軽輩は問題にもされなかつたので、幕府はあわてて安政五年正月二十二日、老中堀田備中守みづから上京する事とし、川路左衛門尉・岩瀬肥後守等を随へて江戸を出発し、二月五日着京して事情を陳辯し、勅許を請ひ奉つたが、要領を得ずして、空手江戸に帰り、ハルリスに交渉して、三月五日の調印約束を延ばして、七月二十七日まで待つて貰ふ事にしたのが、五月二日であつた。

その前後、予期しなかつた重大事が内外に起り、情勢は急速に変化して来た。内に於ける重大事は、井伊大老の出現、外に於ける重大事は、天津条約である。井伊が大老に任じたのは、安政五年四月二十三日の事、前日密使井伊邸を訪ひ、密談数刻に及んだといふが、井伊が翌日を以て大老として直ちに政務を見ようとは、世間には思ひ及ばぬ所であつた。まして其の井伊が、あれほど頑固一徹、傲岸不屈の人であらうとは、流石の岩瀬肥後守も知らなかつたであらう。その岩瀬が俊秀にして剛壮、識見に於いて抜群の人物なる事を井伊は知らず、双方とも相手の器量を知らずしての遭遇戦が、大老就任後四日、四月二十七日に行はれた。井伊は此の会見以前に、素直に開国説に転じた形跡は無い。従つて彼が頑固の方針を一擲したのは、岩瀬より外交交渉の次第、世界の情勢、和戦の利害、一々明確に説かれて、反駁の余地が無かつた為であらう。井伊としては、それは頗る不本意なる譲歩であつたに違ない。従つて応待の間、井伊の言辞には、或はその眉宇《びう》には、必ずや険悪なる怒気が現れてゐたに相違ない。かやうに推測するのは、その日の夕刻、岩瀬より橋本景岳へ宛てたる書翰に、「今日彦公へ余程の激論を発し申置候。（中略）万々一愈不可為に至り候共、有志固結候はば、亦興業之秋も候はん」と云ひ、尚々書に「御文通類は総《すべ》て速に丙丁を願候。貴翰も直に悉く投火候」とあるを根拠としての事である（丙丁は投火と同じく焼却の意味である）。いはゆる安政の大獄、あの大規模にして恐るべく苛酷なる大獄を予測し予言したもの、岩瀬を第一着とする。それは大老就任後四日の事であつた。

凡そ俊秀の故を以て抜擢せられ、目付の地位に挙げられた程の者が、大老に対して激論を発するといふは、尋常の場合に於いてはあり得べき事では無く、若し之を敢へてすれば、即時処分をまぬがれない所であらう。それが今、岩瀬肥後守は、身の程も忘れ、危険をかへりみずして、初対面の大老に向つて激論したのであり、しかもその為には処分せられなかつたといふのであるから、その激論の内容、国家の重大事であり、そして岩瀬の説く所、正論にして枉《ま》ぐべからざるものであつたに相違ない。即ちもともと頑固なる鎖国主義者の井伊も、ここ数年の間の対外関係はあらかた見聞し来つて、強硬なる攘夷論は漸次改まつたにしても、猶、通商条約は尚早としてゐたであらうに、岩瀬は世界の大勢、殊に西方の東侵、一日もゆるがせにすべからざる事を説き、井伊の迷妄を真向から打破したので、井伊は不愉快はいかにも不愉快であり、大老の威厳をけがされたやうに感じたものの、理の当然には反駁すべき言葉も無く、結果から見れば岩瀬の方針を承認する事になつたであらう。岩瀬は岩瀬で、初めて見る井伊大老、頑固一徹、傲岸不遜、苟くも敵対し対抗する者あれば、猛然として打撃を加へ、之を粉砕せずんば止まざる面魂《つらだましひ》、言葉の端々《はしばし》に現れる烈しい気象を感じて、やがて起る大獄をいちはやく予測したに違ない。

兎も角も大老の諒解を得た岩瀬は、ハルリスとの交渉にも成功して、調印を七月二十七日まで延期し、それまでに勅許を得るやう努力する事にしてゐたところ、思ひもよらぬ重大事が起つた。即ちアロー号事件によつて、英仏二国連合して天津を占領し、進んで北京を攻撃した為、清国は力屈して和を請ひ、不利なる天津条約の締結を強制せられたといふのである。しかもそれは対岸の火災ではなく、英仏二国は勢に乗じて日本に来り迫るに違ないと云ふ。是に於いて幕府は意を決し、勅許を待つ暇なしとして、六月十八日条約を調印した。調印した全権委員、米国はハルリス、我国は井上信濃守と岩瀬肥後守の二名である。それが先例となり、基準となつて、日蘭、日露、日英の条約は七月中に、又、日仏は九月初めに、それぞれ結ばれたのであるから、通商条約締結の責任を云へば、井上と岩瀬（二人の中では岩瀬を重しとする）、その上司を云へば老中堀田備中守に在つて、井伊大老を無関係とはしないが、むしろ稀薄であり、従つて井伊を開港の大恩人とするのも当らなければ、違勅の大罪人と非難するのも当らないであらう。

中根雪江の昨夢紀事に、岩瀬の内意を受けて其の僚属平山謙二郎が橋本をたづね、井伊大老の人物評を伝へて、

「さて大老の申さるには、条約の中、畿内の湊は、停められずしては、叡慮立ちがたくと、陳《ちん》腐《ぷ》の論を言新《ことあた》らし気に言はるゝ故、岩（瀬）肥州其利害得失を弁論せられしかば、さる事ならんには為《せ》んかたなしと閉口に及ばれ、初対面より迂濶なる申出られ、とても不堪の程もしられたり」

云々とあるのは、四月二十三日夕の話と記してある点こそ誤であつて、実はその四日後の二十七日夕の事であらうが、話の内容は、実説まぎれも無い。即ち開国通商の件に関しては、井伊は岩瀬の説に屈し、「それならば仕方が無い」と閉口したのであつて、これで開国の大恩人とほめられては、本人も赤面する外は無いであらう。

外交に関しては定見も無かつたであらうが、内政に関しては、井伊は徳川政権絶対維持の信念、金鉄の如く固く、その為に謀をめぐらす事、周到であり、陣容を固める事、堅固であり、陣容すでに成れば、直ちに全国に亘つて反対者を摘発し、之に対して弾圧を加へる事、厳烈苛酷を極めた。即ち彼れは、四月二十三日大老に就任するや、五月朔日将軍の継嗣を紀州慶福《よしとみ》と内定しながら、秘して公表せず、六月二十五日に至つて初めて公表し、将軍家定は七月四日三十五歳を以て逝去したが、是れ亦秘して喪を発せず、八月八日に至つて之を発表した。その間に、幕府首脳部の全面的更迭を断行し、老中堀田備中守、松平伊賀守を罷免して、新に太田備後守、間部下総守、松平和泉守を老中に任じたのは六月二十三日であつた。

当時の大問題は二つ、一つは外交問題、是れは鎖国と開国とに分れて居り、今一つは将軍継嗣の問題、是れは一橋慶喜を推す者と紀州慶福を立てようとする者との二派に分れて居り、そしてまた此の二つの問題の背後に、朝廷と幕府との関係がからんでゐる為に、問題は一層深刻になり、複雑になつた。即ち日本の国体から断じて、幕府は朝廷の政務機関に過ぎず、将軍の人選も、外交の大事も、朝廷の御趣旨をうかがつて決定すべしとする説と、将軍の継嗣は徳川家の内事であり、外交もまた幕初以来、朝廷より一切御委任を受けた事であつて、二つとも幕府の専決でよいとする説との争である。

両派攻防の争は、六月二十四日水戸・尾張・越前の不時登城と、同月二十九日三家ならびに大老の内、早々上京すべしとの勅命下達とによつて急速に激化し、六月二十五日紀州慶福を以て将軍の継嗣と決定せる旨の公表があり、七月五日には水戸・尾張・越前に対する厳重なる処分が行はれた。即ち水戸齊昭は駒込へ移つて謹慎し、文通往復を許さず、尾張の徳川慶恕《よしくみ》は隠居して別所へ移り、厳重に謹慎すべく、尾州藩主としては松平摂津守（茂徳）に相続申付け、越前の松平慶永にも隠居謹慎を命じ、その家督は松平日向守（茂昭）を糸魚川より移して、之に相続せしめるといふのである。水戸と尾州とは、いはゆる御三家の内であつて、諸藩とは格式を異にし、将軍と同姓であつて、場合によつては将軍職をも継ぎ得る筈の家柄（或はむしろ継ぐ可く予備せられたる家柄）、それを隠居謹慎せしめたのであるから、是れは天下を震駭せしめたに相違ない。また越前家は親藩の筆頭である上に、藩主慶永は、当時英名世に聞えて敬慕する人多く、将軍病気であり、もしくは幼少であれば、慶永をして輔佐せしめるが良く、親藩の事であるから、大老とするわけには行かないであらうが、名称は別に考へるとして、老中の上に在つて将軍を輔佐する位置に就いて貰ひたいとする人の多かつたとは、岩瀬肥後守が橋本景岳に語つた所である（昨夢紀事安政五年四月十三日条）。即ち井伊から見れば、大老のライバルは、越前家の慶永であつた。そこで連想せられるのは、一橋慶喜の処分である。この人が、最も有力なる将軍候補者であつた事は、いふまでも無い。その慶喜も亦登城即ち幕府への出入を禁ぜられたのであつた。即ち紀州慶福を将軍の継嗣として公表すると共に、そのライバルである慶喜の幕府出入を禁じ、井伊が大老として政務を独断専決するに当つて、おのれのライバルである慶永を隠居謹慎に処して了つたのである。

ここまで処置して了へば、後顧の憂は無くなり、天下おのづから鎮静するであらうと考へてゐた井伊に取つて、思ひも寄らぬ重大事が突発して、その予定を覆したのは、いはゆる密勅の降下であつた。水戸・尾張・越前の処分は、七月五日の事であつたが、それより約一箇月おくれて、八月八日には、密勅を水戸へ、翌九日には幕府へ下され、そして之を三家、三卿、家門に於いては隠居に至るまで伝達し、更にすべての大名に周知せしめるやう命ぜられた。勅諚《ちよくぢやう》の内容は「開国問題は、極めて重大であるから、諸大名の意見も委細奏上の上、叡慮を伺ひ奉るべき処、その儀に及ばず勝手に調印したる上、老中間部上京して御報告申上げるとの事であるが、それは先きに仰せ出されたる思召にそふものでは無い、よつて三家又は大老上京せよと仰出されたる処、水戸・尾張謹慎中であり、越前も亦同様との事であるが、是れは一体いかなる罪状であるか、対外問題重大の際、自ら羽翼をそぐ事良くないであらう、大老・老中・三家・三卿・家門、列藩外様・譜代を問はず全員群議するやうに」との御趣旨であつて、大老の独断を許さず、その専決をきびしく咎め給ふ内容であつた。

此の密勅は、八月八日水戸に、翌九日には幕府に下されるとともに、尾張・越前・加賀・薩摩・肥後・筑前・安藝・長門・因幡・備前・津・阿波・土佐、以上十三の藩主に、それぞれ謄本を伝達せしめられた。

密勅の内容は、幕府当局即ち井伊大老及び老中共を弾劾し、その処置の変改を命ぜられたもの、梅田雲濱の言葉を借りるならば、「実に古今独歩の御英断」であつて、井伊に取つては、その公表は命取りになるもの、之を遮断し、之を没収する為に、懸命の努力がなされるであらう。その網《あみ》をくぐる為に、水戸へは一日早く伝達せしめねばならぬ。水戸家御留守居鵜飼吉左衛門は、自分老年且つ病気の為に、その子幸吉をして、密勅を護送して、八日夜出発、ひそかに京都を出で、八月十六日夜ふけ、江戸小石川の水戸邸へ到着した。

密勅が無事に江戸の水戸邸へ届けられたに就いては、その伝達の手段に、不思議なる幸運があつた事を附記しなければならぬ。それは、水戸家の御用達に、江戸日本橋瀬戸物町三度飛脚屋島屋傳右衛門があつて、いはば是れが水戸家が常に御用をつとめさせる郵便屋であつた。その島屋の京都に於ける連絡機関は、高倉通り御池下る、三度飛脚問屋大黒屋庄次郎であつた。従前の慣例として、水戸家の京都御留守居は、此の大黒屋より島屋への線によつて、江戸の本邸と連絡してゐたので、普通ならば、密勅の伝達にも此の線を使用する所であつた。それに目を着けたのは、井伊のふところ刀、長野主膳であつて、いつの間にか大黒屋を買収し、此処を経由する書類を検閲してゐた。鵜飼はこの時に至るまで、此の事を探知せず、うつかりすれば大黒屋に頼む所であつたが、是の時に限つて事を慎重にし、表向きは幸吉の出発を九日の卯の半刻（午前七時）、中山道経由と発表しつつ、内密には大坂蔵屋敷の小役人小瀬傳右衛門、伏見・六蔵寺・大津より東海道を経て江戸に赴く事として各駅に連絡し、幸吉は小瀬に化《ば》けて、八日の夕暮に出発、此の線を急行した。当時の長野は、秘密警察の網、厳重に張りめぐらし、水も漏らさぬ構であつたが、幸吉は運よく之をくぐり得て、密勅を伝達した。

勅書は幕府にも下され、尾張・越前以下の十三藩主にも謄本を伝達せしめられたのであつて、その点から云へば、之を密勅といふは当らないであらう。然し幕府并《ならび》に諸藩は、いはば附けたりであり、それが如何なる効果を生み来るか疑問である為に、特に水戸の一点にしぼつて、是れだけは一日早く下附して確実に伝達し、必ず有効に奉承せらるるやう、深き御期待を籠めさせ給うたもの、文字の奥にかくれたる本義と、また異様なる伝達の方法とを考へて、之を水戸への密勅といふべきであらう。

続の二十八　密勅の降下

きびしく張りめぐらされたる井伊大老の秘密警察の網の目をくぐりぬけて、鵜飼幸吉は無事に江戸に到着し、小石川の水戸邸に入つた。京都出発は八月八日の夕、江戸到着は十六日の深夜、足掛け九日かかつた事になる。無事に着いて、首尾よく伝達し得たのは、成功であり、また幸運であつた。然し之を拝受した水戸藩に取つては、感激と同時に、当惑の色、かくすべくも無かつた。蓋し京都より遠望して期待せられたる所では、水戸は黄門光圀によつて指導鍛錬せられたる所、天地正大の気ここに凝結して、士人皆忠孝義烈、打てば金鉄の響を発するに違ないと思はれてゐた。然るに藤田東湖すでになく、烈公齊昭は駒込に幽閉中であつて、その近臣は排除せられ、文書往復は禁ぜられて居る。後を承けた当主慶篤には、藩士両派の争を裁制する力も無い。重臣安島帯刀も、いはゆる正義党の強硬論者も、実際問題としては、何とも為すべきやうも無かつた。

是に於いて考究すべき問題がある。それは密勅を水戸へ下され、水戸をして井伊を抑へ、国政の方向を一変せしめようとの御趣旨、之を発想し、之を公卿の間に入説し、奔走して遂にその実現にまで漕ぎ付けたのは、一体誰であつたか、といふ問題である。

之に就いて考へるに、当時国事に就いて奔走したる人々、橋本景岳を中心とする一団を最も雄大にして有力なりとする。此の一団の中には、越前・水戸・尾張・薩摩・肥後・長州等の名士が含まれ、そして橋本と西郷とが、特に光つてゐたと思はれるが、此の二人は、密勅一件には全然関係が無かつた。

先づ西郷に就いて云へば是より先き西郷は越前の松平慶永の書翰を携へて鹿児島へ下り、島津齊彬に呈し、齊彬八月を以て精兵を従へて東上すべしと云ふに決するや、一足先きに出発して、京都に滞在して之を待受けてゐるうち、齊彬病んで急死したとの訃報、七月二十四日に京に達した。そのうちに密勅問題が起つたので、西郷は之を危ぶみ、水戸に果して密勅を拝受し、之に奉答する力ありや否やを確かめる必要ありとして、八月四日京を発し、十日に江戸に着いて安島帯刀に会ひ、相談して見ると、水戸の発意でもなければ、奉答の実力もむつかしいと云ふ。よつて之をお止めしようとして、全速力で京へ帰れば、鵜飼はすでに出発して江戸へ向つたと云ふ。

次に橋本はどうかと見るに、是れは病気でやすんでゐた。盆前より重症の風邪にて熱も高く、加ふるに下痢を以てし、すつかり痩せて七、八、九の三箇月、臥《ふせ》り通しで、回復むつかしいかと心配したとは、本人の書翰に云ふ所である。

橋本・西郷等の一団は関係が無いとなれば、密勅降下の発想、請願、周旋は、それ以外の志士、京都に集まつて王政復古の為に挺身《ていしん》して奔走してゐた人々の中に求めなければならぬ。当時、全力をあげてそれを探索し追究した者は、井伊の秘密警察、長野主膳であつたが、その長野の報告には、宮中に在つて悪計をほしいままにした者は、左大臣近衛忠煕、右大臣鷹司輔煕、前内大臣三條實萬、大納言徳大寺公純、以上四人であるとし、その四人の悪計に、手先として「必至《ひつし》と相働き候者」のうち、主なるは梅田雲濱、安藤石見介、入江伊織、梁川星巖《やながはせいがん》、奥村春平の五人であるとした。就中梅田雲濱は、最も重大であつて、奸計の大本であり、幕府を指して「朝敵と申しふらし」たのは、此の者であると指摘した。

是に於いて幕府は、水戸藩に対しては、武田・安島等、東湖の流れを汲む家老を退けて、幕府恭順派の者を登用せしめ、藩主慶篤にして幕命に抗する時は之を隠居せしめ、代りに高松の城主松平頼胤（その子は井伊の女《むすめ》を娶《めと》る）を以て水戸の藩主とするかも知れないと威嚇したらしい。

水戸に対する処置は、八月晦日に終つた。次には京都の処分、是れは手荒い。先づ所司代酒井若狭守、八月十六日江戸を立つて、九月三日京着、ついで老中間部下総守は、九月三日江戸出発、九月十七日入洛した。然るにその間部の上洛を遅しとし、それ以前に、一刻も早く、星巖・雲濱等を捕縛すべしとし、頻りに酒井若狭守に之を勧め、之を促してやまなかつた者は、井伊のふところ刀長野主膳であつた。たまたま星巖は、九月二日病死して、捕縛せられなかつた。雲濱の捕縛に就いては、この人もと小浜の藩士であつて、旧知の友人多い為に、同情してためらふ所もあつたらしいが、長野主膳の催促きびしく、九月七日の夜に及んで、遂に伏見奉行の手に捕縛するに至つた。当時捕縛に向つた者、東西町方与力《よりき》同心その外多人数を以て家を包囲したといふ。梅田雲濱は、浪士であり、学者であるに過ぎず、是れといふ勢力の基盤も無ければ背景も無い。その雲濱一人を捕へるのに、長野主膳のあせり方の激しさ、伏見奉行の用意のきびしさ、共に頗る異常であつたのを見れば、井伊の秘密警察の睨む所、密勅奏請の主謀者としては、最も雲濱に疑を掛け、憎みを集中してゐた事と察せられる。

雲濱としては、それは迷惑であつたか。否、それはむしろ名誉であり、男児の本懐であつたださう。彼れは山崎闇齋の直系であつた。闇齋は拘幽操を講じ、湯武の放伐をゆるさず、諸侯に仕へずして、京都に定住した。その門下数多い中に、高足浅見絅齋は靖献遺言を著はして、天下の義気を鼓舞した。絅齋のあとを承けたる若林強齋は、家を望楠軒と名づけ、有志の徒を集めて忠義の学を講じた。その親戚知友多く彦根に在つて、強齋を招いたところ、「闇夜になつたら行つてやらう、昼の間は、彦根の城が目ざはりぢや」と答へたと云ふ。その強齋の門人に山口春水があり、春水の子、孫と三代に亘つて、よく其の学を伝へたが、孫の菅山に就いて之を継承したのが雲濱であつた。雲濱は、山口氏三代を経由して強齋の学問を受用したが、その実生活に於ける受用より云へば、むしろ山口氏三代を超えて強齋に直結したと云つてよいであらう。彼れは小浜藩士の家に生れたに拘らず、大名に仕へる事を欲せず、その君主として仰いだのは、天皇御一人であつて、徳川将軍に対しては、覇者として之を賤しむのみならず、むしろ之を敵視した。それ故に雲濱が、小浜を去つて大津に移り、大津より京都に入つて、小野・西依諸氏の後を承けて、若林強齋の望楠軒の講主となつたのは、その所を得たものであつた。望楠の称呼が示す如く、その理想とし目標とする所は楠公に在つたのであるから、江戸幕府の如きは元よりその敵視する所である。井伊の秘密警察が、之を憎んで、「第一大切の御召捕物」とし、「万一取逃し候ては、奸悪の逆徒相糾《ただ》すべき大本を失ふ」事になると見たのも、当然であらう。

君として仰ぎ、主として仕へまつるは、天皇唯御一人であつて、将軍や大名は、之を無視するのであるから、雲濱には給付せらるべき禄高は無く、その台所は常に貧しく寂しかつたに違ない。乾十郎の書翰に、「梅田氏至つて困窮なる事故《ことゆゑ》」とあり、本人の揮毫した書幅に、「道を楽しんで賤を忘れ、徳に安んじて貧を忘る」とあるは、その一証である。但し幕吏が家宅捜索を行つた時、只新葉和歌集一冊と左傳五、六冊とを見付けただけで、書物も一向に無かつたと伝へられてゐるのは、検察を予期しての用意を示すものであつて、之を貧窮の証拠とするは当らないであらう。

兎も角も密勅降下の奏請、公卿に在つては近衛・鷹司・三條・徳大寺の四人、その下に必死に働いた者は数名の浪人であり、その中心となり主力となつた者は梅田であると睨み、誰よりも先きに、敏速且つ厳重に、梅田を捕縛した。それが安政五年九月七日の夜であつた。

梅田を捕へた後、探索と捕縛とは、急速にまた広汎に、そして苛酷に、その周辺に延びて行つた。何分にも幕府の威権を笠に着て、井伊大老指揮の下に行ふのであるから、事はすべて手順よく運んだに不思議は無い。之に反して王政復古派は、甚だ不利な情勢に在つた。即ち此の密勅降下が、橋本や西郷を中心とする大手筋と無連絡、無関係に行はれた為に、一旦は幕府側の心胆を寒からしめ、また志士の義気を鼓舞し得たものの、その跡の始末をつける処置が取れなかつた。橋本は、遠くは世界の大勢を洞察しつつ、近くは幕府の改革を考へ、順序を踏んで皇威を輝かし、皇国の規模を一新し、恢弘し、発揚せんとしてゐた。いはば、それは指導的、教育的、政治的運動であつた。是れに比較すれば、梅田等浪士の一団は、目は遥かに天空を望んで、足の踏み所は之を忘れたる詩人的、哲学者的方法を用ゐ、現実に甚だ迂遠であつた。もとより大手筋の人々も、密勅の事を耳にして、すぐに其の対応を考へたであらう。しかし西郷はいそいで江戸へ下つて研究したが、水戸の奮起到底無理と判断して、いそぎ京都へ帰つて延期して貰はうとすれば、事はすでに動き出した後であつた。最も重大な支障は橋本景岳の病気であつた。橋本は七月から病気で、八月は重態、漸く回復して来たのが九月中旬、「何事も長々の引籠りにて手おくれ相成」とは、本人の嘆息であり、九月に入つては各地の警戒厳重を極め、福井より藩士両人、商人に身をやつし、大坂行の途中、京都へ入り、「一両日滞留、殊の外苦しめ」られたとは、九月二十七日付橋本宛、長谷部甚平の書翰に云ふ所、いかほど村田氏寿《うじひさ》や長谷部が奮起挙兵を企て、精鋭をすぐつて決死隊百人ばかり、江戸へ送らうとしても（十月五日長谷部より橋本宛書翰）、時はすでに遅かつた。

密勅の降下は、晴天の霹靂《へきれき》であつた。それは井伊一派の心胆を寒からしめ、同時に之に反対して偏《ひとへ》に天朝を仰ぐ志士を感奮せしめた。然しそれは余りにも突如として起り、背景として武力の充実するものが無かつた。その為に井伊の弾圧が始まると、志士の犠牲は相ついで起つた。即ち梅田雲濱の捕縛は、九月七日の夕であり、次に捕へらるべき清水寺の月照を、西郷ひそかに保護して京を脱出したのは九月十日であつて、遂にその護送かたがた鹿児島へ帰り、兵をあげようとして成らず、月照と共に海に投じて死なうとしたのは十一月十六日であつた。江戸では橋本景岳、病やうやく癒えて起ち上れば、忽ち幕吏の家宅捜索を受けたのが十月二十二日の夕、そして奉行所に召されて囚禁せられたのは、その翌日であつた。橋本と西郷とが此の状態であれば、大手筋の運動は当分動きが取れないであらう。

検察捕縛の手は、遠くにまで延びた。吉田松陰を萩より江戸へ護送せよとの幕命、毛利藩に内命せられたのは、安政六年四月十九日であつた。松陰は時に野山の獄に在つたが、獄役人の厚意によつて、五月二十四日の夜、特に家に帰る事を許され、父兄や門人と語り明かした後、あくる二十五日、一応野山の獄へ帰り、そこから錠前附き網掛りの駕籠に乗り、三十人ばかりの番人に護送せられて、六月二十五日江戸の毛利藩邸に着き、七月九日評定所へ呼出だされ、一応の取調の上、伝馬町の獄に収容せられた。八十日ばかり後には、橋本景岳も亦、此処へ入つて来るが、両人の面会は、無論許されない。

その間に審理はきびしく進み、処分も段々行はれたが、その範囲は広汎であり、頗る多人数に上つた。先づ皇族では青蓮院の宮には慎、前関白鷹司政通、左大臣近衛忠熈、右大臣鷹司輔熈、前内大臣三条實萬の四人には落飾慎、次に内大臣一條忠香、権大納言二條齊敬、近衛忠房、久我建通、中山忠能、権中納言正親町三條實愛等の処分を奏請した。天皇は政通等四人の重臣の処分は保留し給ひ、その他は幕府再度の強硬なる奏請に止むを得ず之を聴許あらせられた。しかも幕府の態度は猶暴慢であつたので、やがて天皇は鷹司・近衛等の四重臣に対しても、その功労を賞して之を慰め給ふと同時に、その辞官落飾を許させ給うたのであつた。

本来幕府の手の届かない筈の、皇族や左大臣右大臣までをも、叡慮にそむいて処分するのであるから、藩士や浪士の処分に、遠慮会釈のあらう筈は無い。幕府最高の裁判所は、評定所であつて、寺社奉行、町奉行、勘定奉行、大目付、目付の五手を以て組織する。寺社奉行板倉周防守、勘定奉行佐々木信濃守は、その意見寛大なりとして除かれ、代りに厳急苛烈を以て鳴る町奉行兼勘定奉行池田播磨守と寺社奉行本荘宗秀を以て之に宛てた。

第一次判決は安政六年八月二十七日、水戸の齊昭永蟄居、慶篤差控、一橋慶喜隠居慎、安島帯刀切腹、茅根《ちのね》伊豫之介、鵜飼吉左衛門死罪、鵜飼幸吉獄門。第二次判決は十月七日、飯泉喜《いひづみき》内《ない》、橋本左内、頼三樹三郎の三人死罪、六物空萬《ろくぶつくうまん》、太宰八郎は遠島、春日、山科、森寺の三人永押込、三國大學、伊丹蔵人等数名は中追放、画家宇喜田一蕙等は所払。このうち橋本左内は即ち景岳である。評定所の原案は遠島であつたが、井伊大老自ら筆を執つて死罪に改めたといふ。外国奉行水野筑後守は、橋本を殺したるの一事、以て天の怒を買ひ、徳川幕府の滅亡を招いたと嘆息したといふ。梅田雲濱も亦、同日死罪にあふ筈であつたらうが、半月ばかり前、九月十四日に獄死して了つた。

第三回の判決は十月二十七日、吉田松陰死罪、吉見長左衛門重追放、勝野森之助、日下部裕之進の二人遠島、その他数多くの人が処分せられた中に、水戸領の百姓黒澤とき中追放、勝野豊作妻ちか、二男保三郎娘とうの三人は押込とあるが目立つ。

第四回の判決は翌二十八日、茅根伊豫之介の悴《せがれ》熊太郎、年齢三歳にして遠島、鮎澤伊太夫の悴力之介四歳、その弟大蔵二歳、いづれも中追放。また鵜飼の父吉左衛門は先きに死罪、長男幸吉も同時に獄門に処せられたが、残る次男、三男、四男は是の日追放となつた。一家全滅である。
大獄の犠牲となつた人の数、凡そ百名、地域も広きに亘れば、身分も年齢も上下長幼まちまちである。裁判は評定所の名に於いて行はれたが、その裁判官は井伊大老の判断によつて中途に更迭したのである上に、裁判官の決定は、更に大老によつて変更せられたのであるから、一切の責任は井伊一人の負ふべきものである事、明瞭である。

（此の項、執筆は昭和五十七年一月十八日、雪雲低く垂れて、寒気厳烈、零下七度といふ。硯の水は凍り、筆洗も鏡の如し。八十八歳の老軀、小さき火鉢に手をかざしつつ之を稿す）

続の二十九　安政の大獄

安政の大獄、判決は四回に分けて下され、そして其のまま処分は執行せられた。之を通覧して思ふ事多い中に、そのいくつかを述べよう。

第一には、二歳、三歳、四歳の幼児を、或は遠島、或は追放に処した点、無情無慈悲と云はざるを得ない。親は死刑、三歳の子は遠島である。茅根の家も痛ましいが、親は遠島、その子、兄四歳、弟二歳、共に中追放である。鮎澤の家の運命、涙なくして聞けない話だ。鵜飼幸吉、勅書を水戸藩へ伝達する命を承り、命懸けで使命を全うした。之によつて本人は獄門、つまりさらし首、親は死刑、次男三男四男、いづれも追放である。鵜飼の家は正に全滅だ。一体此の家、いかなる罪を犯して人倫を破壊し、社会を混乱せしめたと云ふのであるか。幸吉は只朝命を奉じて、大切に勅書を水戸藩へ伝達しただけでは無いか。鵜飼の一家、余りにも悲惨であり、井伊は如何にも暴戻《れい》残酷なりと云はねばならぬ。初め此の一件を担当する裁判官、首席は寺社奉行板倉周防守勝静《かつきよ》であつた。備中松山五万石の城主である。その家、初代伊賀守勝重、二代周防守重宗、相ついで裁判の公正を以て鳴つた。裁判に臨んでは先づ神に祈り、もし過《あやまち》ある時は、即時我身に死を与へ給へと願を掛けたと云ふ。それ故此の人によつて罪せられた者は、自分の過をこそ後悔すれ、裁判を恨む者は一人も無かつたと伝へられてゐる。兎に角江戸時代の名判官は、板倉と大岡とにきまつた。その板倉の子孫周防守勝静《かつきよ》、首席判官として大獄を裁くのであれば、判決の公正は期待せられて良い。しかるに審理の途中に於いて、板倉の判断甘すぎるとして、井伊は之を罷免し、冷酷なる人に替へた。結局井伊は公正よりは残酷を好む性格であつたと云はねばならぬ。井伊の一生を描いて「花の生涯」と書いたのは誰だ。花には涙が無いものか。「鬼の生涯」と直してはどうだ。

第二に目につく事は、水戸に対する憎悪反感の極めて強く、只事では無いと思はれる事である。前藩主齊昭に対しては、追究して止まず、永蟄居《えいちつきよ》とし、現藩主慶篤には差控を命ずると共に、是れまで水戸藩政に介入して藩主を制肘《せいちう》させてゐた連枝、高松・守山・府中の藩主をも、取締不行届として之を譴責した。慶篤は藩主なりといへども、手も足も出るものでは無い。御三家の一であり、水戸黄門様の名声は、津々浦々に鳴り響いて、さながら救世主のやうにさへ慕はれてゐるのに、その水戸藩を遠慮会釈もなく、冷酷に処分したのが、この判決であつた。而して其の藩の重臣武田・安島を始め、正議派の追究せられ、処分せられたのは、幕府に迎合阿諛《あゆ》せる所謂奸党によつて、探索が行届いた為であらう。

第三に感ずる事は、京都に於ける検察の周到であり、苛烈であつた点である。それは後に説くやうに、井伊が最も恐れて、それ故に最も力をつくして、根を掘り葉を枯らしたいとした為でもあれば、京都の警察権が、幕府の任命する所司代の手にあつた為でもあつたらう。所司といふのは、鎌倉幕府の初めは侍所の長官を別当、次官を所司と云つたのが、室町幕府では長官を所司といひ、赤松・一色・山名・京極の四氏交替して之に任じ、その下に所司代を置いて、四氏の家来を任命したのであつたが、江戸時代には譜代大名の中より選んで所司代とし、京都の政務訴訟警察を綜括せしめた。安政の大獄に際して、井伊は酒井若狭守を京都所司代とし、急ぎ上京せしめたのであつたが、此の人割合温和であつたので、井伊のふところ刀長野主膳、やつきになつて督促した事は、前にも述べた。いはば京都の警察は、幕府の直轄であつた為に、警察の手入は行届いたと見られる。

然るに、今一つ見逃せないのは、志士の中に寝返りを打つて密告した者があるらしい事である。当時京都に於いて、朝権回復の為に奮起し奔走してゐた人々の中に在つて四天王と呼ばれたのは、梁川星巖《やながはせいがん》、梅田雲濱、頼三樹三郎、池内大學の四人であつた。長野は当然この四人の捕縛を第一の急務とした。然るに梁川星巖は、捕吏の向ふ直前、安政五年九月二日に病死した。長野は之を聞いて残念がり、せめては家宅捜索をしたいと思つたが、書類入れの大箱は焼却か他所への隠匿か今は無い様子、それならば未亡人紅蘭女史を召捕り吟味するがよいと云ふが、所司代酒井若狭守の方では賛成しないと歎いてゐる。梅田雲濱は九月七日の夕捕へられて投獄せられ、在獄一年、安政六年九月十四日獄死した。生きてゐたならば、死罪に処せられる筈であつた。次に頼三樹三郎は、号は鴨崖、山陽の第三男、熱血豪快の士であつたが、朝権回復の運動に加はるに及んで性格一変し、着実にして深謀、殆んど別人の如くなつたが、しかも捕縛投獄をまぬがれず、安政六年十月七日斬罪に処せられた。三十四歳であつた。

井伊の側近宇津木六之丞より、「反逆の四天王」と呼ばれたる星巖、鴨崖、大學、雲濱のうち、三人はかくの如くにして果てた。残るは池内大學一人である。彼れは京都の人、名は奉時、通称大學、陶所と号した。知恩院宮尊超法親王に侍読《じとう》として仕へた。朝権回復の運動に参加して、同志の間に重んぜられ、所謂四天王の一人と数へられてゐた。当然梅田雲濱と同じ日に捕へられて入獄したが、不思議に六年八月、中追放に処せられ、京都を離れて大坂に住んでゐた。四年後の文久三年正月二十二日の夜、難波橋のほとりに於いて刺客《しかく》の手にかかり、さらし首にかけられた。年は五十であつた。これは糺問にあたり、同志の秘密を自白し、友を売つておのれの罪を免れたものとして、同志の私刑にあつたのだと云はれてゐる。

第四に感ずる事は、水戸や京都に於ける検挙の頗る厳急苛烈であつたのに比較する時、越前、長州、薩摩の諸藩に対しては、幕府より追究の手が延びず、先づは穏かに通過した事である。もとより越前の橋本、長州の吉田、此の二人は死罪に処せられ、それはひとり其の藩の為に惜しむべきであるばかりで無く、凡そ日本国の為に千年の歎きである事、いふまでもないが、然しそれ以外に掘り下げれば、その周囲にまだまだ犠牲が出たと思はれる。たとへば越前では、その騒ぎの最中に、橋本に書翰（安政五年十月十九日）を送つて、兵をあげて「一番に青城（鯖江城即ち老中間部の根拠）を屠り、二に彦城（彦根即ち井伊の根拠）を火し（焼討にし）、前後相応じて帝都を鎮護し、檄を諸侯に飛」ばしたいと云つた長谷部甚平は云ふまでもなく、橋本に書状（同年八月十六日）を送り、水戸への密勅に感激して「京師の事、正気凛々、元兇（井伊）胆を消す可し、京師方今の降勅、何等の明白、何等の正大、尤も一般の利害を謀られず、成敗を論ぜず、皇朝の吉凶禍福を顧みられずして、大義を推明して方今の傾頽を救済し給ふ」と云ひ、よろしく此の心を体して「三百年来御威光に恐縮するの気習、今日始めて脱却」すべし、「中興の秋、夫れ今日に在るか」と云つた村田巳三郎等、安穏である筈が無い。

また長州の吉田松陰は、米艦に依頼して海外渡航を企てて成らず、その為に罪を得て、ここ数年の間、多く獄中に日を送り、たとへ出獄して自宅謹慎を許されても、わづかに青年を集めて学を講ずるのみであつて、地位も無ければ資力も無いものの、その学問は皇国の本質に徹し、世間凡百の儒者が平身低頭して尊敬してゐる孔子孟子をも批判して、その湯武放伐を是認するは人倫の破壊に外ならずと喝破し、門下に幾多俊秀の士を養成したのであるから、井伊としては、橋本や梅田と共に、此の吉田を最も警戒しなければならぬ。果して松陰は、安政五年九月九日、江戸に在つた門人松浦松洞に書状を与へて、紀州の附家老水野土佐守を斬る可しと命じた。是れは井伊の背後に水野が在り、井伊は之によつて動かされて、将軍継嗣の事も、条約調印の事も、決定したものと判断した為であつて、まだ井伊の人物、政局の真相を誤解してゐる憾《うらみ》はあるものの、断乎として諸悪の根元を切るべし、一人の奸物を倒しさへすれば、天下の正気は蘇《よみがへ》るであらうと考へ、之を殿中にて打捨てるが上策であり、之を自邸に襲撃するは中策であるとし、若し是の策が越前の手に於いて行はれるならば最も妙であるとして、この意を体し、この線に於いて運動するやう指令したのであつた。

やがて梅田雲濱の門に学んでゐた赤根武人が松陰をたづねて来た。松陰は之によつて京都の内情を詳かにする事が出来、いよいよ事態の切迫を痛感したに違ない。その頃入江杉蔵が帰つて来て、大原重徳より松陰へ贈られた「七生滅賊」の大字を持つて来た。松陰は此の大原重徳を迎へて長州の義気を振起させたいと考へた。十月の終になると、水戸、尾州、越前、薩摩の四藩連合して井伊を討つ大計画の噂が聞こえて来た。松陰は気があせつた。長州おくれを取つてはならぬ、よろしく急に間部を討取り、義挙の先駈《さきがけ》となるべしとした。その為の血盟十七名に上つた。しかるに十二月五日、藩命突如として下り、松陰を再び野山の獄につないだ。計画はここに於いてつまづき、門下は動揺した。そして安政六年五月十四日、松陰を江戸へ護送すべしといふ幕府の命令が届き、かくて松陰は六月二十五日江戸に入り、七月九日評定所に呼出されたのである。

評定所に於いて、奉行が何を訊問し、何を追究したか、それに対して松陰が、いかに答辯したかは、その直後に、松陰より高杉晋作に与へた書翰に詳記せられてゐる。概略はかうだ。奉行は尋ねる。安政三年十一月梅田雲濱は萩へ行き、汝とひそかに面会してゐるが、一体何を話したのか。答へていふ、別に是れといふ事は無く、只禅を学べなどと、学問の話をしたまでであつた。奉行いふ、何も用事も無いのに、蟄居中わざわざ面談するのは、不審だ。答へていふ、御不審いかにも御尤《もつと》も、私にも梅田の心が分らないのであるが、梅田の云ふには、嘉永六年に松陰が初めて京都に梅田を訪問したのが本になつて、松陰門下の人段々と尋ねてくる様になつたので、その因縁によつて会つただけの事。奉行は次に第二の問題を提げて訊《たづ》ねる。京都御所の中に落文《おとしぶみ》があつたが、筆蹟は汝の書に似てゐると申出た者が数人ある。答へていふ、断じて落文はしない、但し自分の文章を他人が持つていつて御所の内に落したといふのであれば、それは自分の責任ではない。問ふ、汝は上京はしないのか。答へる、自分は自宅謹慎の身で、隣家へも行かない、まして上京など、思ひもよらぬ。問ふ、他人をして落文をさせたのではないか。答へる、今日の時勢、落文によつて救ひ得るやうな生やさしいものでは無い、自分は断じて無関係である。いはゆる落文は、筆蹟も用紙も自分の物では無い。問ふ、赤根武人を知つてゐるか。答へる、よく知つてゐる、少年の時、我が家へ来てゐた門人である。問ふ、赤根は汝の策を知つてゐるか。答へる、彼れは一、二を知るのみで、八、九は知らない、彼れは後に梅田の塾に入つた。奉行はそれより松陰を梅田党として追究する。松陰は之を嫌ひ、梅田は梅田、自分は別の道を進んでゐる。是に於いて松陰は、嘉永六年ペルリ来つて以来、何を考へ何を為したかを語つた。奉行は之に耳を傾け、訊問の範囲外ではあるが、憂国の至誠を諒として、陳述する所はすべて聴かう、詳細に語るがよいと云つた。松陰は奉行の態度に安心し、且つ感謝して、詳しく語つてゆくうちに、遂に大原重徳を迎へる企も、更には老中間部下総守を要撃暗殺しようとする計画も、全部ありのままに話して了つた。奉行は聴いて大いに驚き、「汝の憂国の情は之を諒とするが、老中暗殺の企は大胆不敵、赦すわけにはゆかぬ、覚悟しろ」。

かくの如くにして松陰の死罪は決定した。之を見るに幕府の検挙は、専ら京都に重きを置き、松陰の如きも、雲濱の一味として召喚したのであつて、萩を中心とする運動は之を知らず、知つても深入りする気のなかつた事、明らかである。若し松陰の答辯をして、雲濱とは何等深い関係はなく、わづかに赤根武人が、初め松陰に学び、後に雲濱の門人になつた縁故を以て、雲濱西遊の際に、その来訪があつただけだと述べるに止まらしめたならば、罪は或は軽しとせられたかも知れない。しかるに松陰は、奉行が己《おのれ》を以て雲濱の党与であり末流であるかのやうに誤解してゐるのを不満とし、その様な誤解の下に処分せられるを潔《いさぎよ》しとせず、己《おのれ》の本質に於いて立ち、本領に於いて倒れたいと考へ、ペルリ以来考へた事、為した所を陳述し出した。奉行も亦之に耳を傾けて、是れは訊問の範囲外であるが、汝の誠意に感ずるによつて、委細聞く事にしよう、くはしく語るがよいと云つたので、松陰は「感謝再拝」して詳述したといふ。問ふに落ちずして語るに落ち、毛を吹いて疵《きず》を求めた感が無いでも無いが、「縦令《たとへ》幽囚に死すと雖も、天下後世必ず吾が志を継ぎ成す者あらん、その他（中略）に至つては、命のみ、天のみ、吾が顧りみる所にあらざるなり」（講孟剳記　梁恵王下第四章）といふ松陰は、あくまで己の真面目を表はし、本質を露呈して、その結果いかなる判定が行はれても、それは天命に一任しようとしたのであつた。所詮松陰は、作戦家にあらず、又いはゆる政治家にあらずして、哲人であつたのだ。

江戸伝馬《てんま》町の獄、安政六年九月十月の交《かう》、一時は日本国の至宝ともいふべき偉大なる人物を此処に集めてゐた。しかるに梅田雲濱は九月十四日に獄死し、橋本景岳と頼鴨崖とは十月七日に斬られ、そして吉田松陰は十月二十七日に処刑せられた。斬られたのは伝馬町、遺骸は小塚原に抛棄せられた。伝馬町は、日本橋の三越本店より東北、徒歩にして十分はかかるまい。有志の士、たづねて英魂を弔はれるが良い。

（昭和五十七年正月二十二日稿）

続の三十　乙女の逃避行

安政大獄の際、幕府の探索検挙の最も厳急辛辣《しんらつ》であつたのは、京都と水戸に於いてであつて、それ以外に於いては様子が違つてゐた事、あらましは既に述べた通りであるが、ここに其の状況を見るべき好資料がある。それは梅田雲濱の姪、山田登美子の書き残した「一夕話」である。登美子は雲濱遭難の安政五年には十七歳、記憶も確かであれば、梁川星巖の未亡人紅蘭に漢文を学び、蓮月尼に和歌を学んだ程あつて、文章も美しい。少しくそれを抄出しつつ、此の乙女の数奇《すうき》なる運命を見てゆく事にしたい。

登美子は、天保十三年十一月四日、若狭の国小浜の城下に生れた。家は代々酒井若狭守に仕へる藩士、父の名は矢部孫太郎と云つた。しかるに登美子三歳の時に、父は勤番して江戸に於いて病死したので、安政二年十四歳の秋、叔父梅田源次郎の養女になつて京都へ上つた。家は三条東洞院西へ入る梅忠町であつた。

「叔父君まだ貧しければ、下婢も使はざりし故、飯炊《かし》ぎ水汲むことはさらなり、朝夕のわざども、皆身に受けてものしたり。叔父君己れにのたまへらく、其の許《もと》は今より吾を父とも頼め、其の許を生めりし人の江戸にて身まかりし時、生ひさきにいたく心置きて、亡からん後、いかでよきに撫育《なではぐく》みてよと、我れに与へらる、兄上に恩義を報いんは、只だ其の許の身一つをかしづくに在りとて、いと情深く愛《いと》しまれ、居立ち振舞ひより、凡て女の心掟《おきて》のかぎり、残れる隈《くま》なく教へ導き給ひき」

やがて家は烏丸《からすま》御池上る所に移り、その頃より下婢をも置かれたので、登美子は読書習字に専念するやうになつたが、

「歌書には、新葉集をば常に繰返して見よ、此の書に入りたるは、皆南朝の方々の御歌なれば、忘れても畳《たゝみ》に下《おろ》すなとのたまひき」

これは後に幕吏が踏込んだ時、家の中には、ただ新葉和歌集一冊と、左傳五、六冊とがあつただけだと伝へられるのと照応する。その内に諸藩の武士来訪する者多くなり、登美子はその応接に忙しくなつた。

「粟田宮に仕へまつれる山田勘解由《かげゆ》、備前の花房厳雄、備中の三宅定太郎、長州の留守居役宍《しし》戸《ど》玄《くろ》兵《べ》衛《ゑ》、福原與曽兵衛、目付役神代太郎、また大楽《だいらく》源太郎、久坂《くさか》義助、月性法師などは、殊に屢々《しばしば》音なひたり」

粟田宮は即ち青蓮院宮であり、山田はその御家来であつて、雲濱の門人である。登美子は後に此の人に嫁《とつ》ぐが、今はまだ其の運命を知らない。久坂義助は即ち玄瑞、松陰門下の逸材、高杉晋作と並び称せられた人である。之によつて雲濱と長州との縁の深い事が察せられるであらう。

「一年藤森恭助といふ人、江戸より上り来て叔父君とともに西本願寺に詣で、門跡にも見《まみ》ゆ。(中略)この時、赤根武人などいふ書生どもの、次の間《ま》にて語りけるは、只今天下の豪傑には、江戸に藤森弘庵、京都に梅田雲濱なりと。其の声の耳に入りしこそ、己れも嬉しかりしか」

恭助は即ち弘庵の通称である。初め土浦藩に迎へられて文武館を創立し、教育を振興したが、やがて江戸に出でて下谷に塾を開き、有志の士競ひ集まつて、名声四方に聞こえた。安政の大獄には、追放に処せられた。

安政五年、登美子十七歳である。春の頃、所司代附の与力《よりき》大野應之助といふ人訪《たつ》ね来つて登美子を見、雲濱との話合によつて、登美子は大野の家にあづけられた。

「九月九日の暁に、赤根武人より頓《とみ》の事とて使して文おこせたり。打おどろき、封おしきるに、昨夜叔父様御事、召捕《めしと》られ給ひたり、返す〳〵も御身の慎み肝要の事に候とあり、夢にだに、いと思ひも寄らぬ事にて、悲しみ惑《まど》へること限りなし。折しも大野いひけるは、御身をかくまひ置かんこと、今は世に憚り多く、心にしも任せがたし、暫しが程、吾が同族なる何某《なにがし》の家にかくれわたり給へとてせき立てつ。いかになりゆくべき身にかと、われにもあらず怖《おそ》ましかりき」

その日は、大野の下婢を召連れて、北野の天神に参詣し、叔父雲濱の為に祈り、翌日大野の同族大野市右衛門の家に移り、下婢の業を務としてゐた。然し囚人の姪とて肩身狭く心苦しくしてゐるところへ、雲濱の門人松井周蔵といふ医師がたづねて来て、その家へ迎へてくれた。松井の妻、名を峯といふは、先年雲濱の家に下婢として仕へてゐた者であるが、今や登美子はその峯の下婢として働く事になつた。

「かかる折にても、時々訪ひ来て、己れを慰めつるは、播州の大高又次郎、長州の野村和作（十七歳ばかりなりき、後に子爵野村靖）などいふ人々なりけり」

括弧の中は、登美子自身が後年註解を加へたものであらうが、野村和作は即ち松下村塾の逸材入江九一の弟であつて、松陰の学問によつて鍛へられた人である。

「己れ日にそへて仕合はせいと拙《つたな》く、身を寄せんにも、果敢《はか》々々しき所なく、松井が家にも久しく留るべきにあらねば、今は何処《いづこ》へなりとも、ただ奉公せばやと思ひ定めて、其の由をば松井が妻に語りたるに、或夜其の峯は己れを連れて、西本願寺の別院なる浄楽寺といふに至りて、ひたすら然る旨を頼み入れたれど、梅田の姪にては、留め置かんも憚りありとて、遂に承けひくべき様もなし。更に他家に奉公せんと思ひめぐらせども、身の受け宿にさへなるべき人もなし。かねて親しかりつる者だにも、かくては己れに詞かけず。途《みち》にて逢へば、皆面《おもて》そむけて見ざる様にぞもてなしける。叔父君の召捕られ給ひぬる故由《ゆゑよし》は、心ある人のみこそ、国事の為にとは知れ、大方の人々には、其の許の叔父殿は、キリシタンにてありけり、由井正雪にてありけりなど、いたく嘲りさいなまれたる其の口惜しさは、今猶胸にのこりけり。幕府の探偵は、月日のたつままに、いとど厳しくなりて、叔父君と心合へりし人々の、忍びて此処彼処に在り経《へ》たるは、次々に召捕られて、日毎に江戸へ送られつと聞くにつけても、いとあさましうて、吾にもあらぬ心地なりき。

斯くてせんすべもなきまゝに、なほ松井が家に在りけるうち、京より二里ばかり隔てゝ、川島村といふに、叔父君と親しかりし山口薫次郎といふものゝありけるが、其処へゆきて、己れが身の成りの果てを嘆きしに、山口も不憫《ふびん》にや思ひけん、やがて己れを打連れて、村雲御所に出入せる武田相模介《さがみのすけ》といふ医師の許へ尋ねゆき、御所の御局《つぼね》方へ奉公させてよと頼みしかど
これもむつかしい。

「今は思案も尽き果てにたれば、如何はせん、暫し若狭へ立り帰りて、ともかくも心ならずも、親族に身を寄せてんと思ひ成りぬ。さては山口も其れ然るべしといひて、銀一分二朱ばかりを取て出でて、路の程の旅費にせよとて貸し与へつ」

十七歳の乙女の逃避行、艱難はこれより三日間、その頂点に達する。

「京都を立ちしは、同じ年の十二月二十三日なりき。大津へかゝる路次は、程も遠く人目の関も恐ろしければ、八瀬大原などいふあたり過ぎて、ほとほと往き来絶えたる山路を分け入りて、近江若狭のあはひなる山中といふ所にさしかゝれるに、此処には番所ありて、堅く女人の通行を禁《いま》しめたり（これは昔淀君の御妹に、常光院尼といふおはしけるが、此の山路より打ち踰《こ》えて、若狭の方へ落ちゆかれしによれりとぞ）。からうじて打ち案じ、番所のかたへなる間道に忍び入りぬ。枯れ枝を冱《さ》えわたる風の外に、人おともせず、心ぼそさ言はんかたなきに、五十丁ばかりの高き山をさへ踰《こ》えんとす。さなきだに樵夫《きこり》炭焼きどもの通ひ路《ぢ》にや、一尺計りの道

幅《はゞ》にて、胸衝《つ》くばかり嶮しくて、笹荊棘《いばら》など生ひしげりたれば、そばそばしくて踰《こ》ゆべくもあらざるに、此の日は特に空打ち曇り、雪さへ降り来て、風も烈し、素《もと》より知らぬ旅路の歩むべき方なく、行く先も見わきがたく、或は雪中に倒れふし、或は崖《がけ》に墜ち転びなどして、漸々広きみちにおもむきけるに、彼方より二人三人して来るものあり、近づき見るに、若狭の卒の者どもなりとぞ。女の身にて斯《かか》るさまなるをば、いとあやしみたる面もちにて、誰人の息女にか、何の為に旅するぞと問ひぬ。己れは小浜の城下なる藤井何某《なにがし》の娘なり、親の病いと重《おも》りて、朝夕にも迫れる由の文おこせしまゝに、馴れぬ身の旅の空に、斯くてあるぞと、偽り答へて打ち過ぎぬ。

京を立ちしより三日目の夕方に、小浜には着きたり。己れが生れし矢部の家は、末の叔父君なる三五郎といふが、今の主人にてあらせられき。さて己れは人々に向ひて、有りし儘を語り出でしに、伯母上（藤井リテといへり）の愕《おど》ろき一方ならず。其のゝたまへるやう、源次郎が召捕られぬと聞くよりは、其の許は如何さまにかなりたらんと、夜昼心も安からざりしを、其の許は左程までも胆太く雄々しくもありけるよな。これも源次郎が生ふし立てしに由れるにかなど、口ごもりて涙さしぐまれき」

源次郎はいふまでも無く雲濱の通称である。雲濱は矢部の家に生れたのであるが、次男であつた為に、祖父の生家梅田の姓を名乗つて、別に一家を立てた。矢部の家は兄の孫太郎義宣がついだが、天保十四年三十三歳にて歿したので、その弟三五郎義章が家をついだ。登美子は孫太郎の子で、叔父の雲濱に育てられて京都に在り、今京をのがれ出て小浜の叔父三五郎をたよつたのである。伯母の藤井氏とあるは、父の姉、名は利貞と云つた。

「己れ矢部の家にては、糸つむぎ物縫ひなどをば、日毎の業とはしたりしかど、召捕られ給ひし叔父君の事は、常に思ひ続けられて、涙のひまも無く、胸の安む時もなく、あはれ昔の女子どもは、親の身代りに罪を受け、身を果しゝもありと聞くを、いかで己れは公に請ひ出で、叔父君に代りて死なばやと思へども、人々に止められて、其れも心のまゝならず、もしも叔父君の罪軽くして遠島にも遣《や》られ給はんには、何処の浦の果、山の奥へも添ひ往きて、御用をも承らんとて、心知れる人にし逢へば、たゞ御ありさまを尋ぬるをば、せめて己れが力にはしけり。果敢なく月日過ぎゆきて、次の年（安政六年）の十月となりぬ。其の月の初つ方、或る方より文おこせたり。封おしきりたるに、今年九月十四日になん、叔父君は江戸にて遂に牢死せられぬると書いつけてあり。見るより目も打ちくれ、吾にもあらで涙に臥し沈みたりき。今思ひ出づるも袖ぬるゝ程なり。されど若狭には、幕府方の人のみなれば、誰かは憐れと思ひしらん。只だ藤井の伯母上、矢部の叔父上こそは、忍び音《ね》にも泣かれけめ。頼みがたきは世のさまなりけり」

右は安政六年冬の初めの記事であるが、その翌年は即ち万延元年であつて、三月三日に井伊大老は桜田門外に襲撃せられて即死し、天下の情勢は波瀾動揺のうちに一進一退しつつ、雲濱等の目指した王政復古の方向に近づいて行く。万延元年の翌年は文久元年、登美子は二十歳である。京都の人下岡源祐や母方の叔父竹岡某などの援助を得、矢部の叔父の許しを得て、供人《ともびと》一人召し連れて再び京へ上り、二条城に近き亀山屋敷の長屋に下岡を尋ね、そこを宿とした。雲濱の為に墓を立てたいといふ登美子の悲願は、雲濱の門人北村屋太助（西川正義）の誠意に助けられて、五条坂東山通安祥院内に、雲濱の前髪を納めた壺を埋め、「雲濱先生之墓」と記した石を立てる事によつて果された。登美子によれば、後に長州の宍戸玄兵衛、福原與曽兵衛、入江九一、久坂義助、播州の秋元正一郎等が、伝へ聞いて之を喜び、金を送つて来たので、登美子は北村屋太助にあづけて香花料にしたといふ。

翌年は文久二年、登美子二十一歳である。その春、長州より入江九一、久坂義助、佐世（前原）一誠等の人々集まつて、雲濱の志やがて到達する時が来たと喜び、七条あたりの料亭に登美子を招いて、丁重に慰労の宴を催してくれた。その席で登美子のよんだ歌二首。

在りし世の　ことこそ思へ　懐《なつ》かしな
　花橘の　咲くにつけても
忍ぶかな　枯れにし庭の　梅の花
　咲き返りぬる　春の空にも

入江九一、之に唱和して、

時の来て　都の春の　桜狩り
　亡き人恋し　あけはり（幕）の内

とよんだ。登美子は、長州の人々に向つて、吉田松陰は、叔父の知人であつたから、その筆蹟、もし出来ればいただきたいと云つたところ、佐世一誠は、心得ましたと答へて、後に松陰江戸へ護送せられる時、長州の獄中にて書いた詩歌一枚を贈つてくれた。佐世は姓を改めて前原といひ、明治二年参議に任ぜられたが、明治九年の乱によつて斬に処せられた。「自ら身命の測りがたきを思」つて、雲濱の縁につながる登美子に、秘蔵の遺墨を贈つたとあるによれば、七条の料亭で依頼を受けたのが文久二年、それに答へたのが十四年後の明治九年、前原も亦誠実にして血あり涙ある人なりと云はねばならぬ。

登美子はその後、姫路に移つて大高氏にかくまはれたり、また京へ帰つて水戸の留守居役鵜飼吉左衛門の後室のもとに身を寄せたりしてゐたが、雲濱と親しかつた三宅定太郎の紹介により、雲濱の門人山田勘解由に嫁《とつ》ぐ事になつたのは、文久三年十月、二十二歳の時であつた。

山田登美子の自叙伝「一夕話」の梗概は、大体以上の通りである。大獄被害者の身内として、うら若き女性の身ながら、つぶさに艱難辛苦を嘗め、東西に流離して、能くも危難を免《まぬが》れたものと驚かれる。事実は小説よりも奇なりと云ふが、此の一篇などは正にそれだ。

続の三十一　乙女を助けた人々

安政の大獄に於いて、隠謀の中心人物と睨まれ、他に優先して第一に捕縛せられたる梅田雲濱の姪、十七歳の乙女登美子の逃避行には、当時の世態人情よく現れて、我等の胸を打つ事多い中に、不思議に思はれる事がいくつかある。その第一は、若狭の人々に就いてである。当時所司代として、京都の警察権を握り、従つて検察の責任を負ひ、検挙の為に急ぎ江戸より上京を命ぜられた者は、小浜の城主酒井若狭守であつたが、しかも酒井は雲濱の捕縛には極めて消極的であり、至つて緩漫であつた為に、井伊のふところ刀長野主膳はいらだつて之を督促し、漸く町奉行を動かして踏込ましめた事は前に述べたが、「一夕話」を見ると、父の死後、叔父の雲濱の許《もと》へ引取られ、養女として育てられてゐた登美子は、安政五年の春、所司代附の与力《よりき》大野應之助の好意により、客分として迎へられて、その家に移り住んでゐたところ、半年ばかり経て、九月九日に、赤根武人より急報があつて、昨夜雲濱捕縛せられたから注意せよと知らせて来た、折しも大野からも今はかくまひ置く事むつかしくなつたので、同族の家へ隠れ住むやうにとせきたてられ、次の日に大野市右衛門の家に移つたとある。然しそこにも安住し得ずして、間もなく逃避が始まるのであるが、兎も角も雲濱捕縛の夕、現場に居合はせなかつたのは、大野應之助といふ所司代附与力の好意であつた。その年のくれ、京を出て間道をさまよひつつ、三日目に小浜へ着き、生家矢部の家に入つて、それより二年半をここにかくまはれた。登美子は、「若狭には、幕府方の人のみなれば、誰かは憐れと思ひしらん」と歎いてゐるが、然し重罪犯人の身内となれば、世間の目のひややかなるは仕方のない事で、小浜の人々が知つて知らざるが如くよそほひ、少しも告訴摘発しなかつたのは、之を多としなければならぬ。つまるところ、若狭は上下共に、此の一件には消極的であつて、兎も角も登美子を保護してくれる結果となつたのである。乙女心より見れば、恐ろしい事、悲しい事、多かつたであらうが、行路難《かうろなん》、水に在らず、山に在らず、唯人情反覆の間に在り、つぶさに世路の辛酸を嘗め来つて後に之をかへりみれば、若狭の人々、所司代に任ぜられた藩主も、部下の士卒も、大工も町の人々も、誰一人として此のかよわき乙女を告発せず、迫害もしなかつた事を感謝しなければなるまい。

積極的に親切にしてくれた人々の中に、あまり世に知られてゐないのは、播州姫路の秋元正一郎、その近く林田の大高又次郎である。秋元は姫路藩士、初めは野之口隆正に、後には伴信友に従つて国学を学び、藩の教授となつたが、王政復古の運動に加はつて、京坂の間に奔走した。雲濱の墓の建立を喜んで香花料を送つて来たり、ついで他の人々と共に、登美子を七条の料亭に招いて祝賀の会を催して慰めてくれたりしたが、その直後文久二年八月、京都三本木で病死した。年は四十であつた。

大高又次郎、名は重秋、播磨揖東郡林田藩士の家に生れた。林田は姫路の郊外に在つて、今は姫路市内に入つたのであらう。一万石の小藩で、藩主は建部《たけべ》氏、元和二年此処に封ぜられてより、引続いて幕末に至つた。大高は赤穂義士大高源吾の末孫であるといふ。又次郎は早く京に出でて、雲濱の門に入り、兼ねて武田流の兵法を修め、革の甲冑を造るに巧《たくみ》であつた。安政六年三月、毛利侯を伏見に擁し、大原三位と共に大義の旗を立てしめようとする案の主謀であつた。この人、登美子の安全の為に、西村市太郎と二人相談をして姫路へ連れて行つた事、その父六八郎、之を迎へて、錦の袋に入れたる備前景光の懐剣を三宝に載せて登美子に与へた事、登美子はしばらく此の家に留まつて、薙刀を習つた事が「一夕話」に見える。文久三年大高又次郎、京都に家を構へて上京したので、登美子もまた伴はれて京に上つたが、翌《あ》くる元治元年六月五日、池田屋騒動が起り、大高は新撰組の襲ふ所となつて戦死した。年は四十四歳であつた。

姫路から秋元が出、その近隣の林田から大高が出た事は、土地柄から云へば珍らしく感ぜられるが、雲濱の遺族に対する同情者の多かつたのは、防長の二州である。第一に、危険の迫つてゐる事少しも知らずにゐた登美子に対し、いちはやく雲濱の就縛を通知し、警戒するやう忠告してくれたのは、周防柱島の医者の家に生れた赤根武人であつた。彼れは幼にして月性に学び、長じて松陰の門下に入り、やがて上京して雲濱に学んだ。雲濱の身に危険が迫つた時、機敏に志士往復の書類を焼却して、累の他に及ぶを防止したのは、実に此の人の功であつたといふ。して見れば、安政の大獄に関するかぎり、池内大學はマイナスに働き、そして赤根武人はプラスに働いたと云はねばならぬ。赤根も一旦は捕へられたが、証拠不十分にして釈放せられ、萩へ帰つて松陰をたづねた。然し松陰は、再び野山の獄に入れられて居り、自由に会ふ事は出来ずして、わづかに書翰を以て応対した。是の時松陰が熱心に考へてゐたのは、いはゆる伏見要駕策である。即ち安政六年三月、江戸へ赴かうとする長州藩主毛利敬親《たかちか》を、途中伏見に於いて大原三位と会談せしめ、そのまま京都に入つて大義の旗を挙げ、幕府の改革、幕政の一新を要求して貫はう、しからば天下の義気一斉に振起するであらうといふのである。この案は、前に述べた大高又次郎が、同志備中の平島武二郎と共に、萩へたづねて来て、松陰に協力を求めた所である。長州藩当局は之に反対であつて、松陰との面会を許さず、大高等は空しく帰途に就いた。松陰門下の人々も、多くは之を時期尚早とし、松陰の説に従はなかつた中に、敢然死を決して此の策を実行しようとしたのは、入江杉蔵とその弟の野村和作との二人であつた。兄の杉蔵二十二歳、弟の和作十八歳である。父は三年前に亡くなり、母は五十五歳、妹は十二歳である。兄は後に残る母の辛苦を思ひ、自分は留まつて、先づ弟を赴かせようとした。和作十八歳、単身大事に当らうとして、二月二十三日の夜、ひそかに松陰に訣別する。その際、和作は、弱年にして成功覚束ないにより赤根武人の助力を得たい、と申出て、松陰に叱られた。二月二十五日付、赤根に与へたる松陰の書翰にいふ、「和作うなづきて去る、去りてかへり、眷《けん》々僕に嘱すらく、上国なんぞ赤根武人なかるべけんやと、僕叱して曰く、天上天下唯我独尊、仏《ぶつ》も猶ほ之を言へり、汝が目《もく》中ひとり赤根生あるかと、和作答へず、涙を揮《ふる》つて出づ、僕も亦哭《こく》せずして涙せり」と。当時松陰の心境は、左の詩によつて明瞭である。

世を挙げて一士無く、

吾れにほしいままにせしむ第一流、
吾が名、誠に朽ちず、
何を以てか神州に報いん、
博浪《はくらう》の椎《つち》に非ざるよりは、
いづくんぞ秦を滅し劉を興さん、
馬を扣《ひか》ふるの諫に非ざるよりは、
乱賊おのづから千秋ならん、
古人、起すべからず、
吾が心、ここを以て憂ふ、
時に朱を奪ふの紫に遇《あ》へば、
悪《にくみ》をなすこと、瘤を戴《いただ》くが如し、
草根と、木皮と、
吾が病、瘳《い》ゆべきに非ず、

皇朝の為には幕府倒すべく、幕府を倒さんが為には非常手段をとらなければならぬとする悲壮の決意である。更に三月二十九日、野村の兄入江杉藏（字《あざな》は子遠）に与へた書にいふ、

「足下獄に投ぜらる、豈悲しからざらんや。然れども吾れ足下を悲しむこと久し、今は則ち喜ぶ。足下、不朽の大事を以て阿弟（野村和作）に譲り、阿弟喜びて之を受く。しかも天猶足下

を不朽にせんと欲す、足下も亦喜びて之を受けんのみ。ただ慈母の情憐むべし。然れども二子不朽ならば、母も亦不朽なり。人生欻忽《くっこつ》たり、百年夢幻《むげん》なり。ただ人の天地に参じて動植に異なるは、不朽を去りて更に別法なし。（中略）聞く、官議して和作を捕ふと。和作必ず捕はれざらん。然れども万一捕はるれば、吾れ必ず明白に本謀たるを自首せん。足下兄弟と吾れと一笑して地に入るも、亦最後の一大快事なり。（中略）足下兄弟は真に西山の客たり、吾れは則ち西山の主人のみ」

野村は播州に至つて大高を尋ねたが、大高すでに上京したと聞いて、その後を追ひ、大高等と共に大原三位に謁して相談したが、大原重徳は時機尚早なりとして之に乗らず、野村はやむなく大坂へ移り、しばらく萩原廣道の家にかくまはれてゐた後、藩に自首して岩倉の獄に投ぜられ、壁を隔てて兄の杉蔵と同囚となつた。その後、兄の入江杉蔵は元治元年禁門の変に、二十八歳を以て戦死したが、弟の野村和作は、明治の御代に貢献して内務・逓信の大臣に任ぜられ、子爵野村靖《やすし》の盛名、人の仰ぎ見る所となつた。此の兄弟二人が、雲濱のゆかりを以て登美子に親切であつた事は、「一夕話」に出てくる。

雲濱と親交のあつた人々、長州出身者としては、「一夕話」に数人の名をあげてゐるが、それは第一に宍戸《ししど》玄《くろ》兵衛である。普通には九郎兵衛と書くが、後には左馬之介と改めた。伴信友に就いて国学を修め、典故に通じてゐた。藩の京都御留守役であつたので、自然雲濱との交際が頻繁であつたのであらう。雲濱の墓の出来た時、喜んで金子を届けてくれた事が見える。やがて元治元年七月、禁門の変にいくさ敗れて長州へ帰つたが、藩論恭順派に制せられて幕府に屈し、謝罪して追討をまぬがれようとした時、三家老四参謀を犠牲としたが、宍戸はその参謀の一人として斬られた。年は六十一であつた。

次に福原與曽兵衛、大楽《だいらく》源太郎等の名があげてあるが、福原は名を公亮と云つた人であらうか。それならば、松陰と同年輩で、松陰が明倫館在職中の兵学の門下であつた。安政五年八月京都に上り、有志の人々に交つたといふのであるから、雲濱周囲の交遊があつたのであらう。大楽《だいらく》源太郎は名を弘毅と云ふ。初め僧月性に学び、後に高杉晋作、久坂義助（玄瑞）等と交はつたが、松陰には直接会つた事が無かつたらしい。然し松陰門下の人々とは深く交はつたらしく、只文久元年の松下村塾一燈銭申合帳には、その名が見えてゐる。安政年間京都に上り、梅田雲濱や頼三樹三郎等と交はつたが、後に同志にうとんぜられて帰国し、防州大道《だいだう》村に西山書屋を開いて子弟を教育した。後の元帥寺内正毅は、その門から出たのだと云ふ。明治二年萩藩不平の士騒動の時、その主魁となつて、事敗れて久留米に潜伏し、四年三月、誘殺せられた。年は四十であつた。

長州の人で登美子に同情し、雲濱の墓の建立に金を贈つて協力したり、宴を設けて登美子を慰めたりしてくれた人としては、右にあげた外に、入江九一（杉藏）、その弟野村和作（靖）、久坂義助（玄瑞）、佐世（前原）一誠等があるが、いづれも有名であり、周知であるから、解説は省略する事としたい。

尚前記播州林田の藩士大高氏は、一家一族皆義に勇む気風に富んでゐたと見え、大高又次郎の兄、大高與左衛門に与へた雲濱の書翰が残つてゐる。

「先刻は能《よく》こそ御来訪下され、謝し奉り候。何の風情《ふぜい》もこれなく、失敬御免下さるべく候。さるにても御志の程は感激に堪へず、御高論の中、当時の戦法、甲越の古法に泥《なつ》まず、西洋の新法に拘らず、本邦当時の事情、風土の宜敷《よろしき》に従ひ、如何にも簡約の節制、隊伍の法、然る可しの御説ども、一々確言切実、深く敬服仕り候。是れ併《しかし》ながら平生《へいぜい》の忠節御苦心の此《ここ》に到る処と存じ奉り候。折節此の書、所持仕候間、呈し候。夫れ菊池武重、建元の際に、勤王の忠節赫々、楠公に愧ぢざる事は、天下古今の知る所に候。因《よつ》て貴君御忠誠の程を祝せんが為めに呈する所に候。尚他日御鍛錬の程拝見仕り、御指南相受け度、願ひ奉り候。頓首不宣。

十二月十六日　　　　　　　　　　　　梅田源二郎

大高與左衛門様」

以上述べ来つたところは、梅田雲濱の姪にして、実父の死後、叔父雲濱に引取られ、養育せられてゐた十七歳の乙女登美子が、安政の大獄に際して、いかにして危難をのがれ、何処に身を寄せてゐたのであるか、その苦難の日に、彼女に同情し庇護し、あたたかく励ましてくれたのは、何処の誰であつたかを、要領よく記述した自叙伝「一夕話」の概略である。此の記述は、頗る素直であつて、修飾誇張の文字を加へず、その為に信用も出来れば、実感を誘ふ事も多いものであつて、その痛ましき逃避行を読む時は、ディケンズ（Dickens）の二都物語（A Tale of Two Cities）の或る場面を連想せしめるものがある。

そして又、之を読んで、不思議とさへ思はれる事は、小浜の城主酒井若狭守が、京都所司代に任命せられて、治安維持の責任を担当してゐながら、志士の検挙には頗る消極的であつて、最初の雲濱捕縛の際にも、緩漫であるとして井伊大老の側近やふところ刀をいらだたせたのであつたが、果して雲濱に同志往復の書類を焼却したり、家累家財を分散したりする余裕を与へたりしたのみならず、雲濱就縛の後にも、その家族親類に対して、苛酷なる追究をせず、郷里の小浜に於いても、人々は特に奇異または嫌悪の感情を以て雲濱の生家や一族を見ず、特に親切にするといふ風ではなかつたにしても、決して告発したり弾劾したりしなかつた事は、安政大獄の性格を考へる上に、一つの重大なる点である。蓋し雲濱に於いて問題となるのは、その学問であつて、私行ではない。井伊が嫌悪し、恐怖するのは、雲濱の学問が、山崎闇齋の思想を、その最も純粋精鋭なる中核に於いて保持し継承し来つた点に在つた。その学問は、闇齋より、浅見絅齋を経て、若林強齋に伝はつた。そして強齋の高足小野鶴山、酒井讃岐守に迎へられて小浜に入るに及んで、此の学問小浜の主従に薫染して行つた。同じく強齋に学んだ山口春水は、強齋先生雑話筆記を著した人であるが、これが小浜藩士であつて、その子風簷《ふうえん》は、父及び小野鶴山に学び、之を子の菅山に伝へた。その菅山の門人が、即ち雲濱である。

菅山が、藩主酒井若狭守忠義に、奉公の心得を説いた一篇が伝はつてゐて、その中に、「頼朝公以来、武家にて天下の御政務を御沙汰成され候事に相成り、今日にては、既に六七百年を経、天下の大勢既に定まり、関東にて万事御取計らひと申す御事」今更動かし難い事「には御座候へども、皇統の御義は、神武天皇以来御連綿遊ばされ、日本大君の御位、是れまた動きなき御事に御座候へば」天皇の御希望は「成るべきだけ御実意を以て、御周旋」して進ぜられるがよく、若しそれを「厄介がましく」感ぜられるやうな事があれば、それは「勿体《もたい》」ない事であつて、上下の分も乱れ、日本国の将来、「安全の障り」にもなるであらう、と説いてある。

その菅山は、安政元年八月五日に、八十三歳を以て歿した。四年後の安政五年、酒井若狭守忠義、京都所司代として、いはゆる大獄の処置に当る。その処置が、志士の検挙に於いて、頗る消極的であつて、長野主膳をいらだたせたのも当然であれば、十七、八歳の乙女登美子が、いろいろ苦労はしながらも、京都と小浜とを往復しつつ、兎に角恐るべき迫害も受けなかつた事、それも然るべき事とうなづけるであらう。

（附記）昭和八年四月、私は単身満洲視察の旅に出たが、たまたま吉林へ赴き、旅館に入らうとした時、一人の偉丈夫の、私と入れ違ひに出掛けようとして、ゲートルを巻いてゐるのを見た。足ごしらへに熱中して、私には眼もくれなかつたので、顔を十分に見る事は出来なかつたが、豊にしてあたたかい感じの人であつた。然るに其の人、出発した其の日のうちに、賊に撃たれて戦死した。女中の話では、梅田雲濱先生ゆかりの人と聞いたと云ふ。して見れば山田登美子につながるのではあるまいかと考へたのであるが、調べる法もなくて、そのままになつて了つた。不確実ではあるが、家内生前の希望によつて之を附記する。

続の三十二　井伊の使命

戦国時代百年に亘る分裂解体紛乱の後に、幸にして信長と云ひ秀吉と云ふ稀代の英傑の出現によつて、日本は国家としての統一を回復し得た。然し信長の時代も、また秀吉の時代も、それぞれ十余年にして終り、いづれも永続せず完成を見る事は出来なかつた。最後に現れた家康は、二人の先輩の為す所を見て、その長所を学ぶと同時に、その短所に鑑《かんが》み、更に遠く頼朝にまで溯つて、武家政治の性格を尋ね、その利害得失《とくしつ》を究明して、施設を工夫し、鉄壁の構《かまへ》を立てて永続を期した。

その一つの現れが、近畿に於ける大名の配置である。但しここに云ふ近畿は、普通に云はれる所と少しく範囲を異にして、京都を中心とし京都名古屋の距離を半径として円をゑがくとして、大円をゑがけば、東海道に名古屋、尾州家六十一万九千五百石、南海道に和歌山、紀州家五十五万五千石、山陽道に岡山、池田氏三十一万石、山陰道に鳥取、池田氏三十二万石、北陸道に福井、越前家三十二万石、以上合計して二百十余万石、之を破らなければ、兵を近畿に入れる事は出来ない。若し此の大円を破つて中へ入れば、小円があつて内を固めるであらう。姫路の酒井十五万石、田辺の牧野三万五千石、宮津の本荘七万石、亀山の松平五万石、小浜の酒井十万石、大垣の戸田十万石、郡山の柳沢十五万石、岸和田の岡部五万石、尼崎の櫻井四万石が手をつないで小円の線を固めてゐるであらう。小円の内側に在るは、淀の稲葉十万石、高槻の内藤四万石、膳所の本多六万石等に過ぎない。しかも是等十五、六の藩は、或は御三家であるか親藩であり、或は譜代であるか准譜代であつて、外様大名は一人も無い。即ち幕府の方針は、気心の許せない大名は、一切近畿圏内に入れず、信用し安心して良い身内の者を以て、京都の周辺に配置し、外の勢力の此処に入るを防いだ事、明瞭であるといつてよい。そして京都には所司代を置き、大坂には城代を置き、いづれも譜代大名の中より選任したので、いはば幕府の直轄と見てよいであらう。

かやうに慎重を極めたる配置は、外様の有力なる大名の手が延びて京都に入り、朝廷と結托する事を恐れたが為に違ないが、その問題を考へる場合、重要なるは、彦根の井伊である。彦根三十五万石は、前記近畿圏の考察に於いては、しばらく之を措いて問はなかつたが、それは之を等閑視したのでは無く、此の藩には、他の藩とは違つて独特の使命が課せられてゐたからである。

明治二十一年島田三郎氏は、井伊家に伝はる文書記録を精査して、大老直弼の真面目を発揮せんが為に、『開国始末』を著した。それによれば、井伊直政（慶長七年二月卒）家康を輔けて徳川氏創業第一の名臣と称せられ、近江佐和山城十八万石に封ぜられ、その子直孝、家を承けて彦根に移り、三十五万石を領し、大老職となり、万治二年六月卒す、直政直孝二代を以て、井伊氏中興の祖として重んじた。徳川氏は直孝に命じて、「近江全国及び山城淀堤を放鷹の地となし、以て京師守護の密旨を授け、子孫に世々之を承継せしめたり。抑《そもそも》井伊氏は徳川氏の創業と相縁《よ》りて中興せり。

其中興は直政直孝絶倫の材武によると雖も、徳川氏の信任恩遇なかりせば、此に至るを得ざるべし。是れ井伊氏が世々家国を挙げて徳川氏に奉ずるの心を有し、是を以て祖宗の遺訓となし、是を以て伝家《でんか》の大法となせし所以にして、本書の主位を占むる直弼の心事も亦実に此に在り。其期する所は、遠く直政直孝の勲業を追はんとせしが如し」。以上重要なる点は、島田三郎氏の原文をそのまま引用したのであるが、『開国始末』全体の判断し主張する所は、我等の所見と正反対であるに拘らず、直弼の心事をその内奥に於いて探究し、井伊氏祖宗の遺訓に至つて之を発見し捕捉《ほそく》し得た点は、見事なりとして感嘆せざるを得ないのである。

近江には、彦根以外に、膳所・水口・大溝等の八藩がある。また山城の淀には、稲葉氏十万二千石がある。然るに、ひとり井伊氏に、近江一国全体に、更に山城淀堤に及んで、自由の放鷹、即ち練武演習を許してゐる事は、必ずや井伊氏に特別の任務を課してゐる為であるに相違ない。その特別の任務を、『開国始末』は、井伊家の文書記録によつて、「京師守護」の「密旨」であるとした。果してさうであるならば、他藩領内に於ける自由放鷹も、また直弼のあの苛酷なる京都弾圧も、初めて容易に、また明快に理解せられるであらう。只遺憾であるのは、此の密旨が、『開国始末』の地の文に説かれるのみであつて、その根拠とする原史料が見られない事であつた。

然るに昭和三十三年、私は偶然にその密旨を証明すべき重要史料を見る事が出来た。それは嘉永六年八月二十五日井伊直弼が祖宗の祖霊を始め諸天善神に祈つた願文の草案であつて、直弼自身筆を執つて所々に修正を加へたるもの、直弼の心事を窺ふに最適の史料であるが、それに

「国家ノ憂ニ先達テ之ヲ憂フルハ良臣ノ節ナリ。直弼不肖ナリト云ドモ、開国（原、中興トアリ、開国ト改メタリ）元勲ノ創業ヲウケツギ、天朝ノ守護、西国非常ノ押鎮、諸侯棟梁ノ模範タリ」とある。ここに開国とあるは、徳川氏創業と置きかへてもよく、江戸幕府創立を指すのであるが、それを開国と称した所に、幕府の中枢部には、新しい国家を建設し得たとする自負心の存した事が考へられるであらう。

次に「天朝ノ守護」に就いて考へるに、是れは「京都守護」と置きかへてもよいが、その天朝守護にせよ、京都守護にせよ、世間普通の意味し理解する所は、皇室を擁護し、朝廷の守護に任ずる事であるが、井伊家に於いて解する所、或は井伊家に対し、密旨として課せられたる所に於いては、意味が違ふのである。即ちそれは、朝廷は過去の栄光を帯び、名誉の源泉、国家の装飾として存在し、それに満足せらるべきものであり、若しそれに満足せられず、政治の実権を執らうとせられるならば、幕府としては非常の決意をしなければならぬ、それ故に朝廷に実権回収の計画が立てられたり、大名の中にいらざる忠義立てをして、勤王の兵を挙げるものが現れたりすれば、即時武力を以て之を制圧しなければならぬ、その武力発動の先陣を承り、真先に京都に進撃すべき者は、井伊の赤武者（全軍色は赤色を用ゐた）ときまつてゐる、といふのである。江戸時代に、徳川に反対して兵をあげ、朝廷を奉じて幕府を亡ぼす危険性のあるものは、島津か毛利、その外には黒田か鍋島か、細川か、浅野か、いづれにせよ西国の大名であつて、北国の前田や、東国の上杉、伊達等は、京都との連絡がつけにくいであらう。そこで井伊の任務は、「天朝の守護」であり、同時にそれは

「西国非常の押鎮」に外ならぬのである。

それならば、何故井伊を所司代として京都に入れなかつたか、彦根は離れすぎてゐるのではないか、といふ疑問が出てくるであらう。蓋し「京都の守護」といふ事、表向は皇室を尊び、朝廷を重んずるに在つて、井伊の如く武力を以て京都を制圧する任務、用意は、あくまで内密に、裏面に包蔵して置かなければならぬ。それ故に京都には所司代を置き、譜代大名の中より選抜して、数年交替に之を任じ、行政を監督せしめた。平時警察の事は、所司代があり、奉行があれば、それで済《す》むであらう。いよいよ西国大名の手が延びて来て、朝廷を奉じて幕府を倒す企てとなれば、所司代では力及ばない、井伊が武力を以て出て来るといふ段取であつただらう。

「天朝の守護」と自称する者が、京都の制圧に当るのは、その名目と、その実務と、背反し矛盾する感じがあるであらうが、その違和感は承久の昔、伊賀光季の任務と実歴とを回想すれば、解消し了解せられるに違ない。承久元年二月十四日伊賀光季、「京都警固」の為に上洛し、ついで二十三日武蔵守親廣入道も、「京都守護」の為に上洛した事、吾妻鏡に見えてゐる。一方に警固、他方に守護とあるが、実は同じ事で、事の重大性を考へて、是の時は守護二人を置き、以て非常の大変に備へたのであらう。大日本史が、大江廣元の子親廣の伝に、「検非違使藤原光季とともに京畿の守護となる」と記述したのは、正しいであらう。然るに承久三年五月、後鳥羽上皇義兵を募つて鎌倉幕府を討ち、王政復古を企てられた時、京都の守護両人をも召されたところ、大江親廣は勅命に応じて官軍に加はつたが、伊賀光季は西園寺家よりの密告によつて事情を知り、上皇の御召に応じなかつた為、五月十五日官軍の為に誅罰せられて了つた。

吾妻鏡の古写本、伝はつて小田原の後《ご》北條氏の手に在つたもの、天正十八年に北條氏政より黒田如水に贈られ、黒田長政は父の如水より受けて、慶長九年に之を徳川秀忠に贈つた。徳川家康、初めて之を読み、感銘措く能はず、日夜之を玩弄し、慶長十年活字を以て之を印刷せしめた。玩弄と云つても、決して単なる興味、又は道楽では無い。家康の事であるから、すべて政治の参考として見たのである。政治の参考として之を見る時、武家政権にとつて最大の危険は、朝廷に在り、王政復古の運動に在る。鎌倉幕府は、後鳥羽上皇承久の御企によつて周章狼狽せしめられた。それは漸く無事にくぐりぬけたものの、やがて後醍醐天皇元弘の御企によつて遂に滅亡せざるを得なかつた。その第一の危機承久の変の正確なる記録として、吾妻鏡は家康の刮目《くわつもく》して見、反覆して益を受けたものであつたらう。京都に王政復古の運動が起らないやう、常に之を監視しなければならぬ。若し監視の目をくぐつて運動が起つた時には、断乎として之を制圧しなければならぬ。鎌倉幕府はその為に京都守護を置き、しかも二名まで置いたが、結局一人は朝命に感動して官軍に応じ、他の一人はあへなく討ち亡ぼされて了つた。家康は是に鑑《かんが》みて、表に京都守護の名目を立てず、又京都の感化影響を避けて、駐在地を京都より引離して彦根とし、その代りに近江・山城広範囲に亘つて演習練武の自由を与へた。それが彦根三十五万石であらう。かやうに見て来る時、初めて井伊氏が淀川の流域を放鷹地として認められてゐた意味も分れば、また絶対一途《づ》の勤王家若林強齋が、闇齋・絅齋以来の道統をうけついで、幕府や諸侯に仕へず、貧寒に甘んじて京都に住み、御所の警護を以て自らの任務とし、知人門下の彦根に在る人々、之を彦根へ招かうとした時、之を拒否して、「闇夜になつたら行つてやらう、昼は彦根の城が目ざはりぢや」と答へたと伝へられるのも、その深い意味が理解せられるであらう。

但し徳川氏が慶長元和の際、幕府を開いて天下に号令した時の首脳部にしても、以来それを受継いで来た中枢の人々にしても、又特に首脳部より密旨を授けられたる井伊家にしても、決して皇室また朝廷を軽視したのでも無ければ、況んや悪意をもつたのでも無かつた。むしろ之を重んずるが故に、却つて之を恐れ、之を拘束しなければ安心出来なかつたのである。天下現実の政治は、幕府に於いて、つまりは将軍が、責任を以て、之を担当し、判断し、決裁する。その上に、或はその背後に在つて、名誉の源泉として光輝を添へるものは、皇室であり、朝廷である。その限りに於いて、京都と江戸とは、融和して円満であるだらう。然るに若しその埒《らち》を越えて、朝廷が実務に於いて政治に主張し、指揮し、批判して来るならば、幕府は之を承認し、服従する事は出来ない、と考へたであらう。

今から考へれば不思議な様であるが、江戸幕府が朝廷を拘束し奉つた有様は、言語道断であつた。ここに一例として、修学院の離宮への行幸をあげよう。板倉周防守重宗、元和六年父の跡をうけて京都所司代に任ぜられ、在職三十余年の後、承応三年に牧野佐渡守と交替した。その長き在職の間、公平なる裁決と適切なる処置とは、人々の満足し、感動する所となつたが、ある時、後光明天皇は後水尾上皇の御病気を憂慮遊ばされ、御見舞の為に行幸ありたき旨を、所司代に仰せ出されたところ、重宗御答へ申上げるには、それは重大であつて、江戸へ申し遣《つか》はし、幕府の許可を得なければなりませぬ、と遮《さへぎ》り奉つたので、天皇は行幸の儀を取止《とりや》めさせられると共に、新に御所の東南隅より、院の御所の西北隅へかけて、高廊下を急ぎ造営せしめられ、之を利用して御見舞遊ばされた事が、槐記《くわいき》に見えてゐる。それは後光明天皇の英明活達なる御発想と、板倉重宗の穏和恭順の奉仕とによつて、危機は克服せられたのであつたが、皇室朝廷の事、大小となく、幕府の拘束する所であつた事は、之によつても分るであらう。

板倉が居れば便法が講ぜられるであらうが、居なかつたならば、どうなるか、その一例が鳩巣小説に見えてゐる。板倉周防守、江戸へ行かなければならない用件があるのに、京都を動かない、その下僚で禁裏《きんり》附《づき》の高木伊勢守（寛永二十年任、明暦四年免）心配して尋ねたところ、朝廷との関係が気にかゝり延引してゐるとの答であつた故、高木は、それならば御気遣なく御出かけ下さい、跡は私が引受けます、と申出た。板倉喜んで、翌日出発して江戸へ下る。その留守中、後水尾上皇より、近々畿内の名神大寺へ順礼に御幸あらせられたい旨、御申出があつた。高木は所司代に代つてお答へ申上げる。「一応、江戸へ伺《うかが》ひ申しませぬでは、まかり成りませぬ。それまでお待ち下されませ」。以下、原文をかかげよう。

「其の儀に及ばず候。仙洞様（上皇様）御順礼遊ばされ候に、何の申分これあるべきや。かやう仰出され候上は、御出遊ばされ候はでは叶はせられず」

高木お答へ申上げる。

「さ候はゞ御勝手次第遊ばさるべく候。私儀は、関東の御恩を蒙り候者に御座候へば、仰渡されを相守申さず候はでは罷《まかり》成らず候。此上は御幸の道を遮り申すべく候。押して御通り遊ばされ候はゞ、恐入り候へども、鳳輦に向ひ奉り、一矢《ひとや》仕るべく候。さ候はゞ忽ち天命に尽《つ》き、眼もつぶれ申すべく候。其の段は、関東への奉公と存じ奉り候。私儀も与力《よりき》同心差添へられ候へば、容易には御通り遊ばされがたくこれあるべき哉《や》」

禁裏附の引率するは、与力二十人、同心八十人。所司代には与力五十人、同心百人が附属してゐた。徳川幕府は、譜代大名の中より選んで京都所司代を任命し、旗本の中より選んで禁裏附とし、之を京都に上せたが、それが如何なる任務をもつものであるかは、以上の例によつて明らかであらう。

（昭和五十七年二月六日草之。筆を措いて窓外を眺むれば、白濛々として天地共に雪なり。積雪は凍りて岩石の如く、文庫は十数間の近きに在れど、行くに千辛万苦）

続の三十三　竹内式部の追放

前にあげた二つの例は、いづれも板倉周防守が京都所司代を勤めてゐた時代の話である。その板倉は、承応三年にやめて、牧野佐渡守が跡をうけた。その翌年は明暦元年である。是の明暦元年に、後水尾上皇は、修学院の離宮を作らしめ給ひ、初めて御幸あつて、その山水の美、甚だ御意にかなひ、その後十五、六年の間、年に或は二、三度、又は四、五度も御幸あらせられ、殊に寛文十一年には、御年七十七歳にて、一年のうちに九回も御出ましになり、その後も毎年たびたび御幸あらせられた。

その後四十年ばかりたつて享保年間、朝廷は中御門天皇、幕府は将軍吉宗である。中御門天皇の御祖父霊元法皇は、修学院離宮への御幸を御希望であるが、幕府は之を制限して年に二回と規定してゐる。法皇は、せめて今一度加へて年に三回にして貰ひたいと仰せ下されたが、一向に御返事も申上げなかつた。それが享保十年の秋になつて、将軍吉宗も御諒解申上げたとの連絡があつたので、十月十八日、「大方さかりは過ぎ」たであらうが、「山の紅葉見まほしく」御幸あらせられた事、元陵御記にくはしく記しとどめ給ひ、今日之を拝見するに、驚きと恐れとを感ぜざるを得ない。

霊元天皇の元陵御記は、享保六年に始まつて、同十六年に終つてゐる。それより三年後の享保十九年まで生きてゐた人に、室鳩巣と、遊佐木斎とがあつて、此の両人の間には、学問の伝承に大いなる相違があり、人生観・国体観の根本に、重大なる、而して相容れざる異見があつた事は、先きに昭和十一年に刊行せる拙著『萬物流轉』に於いて詳述した所であるから、ここには只その要点をあげるに止めよう。鳩巣は、我国の誇りとする皇祚の無窮に万世一系なりとするを信じない。彼はいふ、「凡そ物、始あれば必ず終あり、これ天地の常理なり、不亡不死は、理のなき所なり、故に国興りて亡びざるなく、人生れて死せざるなし」。流石に鳩巣もその所信を明確に、具体的に述べる事を憚つてゐるが、その文中、藤井懶齋を推賞してゐる所に、鳩巣の本意は露呈してゐる。懶齋は京都の人であつて、孟子が王道を以て齊梁の君に説いたのを慕ひ、「今もし徳川幕府が自分を招いて説を聴いてくれるといふのであれば、自分は老衰の身ではあるが必ず之に応じて江戸に赴き、王道を説くであらう、一たび此の説を陳述し得るならば、後《あと》は舌を抜かれても後悔はしないのだ」と述べたといふ。鳩巣は、此の人の此の言を借りて、己の意見を代辯せしめたのである。

鳩巣等の説は、湯武の放伐を是認するものである。その説のもとづく所は、孟子の齊の宣王の問《とひ》、「臣その君を弑《しい》すること、可《か》ならんか」といふに答へて、「仁をそこなふ者、之を賊《ぞく》といひ、義をそこなふ者、之を残《ざん》といふ。残賊の人は、之を一夫《ぶ》といふ。一夫紂《ちう》を誅《ちゅう》するを聞く、いまだ君を誅するを聞かざるなり」と云つた、あの有名な解説である。つまり国家を創立して其の国王となるのは、其の人の徳が天意にかなつたからであるから、もし其の人又はその相続者が不道徳であり、道にはづれた政治を行ふならば、天命はその人を去つて、別の人に下るであらう。それが即ち革命である、とするのである。鳩巣等は之を読んで、そのまま之を信じた。その鳩巣を登用して儒員としたのは、徳川幕府であり、やがて之を将軍の侍講としたのは、将軍吉宗であつた。

之に反して湯武の放伐を是認せず、君父に対する臣子の道徳は、絶対恭順に在りとするは、山崎闇齋である。闇齋は拘幽操を講じて文王の徳を讃へ、革命に名を借る反逆に強く反対した。その学問を受けたのが、木齋であるから、木齋と鳩巣と、説の合はないのは当然である。

闇齋の門下、その主流は京都もしくは其の周辺に居り、天朝の守護を以て自ら任じた。谷干城将軍の家は、秦山《じんざん》が直接に闇齋の教を受けて以来、子孫代々之を継承して干城に至るのであるが、その家に伝はる教は次の通りであつたといふ。

「もし京都に事有りと聞いた時には、万事を放擲して京へ上れ。万一旅費が無い時は、乞食をしてもよい、京へ上れ。京へ上つて御守り申上げよ。もし力尽きて何の働きも出来ない時は、御所の塀に凭《よ》りかかつて死ね。死んで御所を護り奉れ」

崎門学統の本領は、正にこの点に在る。人或は之を読んで、余りに消極的であると感ずるかも知れない。それは正に消極的であらう。然しそれは時勢悉く非にして、万策尽きた時の話である。積極的に此の学が動く時は、それは即ち王政復古の運動となつて現れる。その積極的運動を敢行しようとしたのは、竹内式部だ。

式部は正徳二年新潟に生れ、十七、八歳の時、家をあげて京都に上り、玉木葦齋、西依成齋等によつて山崎闇齋の学問を受け、自ら深く之を信奉したるばかりでなく、稀代の才能を発揮して、多くの門人を教育し感化した。門下を数へて七、八百人にのぼるといふのは、過大では無いかと思はれるが、公卿朝臣だけを見ても驚く程に多かつた。即ち式部自身が仕へてゐた徳大寺大納言家の實憲・公城《きんむら》父子を始めとして、正親町《おほぎまち》三條大納言、小川坊城中納言、今出川中納言、町尻三位、伏原三位等、数多くの名が分つてゐる。その教の要旨は、「夫れ大君は、代々の帝より、今の大君に至るまで、人間の種ならず、天照大神の御末なれば、直に神様と拝し奉り」、「凡そ万物、天日の御蔭を蒙らざるものなければ、其の御子孫の大君は君なり、父なり、天なり、地なれば、此の国に生《いき》としいけるもの、みな此の君をうやまひ尊び、二心なく奉公し奉ることなり」、「故に此の君に背《そむ》くものあれば、親兄弟たりといへども、則ち之を誅して君に帰すること、吾国の大義なり」と云ふに在つた。

要旨を採れば、極めて簡単であり、平明であつて、何の奇抜も危険も無いやうであるが、此の原理を以て歴史を見、そして現在の実情を分析してくると、若き公卿の胸は躍り、目は輝いてくるのである。

「日本の帝王は、日神《ひのかみ》より当今に到り、御一姓、御相続の事、異国にこれなき儀、天下万民、仰ぎ奉らざる者はなきこと也。然るに当時、将軍あることを知つて、天子あることを知らざる者多し。是れ甚だ歎くべきこと也。是れ何故なれば、君臣不学不徳より事起れり。然れば天子より諸臣に到り、学を修め徳を積むべきこと専《せん》一也。さあらば、兵を用ひず手を下さずして、おのづから昔の如く、公家《くげ》一統の御世にも成るべきこと、天地同然の道理なり」

傳奏廣橋兼胤の日記には、かやうに記されてゐる。

竹内式部の講義を聴いて、若き公卿朝臣は感動し、目のさめたるが如き反省、生き甲斐を発見したるが如き感動を覚えて、日夜刻苦して勉学した。

宝暦七、八年、桃園天皇は御年十七、八歳であらせられた。徳大寺・坊城等の人々をして、神書を進講せしめ給うた。諸臣の進講する所は、即ち彼等が竹内式部より聴いて感銘したる所である。聞こしめされて、天皇は「天気特に快然」にあらせられ、進講の人々は「感涙に堪へず、各自《かくじ》その手足の措《お》く所を忘れ」たのであつた。一部反対の者、心配して之を所司代に密告し、所司代の手による検挙となつた。そして結局は宝暦八年六月を以て御進講は打切られ、七月公卿朝臣の処分となり、翌九年五月、竹内式部、当年四十八歳、畿内、関東、東海道筋、木曽街道筋、肥前、丹波、近江、越後、追放仰付けられ、その子主計《かずへ》十五歳、京都追放、妻子の私有物は妻子に与へ、式部の財産は没収、町はづれにて、親子に傘《からかさ》一本づつ、銅銭五百文づつを与へて追放した。しかも式部に対する追究は、之に終らず、その後山縣大貳、藤井右門の事件に関連ありとして再び捕へられ、その疑は、はれたものの、追放の身でありながら、不謹慎にも京都へ入つた罪を問はれ、明和四年十一月、遠く八丈島へ流され、間もなく十二月五日病死した。年は五十六歳であつた。

京都所司代が、町奉行小林伊豫守、同じく松前筑後守両人に命じて、竹内式部を糺問せしめた時、式部の答辯は慎重であつた。奉行は尋ねる。「汝が神書講義の際に述べた事は、論語の季氏《きし》篇に、天下道あれば、則ち礼楽征伐諸侯より出づ、諸侯より出づれば、蓋《けだ》し十世失はざる希《まれ》なり、大夫《たいふ》より出づれば、五世失はざる希なり、陪臣国命《ばいしんこくめい》を執れば、三世失はざる希なり、天下道あれば、則ち政《まつりごと》大夫に在らず、天下道あれば、則ち庶人《しよじん》議せず、とある、その事を云つたのであるか」。「その事を申した覚《おぼえ》はありません」。「徳川幕府は只今家重将軍第九代であつて、やがて十世にならうとしてゐる時、十世にして政権を失はざるは稀なりと説くは不《ぶ》遠慮では無いか」。「現代の政治を批評したのではありませぬ。論語に書いてあります事を、論語講義の際に講述しただけであります」。「論語講義の席であれば苦しくないが、汝が述べたのは、日本書紀神代の巻の講義の席では無いか」。「私は日本書紀の講義と、論語の講義と、二つ担当してゐます、聴講者が、あとで心覚《おぼえ》を記します際に、二つを混同して書いたのでありませう」。然し奉行は此の答辯に満足せず、あくまで式部を追究する。よつて、式部は、むしろ堂々と所信を述べて、道を明らかにし、処分を受けようと覚悟するに至つた。奉行は尋ねる。

「今の天下は表面は兎も角、真実は危い天下と考へるか」

「いかにも危い世の中と存じます。その点、講義の席に於いては、慎んで批判は致しませぬが今日の裁判に、私の心底お尋ねにあづかりましたので、偽り申す事は出来ませぬ。確かに危い天下だと思ひます」

奉行衆、之を聴いて、しばらく言葉無く、列座の役人、皆々色を失つた。しばらくあつて、奉行より尋ねる。

「何故危いのであるか」

「何故かは存じませぬが、論語に載せてある所で、孔子の仰せられた事であります。只今関東に於いて政治を執られます有様、私から見ますに、一向京都へ御相談もなく、勝手に行はれるやうに見えます。勿論些細《ささい》の事は、御伺ひの必要ありますまいが、重大な事は、朝廷の三公、即ち太政大臣、左大臣、右大臣に御相談になり、勅命をうけて執行されるといふやうになりますならば、それは論語にいはゆる礼楽征伐、天子より出づるものであり、世の中治まり、危くなくなるでありませう」

役人も之を聴いて甚だ感心し、是の一条は別扱ひとして、幕府へは報告しなかつたらしいといふ。

当時京都所司代として、両奉行の上に在り、奉行を指揮して竹内式部の審理と処分に当つた者は、上州高崎七万二千石の城主松平右京大夫輝高であつた。その先祖は伊豆守信綱、老中として将軍家光を輔佐し、島原の乱を平らげ、諸大名の人質を帰し、殉死を禁ずるなど、善政を施して智恵伊豆の名、一世に鳴りひびいた人である。その智恵伊豆の家風、伝はつて五代の後である輝高をも薫化したものか、所司代として輝高は、竹内式部を審理するに当つて、拷問《がうもん》を加へしめなかつたのみならず、幕府政治の批判の如き重大事は、式部一個の私見であつて、公卿朝臣への進講とは無関係なりとして、之を報告書に記載せず、只聞き棄てにした。即ち竹内式部は、最も穏和なる裁判官によつて審理せられたと云つてよいであらう。

それならば、審理の結果、如何なる点が、有罪として指摘せられたのであるか、と云ふに、左の三点に絞られてゐる。

㈠朝臣方より神書（日本書紀神代巻）の講義御希望があつても、それは御辞退すべきであり、本人も一応は御辞退したと云ふが、幾度御要請があつても、固く御辞退申上ぐべきところ、遂に御引受けした事、不心得である。

㈡また儒学の講義も御希望であれば、四書五経のみに限るべきであるのに、靖献遺言等を講じた事、不心得である。

㈢宝暦八年五月二十九日鴨川洪水の節、水見物として、大納言・中納言等の朝臣等十余人、三本木の貸座敷に集合したる時、式部も招かれて其の座に連《つら》なつた事、よろしくない。

取上げられた罪案は、結局是れだけであるが、実を云へば此の問題、摘発したのは朝臣の一派であり、他派の動きに快《こころよ》からず、之を陥れようとして、朝廷の大改革を行ひ、正親町三條大納言、徳大寺大納言、烏丸大納言、坊城中納言その他を合せて八名を永蟄居《えいちつきょ》、今出川大納言、町尻三位、岩倉左兵衛佐《のすけ》等十二人には遠慮を申付けられた。しかも是れは、桃園天皇の思召に反して、摂関家の専断によつて行はれ、所司代にも何等の通告も無かつた。所司代は、前に述べた如く、松平右京大夫輝高、穏和な人であつたから、一応の抗議だけですます考であつたらしいが、幕府が承知せず、問題の根本が竹内式部の講義に在るに、聴講者がお歴々多人数処分せられて、講師が処分せられないのは何故かと云ひ出した。

是に於いて所司代も手を束《つか》ねて傍観する事は出来ず、竹内式部を取調べ、之を処分するに至つたので、その点、所司代は終始消極的であり、風波の立つ事を好まなかつたやうである。

消極的であり、穏和であつたと云つても、結局の処分は追放である。式部は、妻子の所有物は別として、式部自身の私有物は没収せられ、そして近畿、関東の殆んど全部と、東海道筋、木曽街道筋、それに丹波、近江、越後、加ふるに肥前より追放して、是等の国に居住はいふまでも無く、立入りを禁じた。書物は一冊も携帯を許さず、からかさ一本、銅銭五百文を与へて、京都より追ひ出した。所司代や奉行の、審理中の態度より見ても、また罪案に列挙せられたる不心得の内容から考へても、かやうに苛酷なる処分は不相当と云はざるを得ない。恐らくは此の処分、遠く江戸より幕府の指示した所であつたらう。私がそれを思ふのは、右申渡しのあつた時、所司代は既に人が替つてゐた。従来審理に当つて来た松平右京大夫は、宝暦八年十月十八日老中に転じて京都を去り、後任は井上河内守、その着任は遅かつた。審理は松平の司会で行はれ、松平は自身審理の席に出てゐた。申渡は井上の代になつて行はれたが、その席に所司代は出てゐなかつた。所司代の更迭と共に、処分の方針も変つたのではあるまいか。更にそれを思はしめるのは、宝暦九年五月六日処分申渡の時、目付両人、奉行両人、列座立会、式部をば従前よりは一段下の椽に召出し、判決書を読み聞かせて閉廷となつたが、閉廷して引上げる時に、奉行が、「御構《おかまひ》の地へ立寄りますな」との一言を投げかけてくれたと式部が記してゐるからである。「立寄りますな」は、内容から云へば懇切なる忠告であり、形式から云へば敬語である。重罪人に対して、奉行の云ふべき言葉では無い。蓋し審理に当つた所司代と奉行とは、式部との問答のうちに、その人物学識の高く清きに感動し、尊敬の念を禁ずる事、出来なかつたのであらう。しかも幕府中枢部に於いては、京都制圧の根本方針儼然として動かず、断乎として式部の追放を命じたのであらう。

続の三十四　幕府の水戸嫌悪《けんを》（上）

徳川幕府中枢部の方針が、朝幕関係の表面に於いては、朝廷尊崇の美徳を装ひつつ、内実に於いては朝威を過去の栄光と見、今日に在つては只装飾的価値が考へられるだけであつて、その限りに於いては之を保存すべし、若しその制限を越えて、現実の政治に主張し介入しようとするならば、それは幕府存立の基礎を危くするものとして、断乎制圧して、元の無力温和の状態に戻さねばならぬとするに在つた事は、以上略述する所によつて、明らかであらう。

京都に所司代を置いて、譜代大名を選任し、結局京都の行政を幕府の手に収めたのもそれであれば、井伊を彦根三十五万石に封じ、京師守護の密旨を授けて、近江一国より淀川流域にかけて、その練武演習地としたのもその為であつた。また修学院の離宮への行幸又は御幸も、春秋二回に制限し奉つたのもそれであれば、湯武の放伐を是認し、易姓革命を主張する室鳩巣を登用して将軍の侍講としたのもそれである。又竹内式部の講義によつて、若き公卿朝臣が日本国の歴史に目ざめ来るや、式部を捕へて追放したのもそれである。

それ故に安政年間に、梁川星巌、梅田雲濱、頼鴨崖等、京都に在つて皇学を説き、王政復古の気勢大いに興り、橋本景岳、公卿の間に説いて、現実政治への号令を請ひ、吉田松陰も亦之に応じて皇朝の尊厳絶対を説き、王政復古の大運動、渦を巻いて起るや、井伊大老の検察断罪忽ち起り、処分冷酷苛察を極めたのは、幕府としても、井伊としても、それぞれ其の伝承し来つた方針に従つたものであつて、決して新奇の今案では無かつただらう。

処分は、皇族にも摂関にも及んだ。青蓮院宮は慎である。前関白鷹司政通、前内大臣三條實萬は、隠居、落飾、そして慎である。左大臣近衛忠熙は辞官落飾、右大臣鷹司輔熙は辞官落飾慎である。内大臣一條忠香、権大納言二條齊敬、議奏久我建通、傳奏廣橋光成、萬里小路正房、権中納言正親町三條實愛は慎である。天皇は此の処分を可《よし》とし給はず、何とかして救はうと思召されたが、幕府の態度強硬であつて、あくまで処分を強請し奉つた。

朝廷の重臣が此の通りであれば、その他は何の容赦も無い。梅田雲濱、頼鴨崖、小林良典、藤井尚弼、僧信海、いづれも追究せらるるに不思議は無い。

京都の追及のきびしいのは、前述した朝幕関係より見て、いはば当然の事と理解せられるであらう。しかるに幕府の憎悪し、圧迫してやまざる今一つの中心がある。それは水戸だ。水戸は御三家の一、徳川宗家の身内として最も重要なる所であつて、之を嫌ひ、之を迫害してはならない筈であるが、事実はさうでは無かつた。

幕府の中枢部が、水戸を異分子として好まず、危険性ありとして警戒したのは、光圀の出現以来の事である。光圀は、寛永五年に、藩祖頼房の第三子として生れ、同十年六歳の時、兄を越えて世子となり、相続者と予定せられた。少年時代の光圀には、英豪の気象はあつたが放埓《はうらつ》であつて、学問は兎角廃却し、我儘勝手の行動が多かつた。それが道義の尊厳に驚いて、人生観を一変するに至つたのは、正保二年十八歳の時、史記の伯夷傳を読んだ時からである。いふまでも無く史記は、偉大なる歴史家司馬遷の撰する所、至る所に金玉の文字が鏤《ちりば》められて、燦《さん》然として人の目を射る貴重の古典である。本紀、世家、列傳に、年表あり、書あり、すべて百三十巻のその組織に、すでに国家の構成、人生の秩序を明示して、独創的才能を発揮してゐるが、就中、孔子を諸侯と並置して孔子世家を立て、伯夷の為に列傳の第一首席を設けた如きは、意味最も深く、訴ふる所甚だ重しとしなければならぬ。

伯夷傳には、その特異なる行為が二件、記されてゐる。第一は、伯夷は孤竹君といふ大名の長男であり、叔齊は三男であつた、父は三男を愛し、之を後嗣《あとつぎ》に立てたい希望であつた。父の歿後、三男は長男に譲つた。長男は父の意志を尊重して逃亡した。三男も自ら立つ事を承知せずして行衛をくらました、人々は止むを得ず次男を立てて家を継がせた、といふのである。

之を読んで驚いたのは、光圀であつた。自分は三男である。本来ならば兄の頼重が家を継ぐべきであるのに、兄は分家して（初め下館五万石、後《のち》高松十二万石）、弟である自分が水戸二十八万石を継承したのは、自分幼少の時に父の定めた所とは云ふものの、秩序を紊《みだ》し道義にそむいた自分の罪は逃《のが》れるものでは無いと、慚愧し後悔して、遂に家を兄の子綱條《つなえだ》に譲り、自分の子は移して高松を継がしめた。思ひ切つた処置と云はねばならぬ。

次には第二の件、是れは更に重大であり、深刻である。伯夷の時代は、殷《いん》の末世であつて、紂王の悪政に人民は悩んでゐた。大名の一人周の文王は、悪王にも善く仕へてゐたが、文王が亡《な》くなつて子の武王が後をつぐや、兵をあげて紂王を討たうとした。途中で之に遭遇した伯夷叔齊兄弟は、武王の馬の手綱《たづな》に取付いて之を諫めた。あなたの為《な》さるべき事は先づ親の葬儀であるのに、それを棄てて置いて戦争を始めるといふは、不孝といはねばならぬ、又臣はあくまで君に忠でなければならぬ、然るにあなたは殷の諸侯でありながら紂王を攻めるといふは不道徳ではないか、と諫めた。武王側近の兵は、怒つて之を殺さうとしたが、軍師太公望は、「義人だ、殺してはならぬ」と云つて之を止めた。兄弟は周の粟を食《は》むを恥ぢ、首陽山一名西山にかくれて餓死した。世間一般の人情から見れば、善行ある人の不幸なる末路は、之を何と判断すべきか、疑惑がある所であるが、孔子によつて伯夷兄弟は義人であり善人であり、仁を求めて仁を得た者、その一生は充実して、一点の怨も無い、と云はれた。聖人の出現によつて、万物はその本質を露呈するのだ。是れが伯夷傳の第二件である。

是れは事、重大であり、深刻である。之を現実にあてはめて考察するに、徳川幕府は、武力によつて天下の政権を掌握し、朝廷は只前代の残照、今日の装飾として存在するのみであつて、何の権限もないかのやうに考へてゐるが、それはつきつめて云へば、武王の立場に立脚し、放伐を敢てするもの、伯夷叔齊よりは厳しく批判せられ、烈しく攻撃せられる筈である。光圀は伯夷傳を読んで、第一の相続に驚いて深く反省し、水戸藩主の地位を兄の子に譲つた。その光圀が、伯夷傳に於いて最も重大なる放伐の諫止に驚き、深刻なる反省を来たさない筈はない。果して光圀は、当時朝廷に対し奉る幕府の態度の、いかにも僭越驕慢であつて、君臣上下の秩序はすでに失はれて居るに気付き、史記に深く感謝すると共に、自分も亦史記の如き歴史を作つて、人々に警告し、道徳の重く節義の貴い事を知らしめねばならぬと考へ、やがて彰考館を立てて学者を集め、国史の修撰に専念せしめた。その成果として現れたものが、即ち大日本史である。

大日本史、くはしく説けば、限りも無い。ここには只一点をあげよう。それは本紀列傳の配列である。即ち本紀には、神武天皇より始めて後小松天皇に至るまで、御歴代天皇の御事蹟を叙述し、列傳には、首《はじめ》に后妃、次に皇子、次に皇女、次に諸臣、次に将軍、次に将軍家族、次に将軍家臣、ついで、文學傳、歌人傳、孝子傳、義烈傳、烈女傳等となつてゐる。此の配列を一見すれば、日本国の組織整然として、上下の秩序明快であり、混雑転倒を許さない事、議論の余地が無い。大日本史は筆を後小松天皇の御代に止めて、それ以後に及ばないのであるが、然し徳川幕府が先例としてゐる鎌倉室町の両幕府は之を収めて居り、殊に家康の最も尊敬して模範とし師表としてゐる頼朝を将軍傳に置き、武家政治の先例とし優等生と考へられてゐる北條泰時は、将軍家臣傳に列せられてゐる。此の組織立ては、いはゞ大相撲の番付表のやうなものであつて、横綱は横綱、大関は大関、前頭は前頭、十両は十両で、その位階序列、乱すを許さず、而して凡そ関取は、此の番付表以外には無いのであるが、同じ様に、日本国の主要なる構成は、君主に本紀、臣下に列傳があつて、いかなる権力者といへども、それ以外にはみ出す事は出来ず、頼朝等源氏三代も、また足利の初め三代も、将軍傳に収容せられて、そこに安住せしめられてゐる。若しそれより脱出しようとするならば、それは最早「日本国」を離叛し去つた者であり、国外に追放せらるべき者であるとする外は無い。

第二には、湊川建碑である。元禄五年に光圀は、楠木正成戦死の地に、嗚呼忠臣楠子之墓を建てて、之を顕彰した。それまでは、世間一般には足利を恐れて正成の菩提を弔ふ者極めて尠《すく》なく、湊川の遺蹟も雑草離々として荒廃してゐた。それを歎いて此の碑が立てられ、その石碑に敬語「子」を用ゐて「楠子」としたるのみならず、無限の感動、最高の讃美をこめて「嗚呼忠臣」の四字を冠したのは、本意を明示すれば、足利高氏を逆賊とし、その従族を凶徒として筆誅し、獄門に掛けたものであつて、正邪理非の標準を明らかにしたのである。足利将軍、室町幕府を尊敬しその下流に游泳して得々然としてゐた徒輩は、之を見て驚き且つ怖れたに相違ない。

第三には、神武天皇御陵の忘却せられ、荒廃してゐる事を歎いて、その地に神社を創建して祭祀を厳修せられむ事を建白しようとされたのは、元禄七年であつた。その事は不幸にして実現しなかつたのであるが、凡そ神武天皇の奉祀、御陵の修復に就いての悲願熱望の先駆をなしたものであつた。

水戸の徳川光圀、家康には孫に当り、三代将軍家光とは、従兄弟の間柄であるに拘らず、朝廷を尊び、幕府を卑下する事、かくの如くである事は、主権を把握して最高の位置に在るかの如くに自負する幕府中枢部の、甚だ遺憾とする所であつたに相違ない。

幕府中枢部は、その意志を言論に於いて表はす事を欲せず、実務施行を以て明らかにしてゐた。

今、天皇崩御の際の布令を見るに、大抵は普請《ふしん》及鳴物《なりもの》（即ち建築工事及び音楽）の停止は五日間（もしくは三日間）である。之に反し将軍の薨去に当つては鳴物停止五十日を普通とし、将軍吉宗には普請禁止二十日、鳴物禁止五十日、将軍家齊には鳴物停止百日とある。即ち天皇には五日、将軍には五十日、それを人々は大抵怪しまず悲しまずして見すごしてゐる時代に、光圀は大日本史に君臣の秩序を明らかにし、楠公を絶代の忠臣とし、更に神武天皇の御為に神社を建てたいとの悲願をいだいたのである。世間にその高徳を慕はれながら、幕府より嫌悪せられ、冷遇せられたに無理は無い。

幕府が困るのは、光圀の学問によつて幕府の本質、即ち日本の国体上、幕府は如何なる地位を占めるものであるか、朝廷との関係はどうであるか、等が明瞭になり、それが世間一般に弘まる事である。世間に弘まるばかりでなく、幕府の身内として支持してくれなければならない所までが、水戸に同感してゆくのであるから、中枢部が水戸を苦々《にが》しく思ふのも仕方がないであらう。その一例は、尾州家の吉通である。吉通は、子孫に対する訓誡として、次のやうに説いてゐる。

「当時一天下の武士は、みな公方家（徳川将軍家）を主君の如くあがめかしづけども、実は左《さ》にあらず、（中略）御譜代大名と云ふは全く御家来也。三家（尾張、紀伊、水戸）の者は全く公方（将軍）の家来にて無し。今日の位官は朝廷より任じ下され、従三位中納言源朝臣《あそん》と称するからは、これ朝廷の臣なり。されば水戸の西山殿（義公）は、我らが主君は今上皇帝なり、公方は旗頭《はたがしら》なりとの給ひし由、然ればいかなる不測の変ありて、保元・平治・承久・元弘のごとき事出来て、官兵を催される事ある時は、いつとても官軍に属すべし。一門の好《よし》みを思ふて、かりにも朝廷にむかふて弓を引く事あるべからず」

先きに水戸義公が大日本史を編修するに、紀、傳、志、表に分ち、天皇の大政、臣庶の行事を述べて、勧懲並び存したのは、編修の総裁安積《あさか》澹泊が「実に我が西山公の創為する所にして、彰考館の由つて建つ所なり」と嘆賞したやうに、国史の編纂に新体を創立して、道義を明快にしたものであるが、その効果はあざやかに尾州の藩主徳川吉通の家訓に現れてゐる。吉通は正徳三年に歿したのであるから、安政年間よりは、凡そ百四十年前の人である。

かやうに水戸の感化は、御三家の一である尾州家にも強く及んだが、顕著なる例としては、松平定信をあげよう。白河の松平家、後には桑名に移るが、定信の時は奥州白河で知られた。此の家は譜代大名であるが、定信は、血統からいへば、徳川の本流から出た人である。それでありながら、よく大義をわきまへ、その登用した柴野栗山が神武天皇御陵の荒廃を歎いて詩を作り、それに陪臣として自署したのを将軍が怪しむや、定信は之を説明して、将軍といへども、天皇の御前には臣下であるから、将軍の直参《ぢきさん》は即ち陪臣である道理を明らかにしたといふ有名な話によつても分るやうに、徳川の本流から派出した傑出した政治家が、水戸の影響を受けてゆく事は、幕府の中枢部から見る時、まことに遺憾であり、不本意であつたに相違ない。

即ち正徳年間には尾州家の吉通が、寛政年間には桑名の松平定信が、そして今安政五年には、水戸の烈公齊昭と、尾張の徳川慶恕と、親藩の筆頭越前の松平慶永（春嶽）とが、揃つて登城して幕府の方針に反対するとなると、中枢部がかねて抱いてゐた反感は急に爆発して苛酷なる処分を以て之に報復した、隠居慎を命じたのは、つまる所、身分の剝奪である。松平慶永の如きは、隠居を命ぜられた時、年は三十一歳の若さ、すべての仕事は是からといふ、希望と期待とに充ちた年齢であつた。その青年政治家を三十二万石の福井藩主たる身分よりはづして、福井藩主としては一族越後糸魚川一万石松平日向守茂昭を任命したのであるから、親老いて隠居し、子その後を継承する場合とは訳がちがふ。

尾州も気に入らぬ。越前もふざけてゐる。然しそれらの思想の根本、運動の震源地は水戸だ。義公以来の水戸の努力は、すべて日本国二千数百年の歴史を明らかにして、天朝の光を輝かし奉るに在つて、徳川創業二百数十年の苦心経営は之を無視しないでは無いが軽視し、ややもすれば反抗の態度を示す事けしからぬとする反感が、幕府中枢部に鬱結してゐて、それが井伊大老の苛酷なる処分となつたのである。

続の三十五　幕府の水戸嫌悪《けんを》（下）

水戸の正気は義公によつて光を発した。多くの学者ここに集まり、研究を積み討論をかさねて、調査はいよいよ精密となり、議論はますます正確となつていつたが、しかも其の根本、骨髄をなし、之に指南、決裁を与へたるものは、義公であつた。その義公の精神は、幕末に於いては、烈公に伝はり、東湖によつて天下の英傑に弘まつた。人よく道を弘む、道は人を得て輝き、輝いて小は一隅を照らし、大は天下を動かすのである。

義公は、神武天皇の聖徳大功を讃へて、神宮を創立して祭祀を厳にせられるやう立願し、建白の文を作らせられたが、時熟せずして中止せられた。その志をついで、神武天皇の山陵修復の議を、幕府へ申出られたのは、烈公であつた。その為に、老中大久保加賀守に贈られた書には、

「そもそも神武天皇は、人皇第一の太祖にましまし候へば、凡そ神国に生れ候人は、誰とても尊敬致す可き段は勿論の義、（中略）もつとも人臣の身分、天皇を祖と唱へ候は、遠慮これあるべき筋に候へども、窃《ひそか》に血統の由つて来る所を推し候へば、将軍家は申すに及ばず、懿親の末に列し候拙者輩とても、遠く天潢の末流を汚し居り候義委細申すに及ばず。然る処、年代の

久しき故とは申しながら、太祖の山陵、多年荒廃致し、僅に申伝へ候地も、少々小高く相成居り候までのよし承及申し候。（中略）帝皇始祖の御廟御修遊ばされ候はば、ますます御至徳相顕《あらは》れ御武運いよいよ御長久に御座あるべしと存じ候間、何卒《とぞ》京都へ仰せ出され、御修復あらせられ候様、至願に堪へず候。（中略）神武天皇元年より天保五年までは、二千四百九十四年、来る子年《ねどし》にて二千五百年に相成候処、（中略）当年より取懸《かか》り、子《ね》の年には御祭にても遊ばされ、此の上、皇統の無窮、武運の長久、御祈願もあらせられ候はば、実に目出度御事にこれあるべしと存じ候間、心願の趣、有りのまま相認《したた》め申し進《しん》じ候」

と心願の趣、丁寧に述べられたのであつたが、之に対する老中大久保加賀守の返答は、山陵には「深く手を附けられない御深意なれば、此の事仰せ立てらるるとも、相整ふべきにあらず」といふ冷々淡々たるものであつた。それを見れば、幕府の態度は、終始極めて確乎不動否定的であるのに、烈公は更に断念せずして、反覆出願に及ばれた事、局外に在つて之を見れば、いかにも無益であり無効であるばかりでなく、之によつてますます幕府中枢部の心証を害し、憎悪排除せらるるに至つた事、気の毒といふの外は無い。

その烈公を支《ささ》へ、之を輔《たす》けて、天下有為の士の目標となり指南となつて、正気を激発したのは、藤田東湖であつた。その東湖が、烈公にたてまつつた封事の中にいふ、

「先づは関東の弊風にて、日光等さへ御立派に候へば、山陵はいか様にても嘆《なげ》き候者も少《すくな》き姿に御座候。御当代の儀は、室町鎌倉と同日の論にこれ無き段は勿論に御座候へども、極内実の

所を申上げ候へば、やはり鎌倉等の弊風残り居り候類《たぐひ》も少なからず。第一に禁裏の御即位の節、種々の御かざり物の内に、幟様《のぼりやう》のものへ、大字にて認《したた》め候文言《もんごん》に、可奉任承久之例者也（承久の例に任《まか》せ奉るべき者也）云々と申す文言御座候よし。又日光御門主（輪王寺宮）を平日御手に御附け遊ばされ、万一の節は、忽ち南北朝の勢をなし候御意味、叡山へ対し東叡山御建立、其外禁中諸法度等の意味、実に言語に絶《ぜつ》し嘆かはしき次第、右等を以て相考へ候へば、京所司代などは、以心伝心の心得ぶり、密《ひそか》に相伝仕り候かも計りがたく、実意に考へつめ候へば、一日も寝席を安んじかね候次第」

と江戸幕府中枢部の内実秘密の政策、天朝に対する二重三重の警戒を、敢然として指摘し暴露したる後、

「此処西山公（義公）には御深慮あらせられ候と相見え、所詮力づくに遊ばされ候へば、ますます京都の御難儀に相成候故、まづ天下一統の人心を御直し遊ばされ候はむと、日本史の御目《もく》論見《ろみ》あらせられ候か。是はかけはなれ候事故、公儀（幕府）にても御手のつけやうこれなく、将軍傳などは誠に耳のいたき事ばかりに御座候へども、御当代（徳川）の事には御座なく候故、是れ以て致し方もこれ無し。さて右日本史御開板には相成らず候へども、私に天下へ流布仕り候ゆへ、志ある者、一同に興起仕り候次第、一向に目には見え申さず候へども、其源は西山の学風に本づき候段勿論と存じ奉り候。さて其節は、公辺（幕府）にても、いまが京都の御用心深き折柄に御座候故、悉く西山公を御忌み申上げ候儀と相見え、（義公には）御隠居まで御位

官これ無き一条にても相分り候様《やう》存じ奉り候」とある。その「御隠居まで御位官これ無し」といふは、元禄三月十月十四日、光圀藩主をやめ、世子綱條封を継いだ、年は六十三であつた。翌十五日、光圀、権中納言に任ぜられた事を指すのである。在職中は任官の栄誉なく、隠居して初めて任官せられたので、内心之を喜ばず、祝賀の事は行はなかつたといふ事、西山遺聞の註に引く住谷長太夫の物語に見えてゐる。即ち義公は寛文元年父中納言頼房の後を継いで藩主となり、翌年三十五歳にして参議に任ぜられたが、幕府から嫌はれて、元禄三年十月、六十三歳にして隠居するまで、凡そ二十八年の長きに亘り、参議のままにする為置かれたのである。父の頼房すでに中納言であつた以上、家の格式を守る当時の慣例から云へば、これは異様と思はれる上に、隠居の翌日に権中納言に任ぜられたとなれば、そこには意味がある事、推測してよいであらう。徳川實紀にも之を怪しんで、「抑も此卿の隠退こそいぶかしけれ、いまだ衰老といふにもあらず。(中略)かくにはかに隠退の事は、いかさま故ある事なるべし、旧《ふる》きもののかたりしに、卿さばかり賢名令誉おはし、人望の帰する所、当時この右に出るものなし、しかれば上(将軍)にも、こと更優待せらるべきを、卿任職の間は、いと疎々敷《うとうとしく》ましましければ、(中略)その後はこの卿卒去のころまでも、水府(水戸)をば疎遠にわたらせられ、卒去後に及び、綱條卿をば懇遇ありしよしなり、さる故もありけるにや」と疑つてゐるのである。

水戸藩の内情を知つてゐる藤田東湖のいふ所と、幕府の編著に成つた徳川實紀の記す所とを参照して見れば、水戸黄門光圀、名声人望、天下に鳴り、古今に輝いてゐるに拘らず、否輝いて居るが故に、幕府の中枢部よりはうとまれ、苦《にが》々しく思はれてゐた事、明らかである。その原因の中核は、水戸の天朝崇敬、大義死守の精神、この一点に帰着するのである。水戸が幕府から睨《にら》まれた所以《ゆゑん》は、同時に水戸が天下の英傑より慕はれた所以であつた。神武天皇御廟建立の議は、秘して伝はらなかつたであらうが、大日本史は公刊こそ遅れたものの、その噂は早くより既に高く、嗚呼忠臣楠子之墓の建碑に至つては、往来の人々仰ぎ見て感動し、語り伝へてゐたであらう。かくて水戸は、天下志士のメッカとなり、東湖は師表となり目標として輝いた。嘉永四年のくれに水戸をおとづれた青年吉田松陰は、彰考館の碩学にあたたかく迎へられて、初めて皇国の古典を教へられ、驚嘆して「身、皇国に生れて、皇国の皇国たる所以を知らず、何を以て天地に立たんや」と叫んだ。又橋本景岳は、安政三年鈴木主税の墓表に関して中根雪江に意見を述べ、その揮毫は、「有志中の魁傑に頼」みたいとして、「純（鈴木）も小拙（橋本）も、心服致し候者は、水府藤田子（東湖）に止まり中候」ところ、その人「既に泉下に帰し居」り、致し方なき故、東湖の墓表執筆者をたづねて、その人に依頼したいと思つたところ、それは烈公御自身御染筆の思召であると承り、感涙した事である、此の佳例にならひ、鈴木の墓表は、藩主春嶽公に御揮毫を願つてほしい旨、申出てゐるのである。

東湖に傾倒し私淑するのであれば、当然景岳は皇国の崇高なる国体に感銘してゐる筈である。果して安政三年四月二十六日中根雪江に贈つた書状には、

「元来皇国は異邦と違ひ、革命と申す乱習悪風これ無き事故、当今と申し候ても、直《ただ》ちに神武

皇《ママ》の御孫謀御遺烈御恪守御維持遊ばされ候て然るべき義と存じ奉り候。但し（中略）時代の沿革と申す者これあり候へば、神皇の御意に法《のつと》り候事、肝要にして、其作為制度に至り候ては、些少換改潤色これなく候はでは、叶ひ申さず候。然れば神皇の御孫謀御遺烈と申候は、即ち人、忠義を重んじ、士、武道を尚《たふと》び候二ヶ条に御座候。これ即ち我皇国の国是と申す者に御座候なり。此二ヶ条、皇国の皇国たる所にして、支那の華靡浮大、西洋の固滞暗鈍に比し候へば、雲泥の相違、神皇の御遺烈、必ず尚武重忠の四字に限り申候。第一、武道を重んじ給ふ事、御謚号を神武皇と尊び奉り候にても相分り申候」

とあつて、読んでゆくうちに、連想せられるのは、山鹿素行の中朝事実である。山鹿素行は、その学問深遠であり切実であつたが、他の学者と大いに異なる所は、武士又は武将としての心構に在つた。橋本景岳も之に類する。景岳は「行餘鎖事に題」して、

「あゝ今の時、いかなる時ぞや。丈夫此の時に処する、まさに長鎗大剣を持して万里を馳駆し、国家の為に非常の功を立つべし。何ぞ碌々として生を筆硯の間に畢へんや」

といひ、世の学徒、瑣々《ささ》たる著作を以て、大業盛事となすを憫《あは》れみ、

「諸葛武侯（孔明）、平生文を学ばず、しかるに出師《すゐし》の二表、天地を感じ、鬼神を泣かしむ。文此《ここ》に至りて足れり矣」

と嘆称してゐるのを見れば、是の人も亦、武を重んじ、文武兼備して護国の大事を成さん事を期してゐたのである。それ故に国体を説いて尚武重忠の四字を重しとし、期せずして山鹿素行と相似し

たのであらう。

是等はすべて、幕府中枢部の甚だ好まざる所である。幕府としては、慶長元和を以て一切の根本元始とし、若しそれを遡つて先例を求め故実を尋ねるとならば、近くは足利、遠くは鎌倉を考へてよく、いかに溯つても頼朝を限度としなければならない。それ以前に溯る時は、武家政権は足を踏みはづすおそれがあるのだ。しかるに水戸は、義公以来卒先して神武天皇をあがめ奉り、尾張の藩主中納言吉通も之に追随し、近頃はまた福井の藩主越前守慶永まで之に同調するとは、中枢部の意外とし、不愉快とし、不謹慎とし、しかも表面切つて反対し得ないが故に、一層深刻にくすぶつてゐたであらう。それが今、安政五年四月二十三日、中枢溜間《たまりのま》の中核であり、首席であり、代表である井伊直弼が、天なるかな、命なるかな、突然として大老に任ぜられ、しかも将軍家定病篤くして重態なるが故に、事実上、将軍の代行として現れた。中枢部が多年に亘つて抱いてゐた欝憤を晴らし、幕府政治をそのあるべき姿に戻し、家康家光の栄光を再び輝かさうとするには、絶好の機会と思はれたに相違ない。しかも其の大老就任の五日目に、大老は岩瀬肥後守を招致して、外交問題の従来の経緯《いきさつ》を聞いた。岩瀬は当時幕府の奉行中第一流の俊傑であり、硬骨であつた。欧米の列強、先きを争つて東洋に殺到し、武力を背景として利権を求めつつある現状を説き、我国にして一歩を誤らんか、阿片戦争の二の舞となり、天津条約の覆轍をふむに至るであらう、井蛙の見は打破すべく、彼我の戦力は雲泥の相違である事を、大胆に、卒直に述べた。井伊は之によつて、従来いだいてゐた鎖国攘夷の策の、到底墨守すべからざるを悟つたが、同時に開国論者に対しては、讃美もしくは感謝の代りに、いふべからざる不快反感を禁ずる事が出来なかつた。それを岩瀬の烱眼《けいがん》はいち早く看取して、即夜橋本景岳に一書をしたため、「只々痛憤、死中求活を願候のみ」といふと同時に、「御文通類は、総て速に丙丁を願候。貴翰も直《ただち》に悉く投火候」と通知して、大獄の起り弾圧の始まるべきを予言し、証拠書類を焼却すべきを勧告したのであつた。

そこへ六月二十四日、水戸の齊昭・慶篤父子、尾州の慶恕、越前の慶永の不時登城となつた。戦機正に熟して、七月五日、幕府は齊昭に駒込屋敷に居住して慎しむべきを命じ、慶恕には外山屋敷にて慎しむべき旨を、松平慶永には隠居し、急度《きつと》慎しむべき旨を、又一橋慶喜、水戸慶篤には登城停止を命じた。此の処分、井伊は之によつて幕府の威権を示し、反対派の畏縮を期待したのであつたが、結果は却つて昂奮渦を巻いて起り、意外の様相を呈して来た。京都に於いては、天皇深く憂慮あらせられ、八月七日、勅諚を幕府、水戸、その他諸大藩に下し給ふ事となり、特に水戸へは密勅を賜ひ、鵜飼父子の責任に於いて、決死潜行、十六日の深更、江戸の水戸邸に入り、翌日藩主慶篤に届けた。

今度は井伊側が昂奮した。井伊は非常の強圧を命令し、老中間部下総守及び所司代酒井若狭守を至急上京せしめ、九月七日梅田雲濱を捕縛したのを手始めに、大検挙を開始した。その検挙と処罰との、最も厳急であり、苛酷であつたのが、京都と水戸とであつた事、それ以外の人物では、越前の橋本景岳、長州の吉田松陰を主とした事情は、上来述べ来つたところによつて明らかであらう。

従来世間に説かれる所では、安政の大獄は、井伊大老が世界情勢を達観して、我国ひとり其の間に孤立し、鎖国の方針を固執する事の、不条理にして且つ不可能なるを察し、断然開国の政策を採用せるに対し、世界情勢を知らざる頑固の国粋論者が、強硬に反対した為に、幕府は止むを得ずして弾圧を加へたものであるとするものが多かつた。然しそれでは、橋本景岳の如き、すぐれたる語学を以て欧米の情勢を知悉し、その文化、その経済に通ずるのみならず、欧米の軍事、兵学にも明らかであつて、開港貿易の必要なると共に、必ず軍備を充実すべしとし、やがて起るべき戦争に、我国はいかに対処すべきか、五十年先き、百年先きを洞察して、護国の大方針を立てた稀代の英傑が、いち早く捕へられ、そして極刑に処せられた所以を説明する事、不可能であらう。同時にまた、此の橋本に驚嘆し、之に同調して、アメリカと条約を結ぶ上に、尽力し貢献した幕府の外国奉行の人々、それに同調せる諸有司、達識の名士が、数多く処分せられた事の説明も出来ないであらう。即ち若年寄本郷丹後守、大目付土岐丹波守、外国奉行岩瀬肥後守、勘定奉行永井玄蕃頭、同川路左衛門尉、目付鵜殿民部少輔、書物奉行平山謙二郎、軍艦奉行兼外国奉行井上信濃守等の名士、或は隠居、慎、差控、永蟄居、もしくは左遷に処せられ、寄合石河政平の如きは、自決したるに拘らず、之を処罰して葬式を許さず、禄七百石を削つたといふ。

之を要するに、井伊の怒りは何処に在つたかといへば、政治外交の大権は、家康家光以来徳川幕府に委任せられて来たのであつて、今更朝廷より兎角の御指図《さしず》あるべき筈は無く、況んや尾州や水戸、乃至は越前よりの介入を許さず、ましてや幕府の諸役人、諸藩の藩士、又は浪士どもの口出しは僭越至極であつて、一切は将軍一人の独断専行する所、その顧問に具はつて内密の協議に参与するは溜間詰の譜代大名、即ち天正慶長以来、歴戦して徳川氏の創業を輔《たす》けたる名誉の家柄であつて、大名としての禄高こそ割合に少ないとは云へ、その代りに政治参劃の権力を与へられたるもの、而してその筆頭は井伊であつて、万一の場合には大老として表面に立ち、将軍の権力を代行するであらうと自負してゐたのである。それが今、安政五年に問題となつてゐるのは、一方に開国か攘夷か、他方に将軍の継嗣、一橋よりか紀州よりか、此の二つの選択で衆説囂々としてゐるのであるが、それはすべて越権の沙汰だ、之を選択し、之を決定するのは将軍であり、それに参与し、もしくは代行すべきは井伊であつて、他の何者でも無い。これが安政大獄を敢てしたる井伊の心理であり、主張であつたのである。

（昭和五十七年三月一日執筆、今朝の温度零度にて、頗る暖かく感ず、残雪は尺余、雨雲低く垂れて、老眼はくらきに苦しめり）

続の三十六　井伊の横死と岩倉の失脚

荻生徂來の著述に、中庸解といふ一冊がある。その古い版本の奥に、物夫子著述書目記が附いてゐる。物夫子は、荻生先生といふべき所を、唐風に云つたものに過ぎないのであるが、それは宝暦三年に、門人服元喬、即ち服部南郭の記したものである。日本人であれば日本人らしく、荻生といひ、服部といへばよいものを、わざわざ物夫子といひ、服元喬といふ所に、自己の立場を忘れた迷妄が現れてゐるのであるが、その文の首に、「国家興りて百有四十年」とあるは、事頗る重大である。宝暦三年より百四十年溯れば、慶長十八年であるが、「百有四十年」と数へたのは蓋し概数であつて、国家の建設を慶長八年家康征夷大将軍に任ぜられて幕府を開いた時に在りとする事、明瞭である。

それに就いて想起するのは、尾張の中村成昌が文政十二年に著して、天保七年に出版した知命記である。それは『日本文庫』第九編に収められてゐるが、今問題とする所に触れて左の通り論じてゐる。

「将軍家開府の初を称して、開国、国初など書ける者あり。あたらぬことなり。皇国は、神武天皇、皇居を大和に開かせたまへるの時を称し奉りて開国と云ふの外、更になきことなり。漢土は国家顚倒して主《ぬし》かはり、国号改まり、新に国をなすが如くなれば、其初を開国といひ、国初と云ひ、前代をさして勝国といふ」

私ははじめ、江戸時代の儒者の書いたものに、往々にして国初または勝国の文字あるを見て、漢学惑溺の余弊、不用意不謹慎ではあるが、必ずしも本気の沙汰では無く、深意のあるものではあるまいと考へてゐた。然し井伊直弼の心事を披瀝したる極秘の願文を発見したる後に於いては、此の甘き判断はなげうたなければならぬ。流石に猶憚る所あつて、表面にこそ現はさざれ、幕府の中枢部には、慶長八年を建国の年とし、それ以前を勝国とする考が、強く存してゐたのである。日光廟の荘厳も、水戸義公に対する冷遇も、荻生徂來や室鳩巣の登用も、是の意図を明らかにして、初めて理解せられるであらう。また松平越中守定信、八代将軍吉宗を祖父とし、三卿の一田安宗武を父として生れ、門地家格に於いて既に優秀である上に、学問教養に於いても、性格志向に於いても、時弊を矯正すべき偉材として、三十歳にして首席老中に任ぜられ、三十一歳にして将軍輔佐役を命ぜられ、十六歳の少年将軍家齊を助け、内治に外交に献身的に貢献してゐたに拘らず、寛政四年十一月、柴野栗山が、神武天皇御陵の荒廃を歎いた詩の奥に、陪臣無位柴邦彦謹書と署名したのを将軍家齊見とがめて、柴野には直参の待遇を与へてゐるのに、陪臣と書いてゐるのは心得がたいと云つたに答へて、定信の解説には、「是れは天朝に対して陪臣と云つたのであり、凡そ天朝に対しては、将軍といへども臣下であるが故に、幕臣はすべて陪臣である」旨を以てしたので、将軍大いに驚いたと伝へられてゐるが、此の解説後、いくばくも無くして定信は、寛政五年七月二十三日、将軍輔佐役并《ならび》に首席老中の重職を罷免せられたのであつた。当時定信の年齢三十六歳、その春には伊豆・相模の沿岸を巡視して、海防の策を立て、帰つて諸藩に海防の厳命を下したばかりであつた事を考へ合はす時、あの陪臣の解説と、此の罷免とには、因果の関係ありはしないかと怪しまれるのである。有名なる寛政異学の禁令は、寛政二年五月、林大学頭に下されたものであるが、当時大学頭が之を承けて、直ちにその門人に下したる諭告には、「御当家開国の始、宋学御取立なされ」云々とあるを見れば、「国初」、「開国」、など云ふが、当時の慣用であつて、従つて、栗山が将軍の直参でありながら、陪臣無位と自署するは不可解とせられたのであらう。

国体の根本に関して相容れざる二つの見解、即ち建国二千五百十余年、京都を中心とする皇国日本か、それとも立国二百五十余年、江戸を中心とする徳川国家か、二つの見解の激突決闘が、安政五年、六年、万延元年の三年に亘つて行はれたのである。

此の衝突は余りに激しく、その被害は余りに甚大であつた。否、甚大どころでは無く、致命的であつた。初め安政五、六年は、井伊大老の弾圧、天下を震駭せしめた。之によつて処分せられる者、凡そ百名、皇族たりとも、摂関大臣たりとも、遠慮しなかつた。御三家、御三卿、親藩と雖も、仮借する所は無かつた。水戸・尾張・越前に鉄槌を下すなどといふ事は、凡そ考へ及ばざる所であつただらう。それに隠居を命じて、藩主は別人を外から持つて来て任命するとなれば、前の藩主は地盤を失ふのである。師団長が威力を有するは、師団の兵力をもつてゐるからである。若し師団長が予備役仰付けられ、別人が師団長に任ぜられるならば、前の師団長は最早指揮権は無いのである。それ故に井伊が、水戸烈公を永蟄居に、藩主慶篤を差控とし、その家臣に厳罰を加へた時、慶篤が之に抗議せんとするや、「若し文句を云はれるならば、藩主の更迭を行ひ、後任には支藩の高松十二万石より頼聰（その夫人は井伊大老の娘）をもつてくるであらう」とささやかれて、慶篤も黙従するの外は無かつたといふ。かくて其の最も信任した安島は切腹、茅根は死罪、鵜飼は獄門、藩主は之を救ふ事、不可能であつた。同様に越前藩に対しても、藩主慶永に隠居を命じ、後任には支藩糸魚川より茂昭をもつて来て任命した。慶永の年は若い、三十一歳である。英名を以て鳴り、天下の人望篤かつたが、三十二万石の基盤を失つては、橋本景岳を救ふ力は無い。三百諸侯は之を見て、幕府に抵抗する事の、いかに困難であり、不利であるかを悟つた。水戸といへども、越前といへども、遠慮も無ければ、用捨も無い。幕府の思切つた処分を見た時、諸大名は加藤清正も、福島正則も、さては蒲生氏郷も、小早川秀秋も、名家といひ、勇武といひ、世に輝いた武将の跡、見る影も無く断絶してゐる例の多い事を連想して、身の引締まる思がしたであらう。

かくて安政五年、六年は、幕府の威光、天下を圧倒した。井伊の完全なる勝利と見えた。しかるに其の井伊は、万延元年三月三日、所もあらうに桜田門外に於いて、即ち大声で呼べば、井伊の本邸にも響けば、幕府の玄関にも聞こえるかと思はれる場所で、水戸脱藩の士十七人、之に薩摩の有村次左衛門を加へて十八人の奇襲を受け、彦根藩士六十人ばかりの護衛も其の効なく、井伊は駕籠の中にて刺され、引出だされて首を討ち取られた。

幕府の大老が、いはば幕府の玄関先きに於いて、白昼公然と襲撃を受け、六十人の護衛も空しく、首を取られたとあつては、幕府の威信は崩れざるを得ない。殊に事後の処理が拙い。彦根藩では、負傷したので一応帰宅、手当中であるとの届を提出して、大老の死を隠し、体裁をつくろはうとした。蓋し事実ありのままに発表する時は、不覚の横死として、家名断絶、一藩取潰《とりつぶ》しの外はないので、幕府としても、彦根藩としても、秘匿を得策としたのであるが、それは却つて世の指弾を招き、非難を浴びるだけであつた。

井伊大老倒れて後、幕政を担当した者は、久世大和守廣周、安藤對馬守信睦等であつて、万延元年より文久元年、同二年と三年に亘つて、破綻《はたん》を弥縫《びほう》しようと努力した。即ち井伊に通謀したる紀州藩の附家老水野土佐守には隠居謹慎を命じ、井伊によつて退けられたる尾州の慶勝、一橋慶喜、越前の慶永、土佐の山内豊信の慎を解き、水戸に対しては、藩主慶篤の登城禁止を解くと共に、その家老岡田信濃守、大場一眞齋、武田耕雲齋の復職を許容したのであつた。

然し久世・安藤の弥縫策の最も重要なるものは、皇妹和宮を将軍家茂の夫人として迎へ之によつて公武の合体を計り、京都と江戸との対立を除去しようとするものであつた。此の案の最も熱心なる主張者は岩倉具視であつたが、岩倉は是より先き、安政元年三十歳にして侍従となり、安政五年三月には、「神州萬歳策」と題する時務策を内奏したが、その中に、或は

「神武天皇より二千有余年堂々たる大日本国の御体裁も、（中略）漫《みだり》に世界の形勢一変を名として鎖国の制度を変革し、彼れの要求を容れ修好通商の条約を取結ばんとす、誠に無謀無策の

甚しきものにして因循苟安の極と謂ふて可なり」

と云ひ、或はまた
「既往は咎むるも徒《いたづら》に紛紜を生ずるに過ぎずして詮なき事なれば、其反省自新を聴《ゆ》るし、国内一致を緊要とし、徳川家長久征夷の職掌を曠《むなし》ふせしめずして、御国威拡張の叡慮御貫徹の場合に相成る様、専ら御仕向《しむけ》遊ばされ然る可し」

と云ひ、かさねて又
「何《い》づく迄も君臣合体公武一和の旨趣を以て、（中略）朝家の御威光を墜《おと》さず、又武家の面目を失はしめず、全国の力を戮《あ》はせて外侮を防禦する様、誠心を以て協議せしむべし」

と述べ、更に之を再説詳論して、

「猥《みだり》に大内裡の昔を顧恋し、或は陰に国主大名に依頼する等は決して宜《よろし》からず、たとへ東国に伊達、上杉、佐竹、北国に前田、西国に島津、毛利、鍋島、黒田、細川、四国に山内、蜂須賀等奮起し、朝家を守護し奉るも、朝廷に於て確乎たる御見識立てざれば、徒らに内訌を激成し、其中には所謂取つて代るべしとの大望を抱くもの無しとせず、（中略）何《い》づく迄も徳川家を主として、諸大名を以て之を輔佐せしむるを今日に於ては得策とす」

といふを見れば、岩倉はもともと攘夷論者であつて開国には反対であり、公武合体、即ち朝幕妥協を主張して現状を維持しようと考へてゐた事、明瞭である。その岩倉が、安政五年、六年の大獄を見、更に万延元年桜田門の変を聞いて、いよいよ公武の合体を主張し、遥かに江戸の老中久世・安藤と東西呼応するに至つたのは、当然の成行であらう。

皇妹和宮御降嫁の事は、孝明天皇の好ませ給ふ所で無かつたが、京都に於いては岩倉が、江戸に在つては久世・安藤が、之を公武合体の名策として、頻りに勧め奉つたので、遂に之を許容あらせられ、和宮は万延元年十月二十日京都御発輿、中山道を経て御東下、十一月十五日江戸へ入らせ給うた。岩倉は前駈として扈従し、江戸に於いては、久世・安藤と会見して、公武一和の実を挙げるに努めた。

然るに此の公武合体の案は、わづかに一時を糊塗する弥縫策に過ぎずして、内外の重大問題を解決する識見も無ければ、力量も無かつたので、段々と破綻を生じて来た。文久二年の正月十五日、大橋訥庵の指導を受けて、尊王攘夷を目指す常陸・下野の志士六人、坂下門外に於いて老中安藤對馬守を襲撃した。對馬守は傷ついたのみで、生命に別条は無く、却つて志士は皆殺されたが、その斬奸趣意書には、和宮御降嫁の事を歎いて、安藤等の奸策は井伊に劣らざる悪逆であるとしたので、それが流布して天下の人心を打つものがあつた。

安藤對馬守、傷は間もなく癒えたが、四月十一日老中をやめた。京都に於いては、鷹司・近衛の参朝が許され、青蓮院宮の永蟄居が免ぜられた。江戸に於いては、尾張の慶勝、一橋慶喜、越前の慶永、土佐の山内豊信等に対する面会及び書信の拘束を解いて自由を与へた。井伊体制のままで凍結しようとした安藤・久世の時代は、一年半続いた後、文久二年の四月を以て終つたのである。

安藤は、文久二年四月十一日を以て、また久世は、その年六月二日を以て、老中をやめた。之に代つて、幕政に発言権を認められたのは、越前の松平慶永であつた。慶永は、文久二年五月七日、招かれて幕府へ登城したところ、本日以後幕政に参与する為、折々登城するやう要請せられ、六月十四日には、其の手当として年々米壱万苞を賜はるべき旨達せられた。ついで七月六日には、天朝よりの御指示に依り、慶喜には将軍後見職、慶永には政事総裁職申付ける旨、将軍より台命があつた。政事総裁職は、即ち大老の職権であつて、慶永が若し譜代大名であれば大老と云つたであらうが、親藩であつたから、特に此の呼称を用ゐたのであらう。その日、老中脇坂中務大輔の問に答へて、慶永は今後の方針を説示し、「唯《ただ》天下の視て私とする所を去り、天下の視て非とする所を改むるの外に出でず、たとへば外交の如き、朝廷へ御伺の上、難易共に公然の御所置に相成り、又天下の為とあれば幕府の為を顧みず、或は改め或は廃する等、輿論の帰する処に従」ふべきであると述べた。その秋より冬へかけて、井伊時代の役人多く処罰せられる。元の老中久世も安藤も隠居急度《きつと》慎《つつしみ》であり、ついで永蟄居、加へて所領削減である。元の所司代酒井若狭守も隠居、加増の一万石没収である。井伊に対しては所領を十万石削つて追罰した。その側近長野主膳等も当然厳罰を免れない。元の老中間部は隠居急度慎、そして所領の内一万石の没収である。その外、数多くの人々、井伊の意を受けて働き、もしくは井伊体制の内に栄えた人々が処分せられた。黒白、所を替へたのである。

井伊体制のままに凍結して、安易に公武の合体を計つた岩倉も亦、此の情勢の下に在つては、当然失脚せざるを得ない。岩倉は幕府に通謀する奸物として志士の排斥する所となり、文久二年七月二十一日、九条関白の家来にして、井伊の側近長野主膳と提携して安政の大獄に苛酷なる告発を敢へてしたる島田左近が、身首所を異《こと》にして加茂川に棄てられたるを発見し、大騒となるや、岩倉の身も亦危きを悟り、七月二十四日辞表をたてまつつて近習を辞し、八月二十日蟄居を命ぜられ、その日辞官落飾を出願するや、即時之を許された。即ちそれまでの中将具視、今は入道友山、墨染の衣を身にまとひ、月明らかにして露ひややかなる夜、ひそかに家を脱出して西加茂に入り、やがて岩倉村に廃屋を借りて此処におちぶれの身を寄せたのであつた。時に年三十八歳。

それだけ聞けば岩倉は、岩倉村に古い馴染があり旧誼が存し、失意不遇の時にも隠棲して風流を楽しむ事が出来たかと想像せられやすいであらう。実はさうでは無く、折角借りた廃屋も、家主やがて世間の噂を耳にして岩倉を嫌ひ、言を左右に託して借用を拒み、他所に移つてほしい旨申出て、岩倉を苦しましめたのであつた。

続の三十七　島津と大久保の登場

井伊大老倒れたる直後、幕政を担当したる老中久世・安藤と呼応して、安易にして弥縫《びほう》的なる公武合体策を立て、一時成功したかに見えた岩倉は、文久二年正月、坂下門外襲撃を受けて安藤失脚し世情一変するに及び、一身の危険を感じて、八月辞官落飾し、入道友山と名乗り、夜にまぎれて京都を脱出し、洛北岩倉村にかくれた。その後、形勢は悪化する一方で、岩倉は洛中入りを禁ぜられ、重謹慎を命ぜられた。その岩倉村さへもまた安住の地では無くなり、転じて花園村に移つた。文久二年の秋より、同三年、元治元年、慶応元年、二年と、凡そ四年半の間、岩倉の失脚不遇隠棲はつづいたが、その間に天下の風雲は大きく動いて来た。

これより目を転じて大久保を見よう。大久保利通は、天保元年八月十日、鹿児島城下に生れた。西郷におくれる事三年、岩倉におくれる事四年である。家は御小姓組に属して世禄は少なく、加ふるに父は藩の内訌によつて起れる高崎崩れの為に鬼界島へ流され、一家非常の苦難に陥つたと見えて、当時借金の依頼状が数通残つてゐる。やがて嘉永四年二月、齊彬、四十三歳にして藩主となり、藩政を改革し、勢威隆々としてあがつた。かくして嘉永六年五月、利通は初めて謹慎を免ぜられたが、父は遠島のままであつて、それが赦されたのは翌年七月であつた。西郷が安政元年齊彬に抜擢せられてその江戸出府に従ひ、ひろく天下の俊傑と交つてゐたのにくらべ、大久保は頗る不運であつて、むなしく鹿児島に留まつてゐたが、安政五年正月、西郷と大久保とは、共に御徒目付《おかちめつけ》に任命せられた。時に大久保、年は二十九歳であつた。大久保の運命これより開けるかと思はれたのも束《つか》の間《ま》、七月十五日齊彬病んで歿し、藩の方針一変するに及び、利通は御徒目付を免ぜられ、元の閑散の身となつた。

その安政五年のくれ、西郷は月照を保護して鹿児島へ帰つて来たが、当局の態度厳しくして之を許さないのを見、月照と共に海に身を投じたところ、月照は死んだが、西郷は息を吹きかへし、藩はその始末に困つて西郷を死んだものとして扱ひ、死刑囚の遺骸を砂に埋めて西郷の墓とし、西郷その人は名を変へて大島へ流した。

是の時現れたのが大久保である。今までは西郷が、いはば薩藩の志士を代表して中央で活躍してゐたが、今やその西郷は動けなくなつたので、代りに出て働かうと考へた大久保は、手紙を以て西郷に尋ねた。薩藩に於いては齊彬すでに歿し、今は藩主後見として久光が指揮してゐるのであるから、勤王運動は一藩まとまつての働きは不可能であつて、有志脱藩して動く外無いが、それに就いて従来西郷が気脈を通じて来たのは、どういふ人々であるか、そして其の中の誰が全体に号令をかけるのであるか、つまり自分等は誰の指揮を受ければよいのか、それを大久保は尋ねた。之に対する西郷の答は、要約する所、左の通りである。

㈠諸藩の有志、頼みになる人々は左の通り、
水戸　武田耕雲齋、安島帯刀《あじまたてはき》、
越前　橋本景岳、中根雪江、
肥後　長岡是容、
長州　益田右衛門介、
土浦　大久保要《かなめ》、
尾張　田宮如雲、
㈡そのうち重要なるは、水戸、越前、尾張の三藩であつて、是れが同盟の中心であり、先君（齊彬）も此の三藩と結ばれたのであるから、凡そ加盟の人々は是れと死生を共にしたい事である。
㈢同志の中に危難が生じても、憤激して大難を引起さず、隠忍して天朝の御為に尽す心がけが大切である。
㈣脱藩して奮起すべき機会は、越前（橋本）の意見を聞いて決定するがよい。
西郷が大久保に答へたる此の意見は、安政五年秋の情勢を踏まへての判断である。しかるに大獄の進行は、翌年に至つて予想以上の苛酷厳烈なる展開を示した。長岡は熊本藩の国老として一万五千石を食《は》んでゐたが、安政六年八月病歿し、水戸の安島は同年八月自刃し、土浦の大久保は、同年十二月獄死した。就中大打撃となつたものは、越前の橋本が安政六年十月七日斬罪に処せられた事

であつた。水戸、越前、尾張の三大藩を中心とし、薩長肥の三藩を羽翼に備へ、幕府の有為有能の奉行と提携しつつ、天朝の大命を仰いで国内体制を一新し、国を開いて世界の強国と交はり、学術文化を採用向上せしめようとした曠古の天才は、わづか二十六歳にして殺されたのである。大久保が尋ね、西郷が答へた突出即ち脱藩奮起の議は、結局隠忍して時を待つの外は無くなつた。井伊の暴風一過して、当時第一級の人物、梅田雲濱も、吉田松陰も、あへなく消されて了つたが、最も惜しむべきは、曠古の天才橋本景岳を失つて、是より国家の大方針立たず、或は公武一和の妥協となり、或は尊王攘夷の昂奮となり、本来不可能なる事に狂奔して、むなしく有為有能の人々の血を流しつつ、約八年の歳月を動揺しつづけた事である。

それにしても、西郷がその悲境に沈淪しつつ、大久保に答へて今後の方針を示し、決して同志の失脚に憤激せず、冷静に天朝の御為を考慮すべく、死をいそいではならぬと忠告した冷静なる態度は、西郷の大度量を見るべきである。西郷が相談相手として示してくれた人々は、大抵亡くなつて了つた。然し西郷が、憤激して死をいそがず、静かに国の行末を考へて、天朝の御為に尽せと云つてくれた忠告は残つた。大久保は突出の考を捨てた。突出とは、当時慣用の語であつて、藩士の列より脱し、藩の拘束を受けず、同時に藩に迷惑をかける事なく、一個独立の男児として行動する事である。初め突出を考へてゐた大久保は、やがて其の考を捨てて、今は薩摩一藩の力を結集して行くより外は無いとして、島津久光に近づき、之を輔翼して行かうとするに至つた。

万延元年三月、桜田門外に井伊大老を襲撃した人々、多くは水戸藩士であつたが、その中に二人、薩藩の士が参画してゐた。兄の有村雄助、弟の有村次左衛門である。井伊を引出して首級をあげた者は、弟の次左衛門であつたが、自分も亦重傷を負うて自決した。年は二十三歳であつた。同志は此の決行後の処理に就いて、深く薩藩の奮起を頼みにしてゐたので、兄の雄助（二十六歳）は直ちに報をもたらして薩摩に走つた。薩藩に於いては、藩主は忠義であつたが、その生父久光が之を後見し、万事を指揮した。久光は兵を率ゐて天朝を守護し奉る志もあれば、西郷の左遷にも同情して、万延元年二月には、西郷の家族困窮と聞き、金二十五両を与へて居り、又大久保の才を認めて、同年三月十一日、初めて之に目通りを許した。大久保の家柄は低く、是れまでは藩主の前へ出て直接意見を述べる事は出来なかつたのであつたが、ここに至つて初めて謁見を許され、詳細意見を申述べた事、詳しくその日記に記されてゐる。是れより大久保はいよいよ久光の統制に服し、一藩をまとめて奉公する事となつた。有村雄助が桜田門の報告の為に鹿児島へ帰つて来たのは、三月二十三日の夜であつて、大久保が初めて久光に謁見を許された日より十二日後であつた。大久保は直ちに有村の家をたづねたところ、その前に既に藩の命令は下つてゐた。「有村等の一挙は、義に於いては潔き次第にて、国家に対し不忠といふ訳では無いけれども、容易ならざる国難をかもし出したる事であるから自決するがよい、親類共に於いて其のふくみにて処置せよ」といふのである。同志は情義忍び難く、種々議論してゐるうちに、短夜も明けて来たので、遂に藩命に従ひ、雄助は服を改め、遥に京都を拝し、一同に別れを告げ、従容として切腹した。大久保はその日記に、「嗚呼天か命か、一同愁傷憤激言ふべからず」と記した。

万延元年の有村雄助に対する処置もきびしいが、文久二年四月、伏見の寺田屋騒動に至つては、事態まことに重大であり、人材の損失は之に十倍した。是の時、島津久光兵を率ゐて上洛するや、之を耳にした勤王の志士は、之を絶好の機会なりとし、各地諸藩より続々として京都に集まつた。薩藩に於いても、随従を許されなかつた者、脱藩して上京する者相継いだ。之は久光の最も好まざる所であつて、薩摩藩士たる者は、万事久光の統制に服すべく、いささかたりとも逸脱し違背する事は許さるべきでないとは、久光の確乎不動の信念であつた。志士はそれに頓着《とんちゃく》せず、此の機会に幕府に迎合する九條関白と、所司代酒井若狭守とを倒して、討幕の旗をあげようとし、四月二十三日の夜を期して一斉に起つ手筈を定めた。志士は兵器火薬を四艘の船に積んで大坂を発し、淀川を溯つて伏見に着き、旅館寺田屋に入つた。之を耳にした久光は大いに怒り、藩士のうち剣道にすぐれたる者、奈良原繁、大山綱良等八人を選んで伏見につかはし、之を中止せしめ、若し肯んぜざる時は、斬れと命じた。志士は之に応ずべくも無い。道島五郎兵衛、「今は是れまで」と見て、「上意！」の一声と共に田中謙助の眉間《みけん》に斬りつける（眞木和泉守の日記を見ると、田中は眉間を斜に断られ、眼球飛出してゐたとある）。有馬新七、柴山愛次郎、その他数名、ここで討たれた中に、最も惜しむべきは有馬新七であつた。是の人、名は正義、山口重昭の門に入つて山崎闇齋の学を受け、鈴木遺音、梅田雲濱と交はつてますます其の志を固くし、楠公を尊信してやまなかつた純忠の士であつて、都日記に記された

朝廷邊《みかどべ》に　死ぬべき命　ながらへて

帰る旅路の　憤《いきどほ》ろしも

の歌は、その真情の流露せるものである。歿した時、年は三十八歳、西郷より長ずる事二歳であつた。大久保は是の時、久光に随従してその意を承けて居り、日記を見るに、鎮撫使の態度に感心し、久光も、その結果を聞いて「別して御満足にて候」とある。曾つては突出を考へてゐた大久保は、今は統制派の陣営に在る事、明らかである。

寺田屋に於ける乱闘、最初に抜刀して田中謙助の眉間を斬つたのは道島であつた。それを見て直ぐに道島を討つたのは有馬、不幸にして有馬の刀が折れた。折れたと見るや刀を捨てて道島に組みつき、之を壁へ押付けた。同志橋口吉之丞二十歳、来合せた。有馬之に向ひ、「オレごと刺せ」と叫んだ。橋口は云はれるままに、両人を串刺しにした。共に即死である。

田中は眼球飛出すほどの重傷にも屈せず、手拭を以つて繃帯し、水と薬とを飲んで又奮闘したとは、眞木和泉守の日記に記す所である。

大久保は是の時、京都に在り、事の起るや久光の命により伏見へ急行したが、上意討の人々帰来るにあひ、共に帰つて久光に報告した。即夜久光は鎮定に尽くした者の功を賞し、「御切米拾石御感状」を与へたと大久保の日記にある。

眞木和泉守の日記を見るに、寺田屋騒動の翌日（四月二十四日）中山家の家臣田中河内介、眞木に語つていふやう、「今薩摩藩邸へ行き大久保に会つて来た。大久保のいふには有馬等の妄動、その罪殊に重い故に之を誅した。公等よろしく沈静すべし、且つ事重きを以て、今朝すでに之を奏すと、河内介之を辯じていふ、有馬等に何の罪があらう、公卿に事を解する者少ない事は、汝も知つてゐるだらう。朝廷へ奏しても要領を得ない事は、分つてゐるではないか。有馬等こそ島津公の事業を成功せしめる忠臣であつて、賊臣では無いのだ」。河内介は語り畢つて泣いた。和泉守も亦潸然として泣いた。悲惨なるは田中河内介、身を薩摩に寄せようとして、海路舟行中、之を厄介物と考へた藩の方針により、播磨灘に於いて、父子共殺害の上、海へ投ぜられた。河内介四十八歳、長男は十七歳であつた

他方、西郷を見るに、大島に流されてゐた西郷は文久二年二月、恐らく小松・大久保等の執成《とりなし》により、赦されて鹿児島へ帰り、久光の東上に先だち、三月三日村田新八を伴なつて出発し、馬関に於いて久光を待迎へる事となつてゐた。馬関まで来て見ると、各地の志士、時は今ぞと奮起して京坂の間に馳せ参り、容易ならざる雲行きであるを見て、西郷は之を憂ひ、何とかまとまりをつけようと思ひ、久光の来着を待たず、大坂へ出で、伏見まで進んだ。命を待たずして独行し、勝手に浪士と会談した事を怒つた久光は、西郷を捕へて徳之島へ流し、閏八月になつて改めて沖永良部島に移し、入牢申付けた。それより元治元年の二月赦免せられるまで、足掛三年、正味一年半の間、西郷は南海の流人《るにん》として、烈しい世の動きの外に在つた。

当時の諸藩、安政の大獄と、万延の桜田門と、二つの惨劇を経験して、大抵は慎重保身を計るに汲々としてゐた中に、堂々濶歩して雄武を誇示したものは、薩長の二藩であつた。然るに此の二藩の足並は揃はない。長州は長井雅楽《うた》の献策を用ゐて、国を開き海外に雄飛する案を以て朝幕の間に

周旋し、その一和を計つた。幕府は老中久世・安藤、之に賛成したが、間もなく坂下門の変起つて安藤は失脚し、長州には桂・久坂等の反対によつて長井は信任を失ひ、遂に自決した。

長井の案を棄て去れば、長州も薩摩と同じく公武一和、尊王攘夷となるわけであるが、どうも二藩そりが合はぬ。つまりは主導権の争である。久光兵を率ゐて上京し、寺田屋の騒動を顧慮せず、浪士自由の活動を弾圧し、己れ一身に権力を集中せしめ、その力によつて朝幕の間に周旋して、文久二年六月七日、勅使を奉じて江戸に入つた。しかるに江戸にゐた長州藩主毛利慶親は、その前日を以て江戸を去り、しかも道は東海道を避けて中山道を選んだ。その様、いかにも薩摩を忌避するが如くに感ぜられた。公武の一和もむつかしいが、第一、薩長の一致協力がむつかしい。

久光はその武力によつて朝廷の威光を輝かし、勅使を護衛して江戸に下つた。幕府は勅旨によつて改革を行ひ、慶喜を将軍の後見とし、慶永を政事総裁とした。久世・安藤は老中をやめさせられ、之と呼応した岩倉は失脚した。彦根藩に於いてすら、長野主膳は八月に殺され、宇津木六之丞は十月に斬られた。井伊の勢力は、到る処に一掃せられた観がある。しかるに其の間に、閏八月一日、会津藩主松平容保が、幕府によつて挙げられて京都守護職となり、所司代の上に在つて京都の重鎮となつた事は、今後にむつかしい問題を残した

続の三十八　西郷の再出現

文久二年六月勅使大原三位を護衛して江戸に下り、幕府に対して改革を要求した時、島津久光の勢威は一世を圧するかに思はれたが、その途中に於いて有馬正義（新七）以下純忠至誠の士を暴殺した事は、久光の本意の那辺に在るかを疑はしめ、朝廷に於いても有馬等を宥免すべしとの勅諚が下された程であつて、久光の失点たるを免れなかつた、その上まづい事には久光を藩主に擁立しようとする運動があつて支藩佐土原より幕府に申請して拒絶せられたり、また幕府を出し抜いて久光に官位を賜はらん事を朝廷に運動したりしたので、久光も結局自己の名誉心の為に動く者として軽んぜられるに至つた。

文久二年六月大原勅使の東下は、結局のところ幕政を井伊以前、まづは寛政頃の態勢にかへすに止まつた。その十月には、島津久光に代つて長州藩は土佐藩と共に、勅使三條實美を護衛して東下する。前には開国説であつた長州も、今は攘夷を主張し、幕府も之を諒承して、勅諚の趣、かしこまり奉る旨の請書《うけしよ》を奉り、その署名には「臣家茂」と、特に臣の一字を冠した。幕府は是に於いて最大至重の難関、進退いづれも致命的危険の場に立たされたのである。即ち政治は幕府に全面的に委任せられてゐて、単に名誉の源泉として残つてゐる朝廷には、政治を指揮する権限は無いとする井伊の主張は、今や之を抛棄して、将軍は天皇の臣下であり、幕政の大事は朝廷の指揮に従ふべきであるとの原則は確立した。然るに京都は攘夷を主義とせられ、江戸はすでに国を開いて条約を結んでゐる。右すれば外戦、左すれば内戦、どちらを採つても大変だ。

幕府の盛時に於いては、諸大名の京都に入る事は、厳禁せられてゐた。それを破つたものは、文久二年四月、島津久光、兵を率ゐての入京であつた。しかもそれが処罰せられないのを見て、是より諸大名、続々と入京して朝廷に参り、国事に周旋するに至つた。長州の毛利、土佐の山内、筑前の黒田、鳥取の池田、久留米の有馬、安藝の浅野、佐賀の鍋島、熊本の細川、宇和島の伊達等である。桜田門外の一挙によつて奮起したる勤王の精神は、久世・安藤・千種・岩倉等の浅薄なる妥協策を排除して、天下に横溢するに至つたのである。極言すれば政治の中心は、今や江戸より京都に移つたと云つてよい。

文久三年正月、長州藩主毛利慶親、御召によつて参内するや、特に参議に任ぜられた。幕府の推挙を経ずして、直接任命せられた事は、幕初に制定せられた禁中并に公家諸法度《はっと》を棄却せられた事を意味する。是《ここ》に到つては幕府、あれども無きに等しい感じを人々に与へたであらう。安政の大獄に梅田雲濱等の殺された時、寝がへりうつて同志を告発し、自分だけ命を助けられたとして、同志から憎まれてゐた池内大學は、文久三年正月二十二日、大坂で梟首せられ、ついで二十八日には、岩倉と共に公武合体を策した千種の家来賀川肇が殺され、その首は白木の三宝に載せて、一橋慶喜の宿所東本願寺へ届けられ、又その両腕は、千種・岩倉の両家に届けられた。二月の末になると、等持院にあつた足利高氏・義詮・義満三代の木像は首を取つて加茂川原に梟首せられた。

会津藩主松平容保は京都守護職として治安の維持につとめたが、事は容易でなく、近藤勇等の新撰組もその指揮下へ入つたが、志士との摩擦は治まらず、反感憎悪は激化して収拾すべくも無かつた。

攘夷論はいよいよ盛となり、文久三年三月、賀茂社に行幸あつて親しく御祈願あらせられ、四月には更に石清水社に行幸御祈り遊ばされ、四月二十三日を以て、その実行の期限と定めさせ給うた。攘夷を実行して外船を砲撃したものは長州藩であつたが、意気こそ壮烈であつたものの、戦つて見ると、我が力の限界は知られた。攘夷よりは寧ろ討幕が先きだとの考は、当然起つたであらう。

そこへ（文久三年）八月十八日の政変が起つた。三條實美を首領とする少壮急進派の七卿は、没落して長州にのがれ、やがて太宰府に入つた。京都は会津・薩摩の両藩を中心とする諸藩の武力によつて固められた。前年来、失意の立場にあつた薩藩は、公武一和の望をいだいて会津と提携した。越前の慶永は、議合はずして帰国し、水戸は内訌によつて分裂し、長州は排除せられてゐる。京都には会津と薩摩との二藩が、中川宮を奉じ、公武一和の旗印をかかげてゐる。中川宮は還俗して朝彦親王と名乗り、弾正尹に任ぜられた。討幕を目指す志士は、憂憤措く能はず、三條小橋の池田屋に集合して打開策を議《はか》つた。それを探知した会津の兵や新撰組は、元治元年六月五日、池田屋を急襲して、無慚《むざん》に之を斬つた。之に激発せられて長州は、その総力をあげて京都に攻め上る。

池田屋騒動の報、長州に達したのは六月十四日であつた。長藩は直ちに上京進撃に決し、十五日来島又兵衛先発し、十六日福原越後、兵三百を率ゐて之につぎ、二十六日には国司《くにし》信濃（兵五百）、七月の初め益田右衛門介（兵六百）、その十三日毛利の世子定廣、大将として出陣する。京都に迫るや、嵯峨天龍寺、男山、伏見の三箇所に拠つて包囲の形をなし、七月十八日夜に入つて交渉断絶し、戦端遂に開けた。いはゆる禁門の変である。会津・桑名・薩摩の兵よく戦ひ、激闘の末、長州遂に敗れて退いた。之を追うて幕府は、諸藩の兵を集め、長州征伐の軍を起すや、長州には保守派急に勢力を得、福原、国司、益田の三家老に切腹を命じ、宍戸《ししど》、佐久間、竹内、中村の四参謀を斬つて謝罪した。

是の時、在京の薩軍の中に、その統領として西郷がゐた。西郷は、文久二年二月、赦《ゆる》されて大島より帰り、三月上京しようとして伏見まで来たが、久光の怒に触れて再び南海へ流され、沖永良部島にゐたのが、元治元年二月、赦されて上京し、京都の留守職となつてゐた。当時大久保は久光に従つて鹿児島へ帰つてゐたので、西郷はたびたび書状を大久保に送つて、京都の状況を報じてゐる。その中に、

「此度の戦争は、全く長（州）会（津）の私闘に御座候間、無名の軍を動（かし）候場合に之《これ》無く、誠に御遺策の通り、禁闕御守護一筋に相守り候外、余念無き事に御座候間、左様御含み下さるべく候」（六月二十五日付）

「此上は朝廷如何様の御災難到来いたし候ても、御安慮に相成候処だけは相尽す賦《つもり》に御座候間、

左様御納得《なつとく》下さるべく候」（同上）

「（しかるに長州は）朝廷を八月十八日已前に打ち替へ、我意《がい》を働くの趣意と相見え申候。（中略）いづれ勅命を以て征討の旨相下り候へば、長（州）と相戦はず候て相叶《かなは》ざる時機も之あるべく決心致居り候。（中略）暴威を以て朝廷を取崩し候仕方におひては、もふは、だまりかね候次第に御座候」（六月二十七日付）

とあるを見れば、西郷の態度、好悪の感情に少しも捉《と》らはれず、公明正大、大義によつて進退を決する見事さ、感歎の外は無い。そしてそれは、一橋慶喜の上奏に賛成する所に、いよいよ鮮明に現れるのである。即ち

「一橋（慶喜）夕方より参内いたし申上げ候は、此節長州歎願の筋、御採用相成筋にはこれなく、兵器を携へ来り、朝廷に相迫り候儀、臣子の分を越え、甚だ以て不遵の事に御座候。朝威益々衰へ候御事にて、断然と御採用これ無く、長州へは、歎願の筋も之あり候はば、それぞれ歎願のいたし様も之あるべし。縄にてもかかり、至誠を開き申出候はば、如何にも善き筋は御採用相成る廉《かど》も之あるべき事に御座候へども、兵を引いて相迫り候儀は決して御取揚《とりあげ》之なし。早々人数引払ひ候やう、御達し相成り至当の御事と申上候由」

と慶喜の上奏案を伝へ、その案もし御採用なく、長州の武力強迫を許されるのであれば、会津藩も一橋も、京都守護の御役を御免蒙ります故、長州を御招きになり、御勝手《かつて》に、いかやうにも遊ばされたいといふ慶喜の申出に、朝廷騒然として、一言も可否を論ずる者も無く、やがて近衛内大臣よ

り西郷を呼出されて、長州の申出と慶喜の申出と、いづれが至当か、伏臓《ふくざう》（覆蔵）なく申上げるやうにと命ぜられたので、

「一橋より言上の趣、いかにも尤《もつとも》の儀と存じ奉り候に付き、其処を以て御達相成、若し承知し奉らず候て暴発いたし候はば、其節は長州の罪状を明白に相記し、朝廷より各藩に、追討の勅命相下り候はば、名義正しく、朝威も相振ひ、速に攻滅し申すべき儀と御答へ申上げ候て罷帰り候処、朝議、一橋の論に相決し、和戦とも、一橋の見込を以て所置致すべき旨、御委任相成候由」

と経過を報じた後、

「（薩藩の）御屋敷中にても、長州を救ふがよいの、会津を助けんにやならんなどとの議論も、ふんぷんと相発《おこ》り候へども、名義正しく朝廷遵奉の道相立たず候ては、決して動かざる義」

（七月四日付）

立て通したので、今は薩藩士の態度、これに一定したと述べてゐる。長い年月の島流しにも拘らず、西郷の心境少しも濁らず、大義を守つて二の足を踏まないのである。

尚此の際、西郷が中村半次郎を脱藩の浪士の如く装はせ、長州の国元まで入つて様子をさぐらせ、その密偵によつて長藩の内情を確実に、また詳細に知り得た事は、六月十四日付、大久保宛書状によつて知られるが、此の中村半次郎こそ、後の陸軍少将桐野利秋であつて、結局西郷と死生を共にするに至つた事、宿縁の浅からぬに驚くの外は無い。

長州の兵大挙して京都を包囲した時、武力を以て朝廷に迫る事は許すべからずとした西郷、また同じ趣旨を以て朝廷に上奏したる一橋慶喜を支持したる西郷、またその後約半歳を経て、水戸の武田耕雲齋等、力尽きて降つたのを幕府は苛酷に処分して、斬罪三百数十人に及び、更に数多くの者を流罪に処するに当り、その内三十数人を薩藩に引渡さうとするや、西郷は断然幕命を拒否し、かかる不仁の処置は当藩の致しかねる所、固くお断申すと述べた如き、いづれも西郷の面目躍如として現れて居るのである。

然し問題は実に複雑であり、重大であり、危険である。公武一和といふが、京都は攘夷であり、江戸は開国であつて、是れがどうして一つにまとまるのであるか、幕府は朝廷の指揮を受けて政務を執る一機関であるのか、それとも朝廷の御委任を受けて、従来通り独裁専断するのであるか、一体幕府に此の大事を担当するに堪へたる人物、誰があるのか、諸大名、大約して三百諸侯といふが、国家の重大事に当つて意見もあり実行力もあるのは一体何処であるか、攘夷の一事を取つて見れば、外国船打払の期限を定めても、実際戦つたのは、長州と薩摩との二藩では無いか、かやうな重大問題が重畳《ちようでふ》してゐる。西郷は之を考へつつ京都に在り、大久保も之を考へつつ鹿児島に在つた。そして月日を重ね、年を重ねるうちに、段々明瞭になつた事は、幕府に人少なく、力無し、諸藩に人少なく、力なし、米英仏蘭等の外国、侮りがたしといふ事、段々の折衝、または戦闘によつて知られて来た。結局のところ、薩として最も頼みとするに足るものは長であり、長として最も頼むに足るものは薩である事が判然として来た。しかるに此の二藩は、従来の因縁、仲違ひして居り、此の感情を一擲して提携する事、容易でない、傍《はた》から之を見ると、明治維新への道、目標の見えない人が多く、その為に廻り道をして、いたづらに歳月を経過した事も残念であれば、それどころか目標を明確に見定めてあつぱれ維新の大道の指導者であつた英傑を、空しく花と散らせて了つた。橋本景岳がそれだ。吉田松陰がそれだ。梅田雲濱も惜しければ、有馬正義も惜しく、眞木和泉守をして、天王山より遥に京都を伏し拝み、「大山の峰の岩根に埋めにけり　わが年月の大和魂」の一首に無限の感慨を託して自決せしめたに至つては惜しむべき限りである。若し橋本に猶十年の歳月を与へたならば、朝幕も薩長も共に世界に眼が開いて、天朝を上に仰いで国内一和奮励する事が出来たであらうし、若し眞木和泉守をして、単に維新の計画只その草案を留めるのみで無くして、生きて皇謨を翼賛し得せしめたならば、明治の政治は一段とその輝きを増したであらう。公武一和の名の下に足踏みするのみならず、幾多忠義の人が殺されたり、又薩長憎み合つて無用の血を流した事、残念至極と云はねばならぬ。

元治元年の禁門の変、ついで起る長州征伐、之に関係する接触によつて、国勢の実情分析が正確に行はれ、薩長それぞれ理解する所があつて、相互の反感を一掃して互助提携すべき気運は動いて来た。然し双方に意地があつて、自分から口を開く事が出来ない。それを中間に立つて周旋し、手を握らせた者は、坂本龍馬であつた。

坂本は元土佐の藩士であつた、土佐の藩主山内容堂は、祖先以来徳川の恩顧に浴する事深く、公武一和の方針を固執した為、純一尊王の人々は、土佐では苦しめられた。武市瑞山の自刃を命ぜられたのは、その著例である。それ故中岡愼太郎は脱藩して長州に身を寄せたが、坂本は脱藩して薩摩の陣営に出入してゐた。

坂本といふ人幕末志士の中に頗る異色のある人で、あの非常混乱の際、白刃いつ迫るか分らない危険の中、住所不定の身でありながら、妾だと云つて女性を一人連れてゐる。危険の道中、女性同伴も奇抜であるが、此の人、大西郷に結婚を勧めるに至つて、いよいよ面白い。第一回の長州征伐終つて、慶応元年正月、西郷鹿児島へ帰り、藩主に報告する。その時坂本は鹿児島へ来てゐて、西郷に妻帯の必要を説いたので、西郷の心も動き、小松の媒酌で、正月二十八日、岩山氏の長女いと子を娶つた。西郷、時に三十九歳であつた。

坂本は之を手初めに、次には薩長の連合同盟の媒酌に着手した。

続の三十九　薩長の同盟

慶応元年正月、坂本龍馬の勧めにより、西郷は鹿児島に於いて結婚した。そして西郷はその後、三條實美等五卿の待遇、福岡に於いては、幕府を恐れて殆んど罪人を遇するが如く冷淡であつたのを歎いて、その改善に尽力して太宰府に赴き、五卿に謁したる後、京都へ上つた。その途中、長州の木戸と会ふ事を勧められたが、先きを急いで上京して了つた。六月、京都に於いて、坂本と中岡愼太郎とは、しきりに薩長の連合をはかり、西郷に説いた。薩藩としては、天下の変近きに在るを察し、大軍を薩摩より京都へ呼寄せようとして居り、その途中、糧食を馬関に於いて入手したいとし、その点長州の諒解を必要とした。世話好きの坂本は、心得て防長へ入る。三田尻へ着いたのは十月、糧米問題はすぐに解決した。坂本はいよいよ薩長連合に着手した。長藩を代表して交渉の相手となるは、木戸である。いろいろの曲折はあつたが、慶応元年十二月二十七日、木戸は奇兵隊の三好軍太郎、御楯隊の品川彌二郎、遊撃隊の早川渡、及び土佐の田中顯助（後の伯爵田中光顯）を従へて出発し、翌慶応二年正月四日大坂に入り、八日払暁出発、舟にて淀川を溯り、伏見に着いた。西郷は村田新八と共に之を出迎へ、それより徒歩にて京都二本松の薩摩屋敷へ案内した。西郷の木戸を遇する事、極めて懇切であり、丁重であつた。しかも二藩同盟の事は口火を切るに至らず、木戸は御馳走攻めのうちに、むなしく日を送つてゐた。二十日に至つて遂にたまりかねた木戸は、別れを告げて帰らうとした。そこへ折よく坂本が現れた。坂本は長藩士三吉愼藏を伴つて正月十日馬関を発し、そして二十日入京したのである。

坂本は木戸に会つて、同盟は出来たのかとたづねる。木戸は、その話、一切出ないのだと答へる。坂本頗る不機嫌になり、何故話を持出さないのだと詰問した。坂本曰く、

「我等此の同盟の為に尽力して来たのは、薩長二藩の為では無く、日本国の為に策し、命がけで努力して来たのだ。しかるに、両藩の代表折角相会しながら、区々たる感情に捉《とら》はれて本心を吐露しないとは、何事であるか」

木戸は答へた。

「御立腹、いかにも御尤だ。然し長州は、先きに元治元年七月、京都の戦敗れて、戦死数多く、幕府征長の令を下すや、天下の大軍皆敵として四境に迫つて来た。一藩の士人、死を以て之に対してゐるのである。此の窮境に於いて、自《みづか》ら薩長の同盟を云ひ出だせば、それは哀《あい》を乞ひ救を求める事になるだらう。それは自分の口が裂けても為し得ない事だ」

此の人の一生を通じて、此の時ほど凛然たる態度は外に無く、此の一言ほど爽快なる言葉は外に無い。当時幕府は長州再征を準備して居り、目標は毛利父子を藩主の地位より退去せしめ、三家老の家は永世断絶とし、徹底的に一藩を潰滅たらしめんとするに在つた。此の窮地に在つて、断じて

自ら援助を求めず、若し皇国再興の為に共に行動しようといふ者あれば、その参加協同は之を許すとも云ひかねまじき毅然たる態度を示した事、これは木戸が英雄である事の明証だ。普通の人間であれば、卑屈にもなり叩頭もしかねまじき絶体絶命の悲境に在りながら、同盟連携の話、薩摩から申出るなら、話に乗つても良い、長州から先きに提案する事は、口が裂けても出来ない、と云ひ切つたとは、流石は長州を代表するだけあつて、木戸はあつぱれであつた。

之を聞いた坂本は、木戸の意を諒解し、直ぐに西郷に会つて、「何故薩摩から話を持出さないのか」と詰《なじ》つた。「坂本さん、あなたを待つてゐたのだ」と答へる。すぐに秘密重大会議が開かれる。一方は小松帯刀と西郷吉之助、他方は木戸準一郎、証人は坂本龍馬、以上四人のみの契約である。

契約は当時は文書にしたためず、口約束であつた。然るに是れは、皇国の将来を決定すべき重大事であつて、誤解もしくは忘却があつてはならぬと考へた木戸は、会議の翌々日（正月二十三日）、約束の要項六箇条を筆記して坂本に送り、点検して誤脱なきやを確認し、証印の上、木戸まで廻付せん事を求めた。坂本は之を見て、毫も相違なき事、又将来も変りなき事、神明の知る所なりと証言した。丙寅二月五日の日付である。

同盟契約の要旨はかうだ。㈠幕府が長州再征の軍を起したならば、薩州は直ちに二千余の兵を差しのぼし、現に在京する兵と合せて、京都大坂の二つを固める。㈡長州勝利の時は、薩州は朝廷へ申上げ長州の為に尽力する事。㈢万一長州敗色になつても、半年や一年で全滅は決してしないから、その間に薩州は必らず尽力すべき事。㈣幕兵此のまま江戸へ帰るならば、薩州はすぐに朝廷へ申上げ、長州の冤《えん》罪御免を願ふ事。(五)いよいよ冤罪御免の上は、薩長連合して、皇国の御為、皇威相輝き、御回復（王政復古）を目標として、誠意をつくして尽力すべき事。以上である。蓋し当時はまだ長州は勅勘を蒙り、朝敵とせられてゐる為に、薩州は中立の如き立場に在つて斡旋するが、いよいよ朝敵御免となれば、直ちに両藩同盟して王政復古の為に尽力しようと云ふのである。明治維新への大道は、ここに於いて明確に約束せられたと云つてよい。

さても是の時、坂本龍馬の働きは、頗る重大であつて、大きく評価せられなければならないが、その坂本に随行した長州の三吉愼藏の日記を見ると、当時坂本等の苦心奔走の状況も分れば、殊に西郷の人となり、目に見、耳に聞く心地がするので、少しく抄出しよう。

「慶応二年丙寅正月元日、御内命を以て当時形勢探索の為め、土州藩坂本龍馬へ差添へられ、出京の儀仰付けられ候に付、即刻長府出立にて馬関に至り、福永専助宅に於いて初めて坂本氏へ面会し、翌二日より同宿し、協議の上至急登京の事に決し、出船の用意を為す。同月六日切船へ乗組み、同十日出帆す。十六日神戸へ着、直に上陸す。此地に一泊し、入京のことを計る。○同月十七日、神戸湊川には岡藩の警固あり、神戸より通船にて上坂す。細川左馬介、寺内新左衛門は坂本氏へ随行に付、同伴す。両名も土佐の人なり。○同月十八日大坂薩州邸へ坂本氏一同到る。留守居木場傳内へ面会し、事情聞取候処、入京成り難き趣に由り、木場氏より、薩藩の船印しを借受、坂本氏を始め薩藩人と仮称して入京の用意を為す。夜に入りて大坂城代大久保越中守（一翁）宿所へ坂本氏訪問に付、同行す。越中守より示談の趣は、坂本等事は探索厳密にて、目下長州人同行にて入京の旨相知れ、其沙汰あり、手配り致したるに付、早々立退き候方然るべしとの事に因り、坂本氏一同切迫の情態を察し、直に宿所に帰り、用意の短銃は坂本氏、本込銃は細川氏、拙者は寺町地方にて手槍を求め、各々約を定め、速に上京と相決す。

同月十九日、薩州藩士坂本龍馬上下四人と船宿へ達し、川船印し相建て、伏見へ通船す。一同無事に伏見船宿寺田屋方に着す。

同月二十日、坂本氏及び細川、寺内、先達て入京し、目今の事情探索し、後れて拙者は上京の事に約し、三名出立す。因て拙者は薩藩士の都合にて、寺田屋に潜伏し、京情の報を待つ。

同月二十三日、坂本氏のみ京師より来着に付、兼て約し置きたる通り手当致し、夜半迄京師の様子、尚過る二十一日、桂小五郎（木戸）、西郷との談判約決の次第、委細坂本氏より聞取、此上は明二十四日、出立にて入京の上、薩邸に同道と談決したり。されば王道回復に至るべしと、一酌を催す用意をなし、懇談終り、夜半八ッ時頃に至り、坂本の妾、二階へ走り上り、店口より捕縛吏入込むと告ぐ。直に用意の短銃を坂本に付し、拙者は手槍を伏せ覚悟す。此時一士刀を携へ、両人の休所に来り、不審の儀有之、尋問すと、案内なく押入る。両人誰何《すいか》し、薩藩士の止宿に入、不礼すなと叱れば、彼れ偽名也と云ふ。故に疑あれば当所の薩邸へ引合ふべし、明白也と云ふに、彼れ又云ふ、両人共武器を携へ居るは如何と。是れ武士の常なりと答へしに、彼れ階下に去る。此機に乗じ、楼上の建具を一目に打除け、拙者は手槍を構へ、坂本氏を後に立て必死となる。忽ち階下より数人押し上り、各々得物を携へつつ、肥後守（会津藩主松平容保、京都守護職）よりの上意に付、慎み居れと声高く呼び立つるに因り、我れは薩人なり、上意を受くべき者に非ずと云ふを相図に、兼て約せる覚悟の通り、一同銃槍を以て発打し、突立つる。彼れに死傷あり、階下に引退く。其際一名坂本の左胁に来り、刀を以て拇指より持銃に切り付く、坂本氏傷を負ふ。此時槍を以て防ぎしも、坂本氏装薬叶はざるに由り、此上は拙者必死に打込んと云ふを、坂本氏引止め、彼れ等退きし猶豫の間に、裡手に下り、此場を切り抜け、去るべしと云ふ。其意に任せ、直に坂本氏を肩に掛け、裏口の物置を切り抜け、両家程の戸締りを切り破り、挨拶して小路に遁れ出で、暫時両人とも意気を休め、夫より又走る。途中寺あり、此囲板《かこひいた》を飛び越えんとするに、近傍多数探索ある様子に付、路を転じて川端の材木貯蔵《たくはへぐら》あるを見付け、其棚の上に両人とも密《ひそか》に忍び込み、種々死生を語り、最早《もはや》逃路あらず、此処にて割腹し、彼れの手に斃《たふ》るるを免《まぬ》がるに如《し》かずと云ふ。坂本氏曰く、死は覚悟の事なれば、君は是より薩邸に走附《はせつ》け、若し途にして敵人に逢はば、必死夫迄《それまで》なり、僕も亦此所にて死せんのみと。時既に暁なれば、猶豫むつかしと云ふ。其言に従ひ、直に川端にて染血を洗ひ、草鞋《わらぢ》を拾ふて旅人の容貌を作《な》し、走り出づ。其際、市中の店頭に既に戸を開くものあるを以て、尚心急ぎに二丁余り行く。幸ひに商人体《てい》の者に逢ひ、薩邸のある所を問ふ。是より先き一筋道にて三丁余りなりと云ふ。即ち到る。留守居大山彦八出迎へ、

昨夜の様子は、坂本氏の妾、来りて注進す。行衛如何やと煩念の所、天幸なるかな此《ここ》に遁れ

来るとは。今坂本氏は無事に連れ帰るべし、三吉氏は是に留り居らるべし。と云ひ捨て、大山氏自ら船に印を建て、有志両三名と棹《さをさ》して、坂本氏の潜《ひそむ》所に到り、迎へて還る。一同閧然快愉《こうぜんくわいゆ》の声を発す」

坂本の妾、無駄に随従してゐたのでは無い。寺田屋に於いて、幕吏の踏込みを、いち早く階段駆けあがつて主人に危急を告げたのも彼女であれば、薩摩屋敷へ走り込んで、事情を告げて留守居に用意させたのも彼女であつた、坂本は負傷の為に戦力衰へ、頗る窮地に陥つてゐたところを、かやうにして薩摩屋敷へ収容せられ、ホッと一息ついた。次には西郷の出番である。

「爾後、門の出入を厳守せしめ、急に京師西郷大人の許に報ず。因《よつ》て吉井幸輔、乗馬にて走せ付け、尋問す。具《つぶさ》に事情を語る。又西郷大人より兵士一小隊、医師一人差添、坂本氏の療治手当方、両人守護の為め差下す由にて来着す。実に此仕《しむ》向けの厚き、言語に尽す能はず。夕刻に至り、両人共に衣服の仕向けこれあり。然る処、薩邸へ走り込みたる段、奉行所より留守居に糺問になり、両人共に相渡すべしと申来り候へども、右様の者は邸内にはこれ無しと申し切り候。夫《それ》より人数の手配をなし、探索更に厳なり。或は京坂へ人相書を廻して頻りに薩邸を窺へども、邸内には一小隊兵士の守衛ある故、妄《みだ》りに手を着くること能はず。坂本氏は追々快方にて、本月二十九日迄、伏見薩邸に滞在す。○二月朔日、西郷大人の命にて、両人共上京致すべしとのことに付、吉井幸輔乗馬にて、兵士一小隊を率ゐ、迎へとして来る」

吉井幸輔は先日様子を見る為にも来てくれたが、今度は迎への為に来た。二度共馬上であり、兵一箇小隊を率ゐてゐる。幸輔の名は、後に友實と改められ、戊辰の役に功あつて、永世禄千石を賜はり、後に伯爵を授けられた。

「同夜、坂本一同、并に妾附添ひ、京師薩邸西郷大人の宿処に至る。大人出迎ひ、直に居間に坐し、事情を語る。拙者は初めての面会なれども、其懇情親子の如し。又一室を設け、坂本両人并に妾とも三人の休処とせられ、是より日々時勢の動静、或は諸建白、尚西郷大人の他人へ尋問等の件々迄懇諭を受く。諸有志二三名宛《づつ》昼夜休処に来り、慰労して相語たる。此時小松帯刀、島津伊勢、桂右衛門、三名は太夫、西郷吉之助は中老の取扱なり。大久保市藏（利通）、岩下左次右衛門（方平）、伊知地正治、村田新八、中村半次郎（桐野利秋）、西郷新吾（従道）、大山彌助（巖）、内田忠之助（政風）、伊集院金次郎、中路權右衛門、野津七左衛門（鎮雄）（中略）等の人々、日々来話、懇情至らざるなし」

右三吉愼藏の日記といふは、勝田孫彌氏の『大久保利通傳』中巻（明治四十三年刊）に載せたるものであつて、西郷の人物躍如として現れてゐるところ、頗る珍重なる史料と思はれるにより、長きをいとはずここに引用した。猶勝田氏によれば、大久保は是の時京都に在り、薩長の同盟成るや、直ちに之を鹿児島に報告すべき任務を帯びて、二十二日木戸と共に京都を出発し、二十四日薩藩の汽船三邦丸にて大坂を出帆し、二十六日三田尻にて木戸に別れ、二月朔日鹿児島に着いて直ちに藩主父子に報告したといふ。

続の四十　岩倉と大久保との握手

慶応二年丙寅正月二十一日、薩長両藩の同盟は、京都に於いて締結せられた。薩の代表として署名するは小松と西郷、長の代表は木戸、そして証人は土佐の坂本である。西郷の地位は必ずしも高くない。三吉はそれを中老格だと云つてゐる。しかも実力の存する所、衆望の帰する所、すべては西郷によつて決した。木戸は一人単身であつた。是れも身分とか資格とかを吟味すれば、藩主の委任状をもつてゐた程でもあるまいが、敗余の一藩を以て全国の兵を敵に廻し、殊には朝敵の名を冠せられてゐる絶体絶命の場合に、毅然として起ち、会津の兵と新撰組との猛威を物ともせず、遠く京都まで進入して、討幕の密議を敢へてするのであるから、防長二州の運命、木戸の双肩にかかる事、誰も文句は無い。同盟は成立した。あとは其の実行具体化に一年の歳月を必要とするのみだ。

しかるに幕府討伐に表裏して、朝廷の大政一新が必要だ。それはやはり朝廷に奉仕し来つた公卿の中より、然るべき人物を求めなければならぬ。三條實美は、文久三年八月以来、或は防長に依り、或は太宰府に移つてゐる。三條はその人品徳望に於いて申分は無い。然し今撥乱反正、波瀾万丈の時に当つては、不屈の豪胆と雄大なる構想とが望まれる。大久保はそれを探索して、遂に発見した。

岩倉具視がそれである。

岩倉の前半生は、前（続の三十六、三十七）にすでに述べた。井伊の死後、久世・安藤と呼応して安易なる公武合体策を立て、和宮の御降嫁を無理に御願して、一時成功したものの、安藤の失脚以後は世情一変して危険が迫つたので、文久二年八月辞官落飾し、京北の寒村にかくれて、今慶応二年まで、足掛け五年、世に現れる事は無かつた。その間に、天下の風雲急であつて、情勢は大きく変つて来た。それを傍観して、岩倉の考もまた変らざるを得ない。岩倉はそれを文に綴つて「叢裡鳴蟲」と題し、有志の士、稀にたづねて来る者あれば、之を示した。その目標は、端的に云へば、薩藩を激発するに在り、久光及び小松・大久保に対して、その奮発して国家の為に奮起せん事を求めるに在つた。

今、岩倉の「叢裡鳴蟲」の内容を見るに、前には幕府の政権を殆んど従来のまま存続せしめつつ、只京都を尊重せしめての公武一和であり、公武合体であつたのが、今度は内外一切の事、勅命を奉じて施行すべしとし、その為には将軍江戸を出でて京に入り、二条城に居りて、和宮を此処に迎へ、日々参内して勅命を仰ぐべしとし、更にその続篇に於いては、薩藩こそ国家の柱石たるべき力量を有するもの、期待する所専らここに在りとして、切《せつ》にその奮起して長州と協力し、更に他の雄藩の藩主を加へて五大老とし、之を朝廷の羽翼として根本を固め、更に一橋慶喜を将軍の輔佐とし、越前の慶永を政務遂行の長官とすべしとして、その慶永に就いては、或は異論あるべきも、

「然れども開港論を唱へて確乎として動かず、其の見識称すべし。方今攘夷説に非ざれば、天

下の人心に適せずといへども、予はおもへらく、二説並び立つて、互に利害得失を討論研究する後に非ざれば、真に天下の人心を一定することは、恐らくは難からんか」

と説き、かやうに政権すべて朝廷に帰する時には、徳川氏は三百諸侯の一として、関八州を領する大大名として存在するであらうとした。是れが慶応二年に於ける岩倉の所見であつて、名は公武の一和といふも、実に朝廷一本に帰してゐる事、明瞭である。

その頃、岩倉の幽居をたづねた志士の中に、水戸藩士小林彦次郎があつた。深く岩倉に服して其の指導を受けた。後に名を改めて香川敬三といひ、明治の初め宮内少輔となり、やがて皇后宮大夫に任じ、子爵を授けられた。此の人が、勅を奉じて編修した『岩倉公實記』は、維新史研究者必読の書である事、周知の通りである。その小林彦次郎に誘はれて、薩藩の士井上石見が岩倉をたづねて来たところから、岩倉と大久保との連絡がついた。

井上等によつて「叢裡鳴蟲」が大久保に届けられ、大久保之を読んで非常に喜んだとの報を得た岩倉は喜びに堪へず、慶応二年十月十七日、書翰を井上石見に与へて、厚く感謝した。その中にいふ、

「是れまで御氷解の御事とは案外にて、夢々計り知らざる所、感喜踊躍、紙上に尽くし難く候。且は臣微忠の程も知らせらるる事に至り候かと、此条大幸、言ふべからず、一身に溢れ、恐敬深思候。最早万《もはやよろづ》申す事なく、全く足下尽力の致す所と、鴻恩終世忘るべからず。此上一入《ひとしほ》よろしく頼み存じ候。(中略)最早一世に寸功立つるの期もなく、吾が事止《や》めりとして、北山樵夫

と決し候へども、また此の如くまで姦名天下に敷而して、僅かに余命を保つて風月に終らん事、真に懦夫、実に忠孝共に立たざる所也。如《し》かず兎《と》や有らん、角《かく》や有らんと、種々苦悩、寸分の間も安からざる折柄、（中略）くれぐれも大慶無量の事に候」

四年の長きに亘つて寒村に幽居し、全く世間より葬り去られてゐた岩倉は、今や大久保によつて薩摩をうしろ楯と頼み、政治の中枢に躍り出ようとするのである。手の舞ひ足の躍る所を知らないのも当然であらう。

然るに多年無給困窮の身、わづかに露命をつなぎ得たのを、むしろ不思議とする境遇に在つた事とて、今朝廷に復帰するに当つて、頗る苦しむ所があつたであらう。大久保は之を察して、薩藩より支度料を贈つた。

「大久保市蔵殿　　　　對岳

受

一金三百円并帳面

右正に落手せしめ候事。

一秘書一通、懇々示諭忝なく、草卒一覧中にも事々肺肝に銘じ申候。愚昧相応、力の限り出頭、尽し申すべく候。

一小松書状は是より披見と存じ候。

右御請《うけ》入手迄、此の如くに候也。

三月二十九日」

小松帯刀は家老級である。此の贈与が、藩主脳部の取計《とりはからひ》であつた事が分るであらうが、同時にその主唱者が大久保であり、岩倉が主として大久保に感謝してゐるところに注意しなければならぬ。

かやうに大久保との連絡もつけば、他方坂本龍馬・中岡愼太郎の来訪もあり、また玉松操も近づいて来て、岩倉は天下の情勢すでに急転直下して居つて、今更公武一和など考へる余地は無く、直ちに幕府廃止、王政復古へ邁進すべき事も分れば、その為の用意も急に考慮せられて来た。但し幕府を廃止するといつても、幕府自体にその気は無いのであるから、これは幕府討伐といふ事になる。その討伐実行に用ゐられる武力、一時は安藝や土佐も考へられたが、結局薩長二藩に於いて責任を取る事となり、慶応三年十月六日、大久保は長州の品川彌二郎を伴ひ、岩倉村なる中御門中納言の別荘に於いて、中御門・岩倉両卿と会議したる上、十月八日、小松帯刀・西郷吉之助・大久保一藏の三人連署して、幕府討伐、王室恢復の宣旨を降下せられむ事を請願した。薩州の三人だけの名を連ねて、長州を省いたのは、当時は長州まだ勅勘を蒙つてゐたからであつた。

請願は聞届けられ、慶応三年十月十三日付を以て薩藩へ、翌日付を以て長藩へ下され、十四日、両藩士連名して請書《うけしよ》をたてまつつた。その文中、「卑賤の小臣等、感激流涕に堪へ奉らず存じ奉り候。早々帰国寡君共へ報知、かねて決定の宿志、益《ますます》以て貫徹仕り、国家を抛ち、堂々大挙して、宸襟を安んじ奉るべく候。此段天地に盟ひ御受仕候」とあるが、その「寡君」とあるは、両藩の藩主を指すものであり、「国家を抛ち」は、「薩長の二藩を犠牲にする事をかへりみず」の意味である。

此の請書の署名は、廣澤兵助、福田俠平、品川彌二郎、小松帯刀、西郷吉之助、大久保一藏の六人。初めの三人は長州、後の三人が薩摩である。宛名も注意を要する。中山前大納言、正親町三條前大納言、中御門中納言、岩倉入道、以上の四人である。岩倉は、是の年三月二十九日を以て、月に一回京都の帰宅を許されたが、それも只一宿を条件とし、きびしく拘束せられてゐたのであつて、自由に洛中帰住を許されたのは、十一月八日の事であつた。洛中の帰住もまだ許されないのであるから、つまり是れは追放の刑、解除せられてゐないのであり、入道であるから、表向きは是れ世捨《よすて》人《びと》である。その追放中の世捨人が、薩長の同盟に、幕府の討伐に、極めて重大なる役割を演ずるのであるから、是の人の神機妙算、古今に卓越せる事、推知せられるであらう。同時に注意すべきは、安政の大獄に驚いて皇国の前途を見誤り、失脚して頭を剃り入道して世をのがれた岩倉が、再び登用せられるに至つたのは、一に大久保のおかげである。岩倉は千万無量の恩を大久保に負うて出現した。その恩義に報ずべき時、それは明治六年を待たねばならぬ。明治六年の閣議、それは此の伏線の現れである。

薩長の同盟は結ばれ、討幕の密勅は下された。然しその発動には、準備もあれば、時機も選ばなければならぬ。準備といふに色々あるが、就中《なかんづく》朝廷の職制一新を最も重しとする。若し従来のままに、摂政関白、太政大臣、左大臣、右大臣が上位に在り、それがそれぞれ家柄によつて定まつてゐるのであれば、非常の改革、行はるべくも無い。第一、幾百年の久しきに亘つて、政治の実際に触れずに来たのであるから、多くは無為無策であり、討幕の決行など思ひもよらぬ所である。然るに天佑といふべきか、神慮といふべきか、その職制を一新すべき機会が、向ふからおとづれた。それは将軍慶喜の大政奉還である。

その頃、薩長両藩の動きに、或は参加するが如く、或は附随するが如くに見えてゐた土佐と安藝とが、遂に薩長とは離れて、大政の奉還を将軍に勧め、慶喜之を納《い》れて、政権返上の事を上奏するに至つた。慶応三年十月十四日の事である。朝廷に於いては、翌日慶喜に参内を命じ、願意を勅許あらせられた。政権の朝廷を去つて幕府に移り、天皇は単に名誉の源泉として仰がれるのみであつて、実力はすべて幕府に存し、上下顛倒し、大義不明なる事は、有志の多年憤激してやまなかつた所である。それが今や、将軍みづから進んで大政を奉還し、朝廷の指揮を仰いで皇国維持の為に貢献したいと願ひ出たのであるから、鎌倉以来数百年に亘る武家専制の時代はここに終りを告げ、新しい時代が黎明を告げるに至つたのである。それ故に、明治政府修史局の編修した『明治史要』（明治九年三月刊行）は、筆を慶応三年丁卯十月十四日、慶喜上表して政権を奉還せんと請ふところより起してゐるのである。それは正に其の通りである。其の通りではあるが、政権の推移といふ重大事、果して其れ程円滑に行はれるものであらうか。慶応三年の十月、慶喜に大政奉還を勧めたものは、土佐の山内と、安藝の浅野とである。土佐も安藝も、薩長と親しく、薩長が討幕を企劃してゐる事を知つてゐた。知つてゐたればこそ、慶喜に勧めて奉還せしめたのである。即ち討幕の挙に先立つて奉還せしめ、以て徳川を救はうとしたのである。その心事を理解せんが為には、薩長藝土四藩の歴史を、慶長の昔にまで溯つて考へる必要がある。

㈠薩長の二藩は、慶長五年の関ヶ原の役には、徳川を敵として戦つたのであり、島津豊久は奮戦して死し、義弘は敵中を突破して帰つたが、その隊殆んど全滅に近かつた。本領の削られなかつたのは、むしろ奇蹟と云つてよい。毛利に至つては、安藝、備中、備後、因幡、伯耆、出雲、隠岐、石見の八箇国を奪はれ、やうやく周防、長門の二州が残されたのみであつた。つまり薩長から見れば、徳川は宿敵であつた。

㈡浅野は関ヶ原の役、徳川に附いて、紀伊三十九万五千石を与へられ、元和五年安藝に移つて四十二万六千石を領するに至つた。山内も徳川に属して戦ひ、功によつて土佐二十万石を与へられた。即ち此の二藩は徳川の恩顧、忘れてはならないのである。

因縁かやうであれば、薩長が徳川を断罪しようとするに傾きやすく、藝土が徳川を救解しようとしやすいのは、いはば当然であらう。かやうに断罪と救解と二つの態度が対立してゐるだけかと云ふに、さうでは無い。徳川の旗本、直参と誇称してゐた面々といひ、会津と桑名の二藩と云ひ、更には御三家の一紀州（五十五万五千石）といひ、是等は大政奉還反対である。朝廷より一切御委託を受けて政務を掌つて来たのは昔からの慣例、何の不都合があらうかと逆襲し、進んで「忘恩の王臣たらんよりは、寧《むし》ろ全義の陪臣たらん」とまで揚言するのである。

朝廷に於いては、慶応三年十月十四日、慶喜の大政奉還の上表を受けて、翌日之を許すと共に、十万石以上の諸侯を召集し、二十一日更に十万石以下の諸侯を召し、会議して今後の政体を協議したいとされたが、諸大名は危惧《きぐ》して出て来ない。今後の見当、誰もつけられないのである。二十四日には、慶喜上表して征夷大将軍を辞した。

十二月九日に至り、薩・土・藝・尾・越五藩の兵を召して宮門を守らしめ、厳重なる警戒のうちに、岩倉具視を復飾参内せしめ、中山忠能、正親町三條實愛、中御門經之の三卿と共に御前に伺候させ、尾州慶勝、越前慶永、島津茂久、山内豊信、及び西郷、大久保、岩下、福岡、後藤等をも召された上、朝廷の旧制を廃し、旧になづみ佐幕に傾ける公卿の朝参を停め、新たに総裁、議定、参与の職を設けられた。武家にして議定に選任せられたものは、尾張慶勝、越前慶永、安藝の浅野、土佐の山内、薩摩の島津の五人であり、藩士にして参与に列したものは、尾州三人、越前三人、安藝三人、土佐三人、薩摩三人。何処をさがしても、旧幕府の面々、一人の顔も見えない。即ち徳川は大政を奉還したが、同時に政治の舞台より追放せられて了つたのである。幕府の中枢に在つた人人にしても、会津・桑名にしても、是れは驚愕であり、失望であり、憤激であつたに違ひ無い。憤激のあまり暴発のおそれがあつたので、慶喜は十二日二条城を出で、衆と共に大坂城に移つた。翌年正月三日、遂に大挙して京都に上らうとするに及び、ここに鳥羽伏見の戦となり、西郷の出番となつた事は、すでに述べた所である。

続の四十一　西郷・大久保両雄の比較

さても此の文、長く続いて今や続の四十一回となつたが、回顧して其の構成の異様なるには、自ら驚くの外は無い。正篇がわづかに三回であつて、続篇が四十一回といふのが、既に異様であるのに、続篇が西郷の運命を追うて安政より明治へ進み、その輝かしき栄光より一転して痛ましき首丘の末路にまで到達しながら、再び安政の昔に戻つて橋本景岳の偉大なる国策に驚歎し心服したる西郷を説き、之を粉砕せる井伊大老鉄血の弾圧より、徳川幕府中枢の本質を明らかにし、之に対応する態度の相違より岩倉及び大久保の人柄を洗ひ出す事によつて、西郷と対立抗争する所以を理解しようとしたのであるが、その叙述迂余曲折を極め、前進後退頗る混雑しました事、申訳もありませぬが、是れはすべて病中の執筆、前途の予想が立てられない為に、どこで打切となつてもよいやうに努めた所から生じたのであります。その不体裁、読者諸賢の海容を乞ふの外はありませぬが、不体裁は不体裁ながら、西郷、岩倉、大久保、それぞれの風格は、ほぼ明らかにし得たやうに思はれるのであります。

そこで最後に論賛を附ける必要があるか、どうかを考へるに至りましたが、いはゆる「直書すれば義おのづからあらはる」で、下手な批評は無くてよく、否、無い方がよいとも考へられます。然し他面から考へれば、明治の初めより今に至つて百年、西郷大久保の抗争については、人々忌み憚るところがあり、伏せて明らかにしないところがあり、頗る曖昧模糊《あいまいもこ》たるを免《まぬが》れませぬ。よつて今は、努めて側近附和の記録伝説を棄て、主として文書、日記、又は詩歌によつて、正確にそれぞれの心の動きや足取りを押へようと努めたのでありますが、寒山に籠居して蔵書も尠い上に、その僅なる蔵書すら之を読み通す力を、私の老眼はすでに失つてゐるのであります。然し何よりも困る事には、肝腎のところに於いて『大久保日記』その他の根本史料が、欠失してゐるのであります。それが故意であるのか、偶然であるのか、それは分りませぬが、兎にも角にも見る事が出来ないのである以上、前後の行動より人物の本質を明確に捉《とら》へ、捉へ得たる影像をして、欠漏を補充せしめる以外には方法が無いのである。即ち、其処に筆者の想像が働き、従つて筆者に責任の存する事は、明らかであります。それ故に今日我等が、遥かなる後生末輩を以て、おほけなくも英傑千古の心胸を開拓しようとするのであるから、推論の根拠を明確にして置く責任がありませう。

先づ西郷に就いて云へば、

（第一）　西郷は大勇大剛の人であつて、いかなる難局に臨んでも、他人の蔭にかくれ、他人の力に頼らうとした事は無く、己の一言一行は、すべて己に於いて全責任を取り、未だ曾て責任を他に転嫁した事は無い。

（第二）　西郷は苦難の時も、栄達の日も、之に処するに平常心を以てし、畏縮する所も無ければ、傲然として他を見下す風も無かつた。それは哲人道士の風格と云つて良い。

（第三） 西郷は対手が強いと見て恐れた事も無いと同時に、対手が弱いと見て侮つた事が無かつた。即ち西郷は、未だ曾て弱い者いぢめをした事がない。月照にしても、鐵舟にしても、荘内藩にしても、いづれも窮鳥の身の上と云つてよい。西郷はその窮鳥に対して礼儀をつくし、あたたかく接して、かりにも軽んずる所が無かつた。

（第四） 西郷は人に対するに、懇切丁重であつて、決してみだりに他を非難したり罵倒したりする事は無かつた。薩長連合の交渉に、木戸からサンザン非難せられても少しも立腹せず、「御尤々々《ごもつとも》」と受けてゐたのは、いかにも大度量の人と云はねばならぬ。

（第五） 西郷は、その大勇大剛の気、自然に現れて、人を威服せしめたが、同時にその親切の心情流露して、初対面の人も「親にめぐりあつたやうに覚えた」事は、慶応二年坂本龍馬に同道して危難に遭ひ、西郷に救はれた長州の三吉愼藏の日記によつて明らかである。

（第六） 西郷は「敬天愛人」の語を愛用し、云はばそれを標語としてゐたやうであるが、そこに世間の俗情慾心を離脱して、遥かに高遠にして崇高なる心境を窺ふ事が出来るであらう。即ち西郷に於いては、高位も栄爵も、名誉の職も権力の座も、少しも固執泥着に価しなかつた。江戸城受取までは自分の責任に於いて断行しながら、その跡の始末は大村益次郎に采配《さいはい》をあづけて指揮を取らせ、自分はその下の一部隊長として働くなどといふ芸当は、西郷ならずして誰に出来たであらうか。

（第七）　西郷は富貴を欲する慾情から奇麗に離れてゐた。維新第一の功臣として、永世禄二千石を賜はつた時にも、少しも之を自分の生活に宛てずして、有為の後輩教育の為に捧げ、参議に任ぜられ陸軍大将を兼ねて、五百円の月給をいただいても、僅か三円の家賃を払つて古い家を借りて住んでゐた。西郷と共に参議であつた後藤象二郎は、薩摩の下屋敷と旗本屋敷二つとを合せて、高輪に四万坪の広大なる邸宅を構へ、その内には梅林あり、竹林あり、松林あり、滝あり、池あり、牛の牧場もあり、邸内の道路は、百人の人夫を使用して、三年間、工夫に工夫をかさねて改善したといふ（大町桂月著『伯爵後藤象二郎』）に、筆頭参議として其の上に在つた西郷は、家賃三円の茅屋に安住してゐたのである。即ち西郷は驕奢を嫌つて簡素に安んじてゐたので、御前様《ごぜんさま》と呼ばれて喜ぶやうな人では無かつたのである。

（第八）　西郷は詩を作つた。詩を作つた人は、明治の功臣に数多くあるが、西郷のは文字を弄び平仄《ひやうそく》を合せた程度のものでは無く、生命が躍動してゐて、人間そのものが詩であるやうに感ぜられる。詩もよいが、書翰も面白い。英傑の磊々落々たる気風が書翰に流露してゐるのは、前には豊臣秀吉、後には西郷、双璧《さうへき》と云つてよい。

次には大久保に就いて考察するに、重要なるは、左の数点である。

（第一）　安政の大獄が始まつて、月照と共に海に投じた西郷が、大島へ流される直前に肥後の長岡監物へ贈つた書状に、薩摩の情勢を報じて、「弊国の義如何にも残念の至に御座候へども、都《すべ》て瓦解仕り、とても人数など差出候儀、相調はず候間、同志の者共申合せ、突出仕る外御座無く決心仕居候」とある。突出は、脱藩して自分一個の責任に於いて奮闘するといふ意味である。それまで中央へ出て国家の大事に奔走した経験の無い大久保が、西郷に代つて努力したいから、引続《つ》ぎをしてほしいと申出て、西郷から懇切に指導して貰つたのは、此の直後の事であつたから、一般に畏縮してゐる中に、脱藩まで敢へてして奔走したい志願のやうに見え、或は事実その通りであつたかも知れないが、その後の大久保の動きを見ると、脱藩は実行せず、藩主の生父である久光に藩の実力が集結するを見定め、此の久光に接近し、之に迎合して進むのが、最良の方策と考へるに至つた。その後数年を経て、天下の情勢大いに変じ、朝廷の威光かがやく一方、久光の人物も期待した程でない事が分るや、まだ蟄居中の岩倉に眼を着け、ひそかに之と提携して画策《くわくさく》するに至つた。即ち前半は島津久光を、後半は岩倉を上にいただいて、その下に在つて働くのが最も有効であるとして、之を実行したのであつて、その点西郷の特立独行と大いに相違する。

（第二）溜間詰の中心であり、累代大老職に補せられた井伊家の信条は、日本の国体と相容れぬものであり、鉄血の手腕を以て政界に乗出して来た井伊直弼は、皇国の正義を弾圧して、その生命を枯渇に瀕せしめた。その危難より皇国を救出したものは、桜田門の烈士である。その烈士の一人有村雄助、年二十六歳、兎も角も落ちのびて、海陸合せて四百十一里、鹿児島へ着いた。然るに頼みとした郷里の態度は、頗る冷たいものであつた。久光は云ふ、「一挙の義、主意を果し候義に付ては、潔き次第にて、御国家に対し不忠と申す訳合には思召されず候へども、容易ならざる国難をかもし、既に幕府の追手も蹈入候時宜《じぎ》、彼れ是れ黙止《もだし》がたく、（中略）不愍《ふびん》ながらも切腹を致し御断り申上げ候様、さ候て着直《すぐ》に自尽の形、いづくまでも相違なく相見え候様これなく候ては相済まず候につき」、介錯《かいしゃく》などさせず、あくまで本人自身の自決として、藩に迷惑のかからぬやうにせよ。同志であつた大久保は、むしろ之を好機会とし兵を率ゐて上京し、御所を守護し奉るがよいとの意見を述べたが、久光の意志を変へる事は出来なかつたので、却つて久光の意向に沿ひ、同志を鎮撫し、有村を自殺せしめた（『大久保日記』『大久保利通傳』）。有村は神妙であり、健気《けなげ》であつた。その受皿《うけざら》となつた鹿児島には、久光にも、大久保にも、有村に対する同情は無く、いはば血も涙も無い処置で、人を感動せしむるに足る言行は一向に無かつた。

（第三）　文久二年四月、島津久光大兵を率ゐて上京するや、勤王の志士勇躍して京都に集まり、一気に皇威の宣揚をはからうとした。薩藩士のうち、最も純忠にして熱烈の士有馬新七等は、久留米の眞木和泉守や、中山家の田中河内介等と共に義挙に参加しようとして、伏見の寺田屋に参会した。久光は之を迷惑なりとし、奈良原、道島等の八士を遣して薩藩士を呼び戻さうとし、若し聞入れない時は上意打として斬捨てるべしと命じた。有馬を始めとして、忠烈有為の士八名、空しく非業の死を遂げた。翌日田中河内介、眞木和泉守に向つて曰く、今大久保に会つて来たが、大久保は、「有馬等は妄動し、その罪殊に重いので之を誅した、諸公は静まられるがよい、又その事情は宮中へも申上げてある」と云つた。河内介は之に対して

「有馬等に何の罪があらう、彼等は忠臣であつて、賊臣では無いのだ」と辯解した。河内介は云ひ終つて泣く。和泉守も亦泣いた（眞木日記）。主力を討たれて志士の計画は崩れ、一同四方に散つた。田中河内介は、行くべき所が無く、薩摩の好意を信じて身を寄せた。薩藩の船は、田中父子を乗せて大坂を出帆したが、播磨灘航行中、之を殺害して海に投じた。父四十八歳、子十七歳。先きには河内介、有馬正義を忠臣なりとして大久保と争つたが、今は禍、我の身の上に降りかかつて来た。一連の処置、命令の基づく所は久光であり、之を奉行したものは大久保であつたらう。正確に知られる事は、大久保が有馬等を妄動の罪重しと非難した事である。

（第四）　大久保の邸宅は、麹町三年町にあつた。それは上中下の三段に分れ、上段は旗本佐野氏の屋敷、中段は二本松十万七百石丹羽左京大夫の中屋敷、之に下段を併せて二千五百坪、大久保は明治二年に之を買収し、八年に至つて大改築に着手し、九年一月ほぼ落成して、その十五日より入居した。二月五日大久保より税所篤に宛てたる書翰にいふ、「最早《もはや》すべて成就にて、当分門廻り塀構馬車路に取懸り居り候。（中略）家作は無類の結構にて、いづれの来客にても驚嘆して帰らざるものなし（驚嘆の二字、日本史籍協会本には落膽に作る、今傳によりて改む）、（中略）回顧すれば後藤副議長（象二郎）等の境遇にさも似寄候かと自笑仕候」その邸宅、高爽の地を占めて、四方の眺めすばらしかつた事は、同年三月二十三日大久保より税所に宛てた書状によつて明らかである。曰く、「西に富岳の半面を顕し、南は房総の海に際し、東は墨水の流に隣り、北を顧れば即今石井土木権頭が梅園銀世界をなし、其香郁々」。その年四月十九日、明治天皇此の邸に臨幸あらせられた事は、重野安繹撰する所の「霞関臨幸記」によつて、人のあまねく知る所である。

一方の西郷は、日本橋小網町に家賃三円の茅屋を借りて住んでゐたが、明治六年そこにも安住し得ずして郷里へ帰り、そして簡素の生活に心安らかなるを得た。「我が家《や》の松籟塵縁《らいぢんえん》を洗ふ、満耳の清風身《み》仙ならんと欲す、謬《あやま》つて京華名利の客となり、斯《こ》の声聞かざることすでに三年」

（第五）西郷は磊々落々、天真流露、ことさらに儀容を整へ、作為して威厳を示さうとする風、一向に無かつた。云はば自然児である。風采を整備しない為に、写真のうつりがわるく、本人もそれが不愉快で、二度と写真は撮るまいと決意した事は、明治五年二月十五日付、大久保宛の書翰に見えてゐる。その時の写真、西郷一生の間ただ一度の写真は、大久保が撮影して贈つたものであるから、大久保は早くから写真を好んだのであらう。巴里に於いて写さしめた大久保の写真は、土産として諸方へ贈つたらしい。

かやうに西郷と大久保、双方を比較して見ると、同郷の生れといひ、年齢も近いとは云ふものの、その風采、性格、志向、全然相違して居て、此の二人が安政から明治五年までの約二十年間、仲よく提携して来たのが、むしろ不思議に思はれる程である。そして其の友情信頼が、明治五年二月まで続いてゐた事は、その十五日、西郷より在米大久保に宛てた書状に、「貴兄御一人は数千万の人民目的にいたし居り候間、全国を引起す可き処、能々《よくよく》御注意下され、御帰朝相待ち居り申候」とあるによつて明確であり、更にその年八月十二日付大久保宛西郷の書翰に至つては、有名なる文句、「私には元帥にて近衛都督拝命仕り、当分破裂弾中に昼寝《ひるね》いたし居申候」が示すやうに、頗る機嫌のよい音信であつて、そこには反目の感情はいささかも認められない。即ち西郷は、大久保の外遊中は、終始好意を持ちつづけて居り、その帰朝を楽しみに待つてゐたに相違ない。他方大久保が西郷を非難した最初のものは、明治六年八月十五日付、村田新八・大山巖宛大久保の書翰である。そして大久保はその翌日八月十六日を以て東京を辞し、富士山に登り、近畿の名勝旧蹟を歴遊する事月余、九月二十一日を以て帰京した。一体彼れは大蔵省の長官であつて、その重任を参議の西郷にあづけて洋行し、足掛け三年帰らないが故に、明治六年一月十九日政府より公信を発し、木戸・大久保の両人「不可欠の要用」あるに付、「至急帰朝致す可き旨、勅旨に候」と達せられた。木戸は此の公信を受けながら、ロシアを見る必要があると云つて更に外遊を続けたが、大久保は切上げて帰朝し、五月二十六日東京へ帰着した。その点、大久保は神妙であると云はねばならぬ。然るに不思議なるは、その後政府に出勤し、政務に励精したる形跡一向に無く、やがて八月十六日東京を去つて遊覧の旅に出て了つた事である。「政府に不可欠の要用あるにより至急帰朝せよ」との「勅旨」にそむいて、帰朝を延ばしてロシアへ行つた木戸にも問題はあるが、折角帰朝しながら政務を見ず、やがて遊覧の旅に出て一箇月あまりも東京へ帰らない大久保に至つては、正気の沙汰とは思はれない。推測する所大久保は、五月二十六日帰京直後西郷をたづね、そして西郷と衝突し、その大衝突の結果、多年の友情は一時に冷却して、不俱戴天《ふぐたいてん》の仇敵となり、互に顔を見るのも否《いや》であれば、話をするのも真平《まつぴら》だといふ、極めて異常の関係に陥つたのであらう。そして其の衝突の原因となつたものは、明治四年十一月、遣外使節の出発に当り、派出者と残留者との間に於いて、約束し記名し調印したる十二条の契約、特に内地残留者を拘束して、新規の改正を認めず（第六条）、長官の欠員を選任せず（第八条）、官員を増員せず（第九条）としたる約定書が、無視せられ、違背せられた点を、厳しく大久保が取上げて、西郷を難詰した所に在つたに違ない。征韓論による衝突とは、普通に云はれる所であるが、六年五月には、その問題はまだ起つてゐない。

さても彼の約定書の規定は、本来無理であつて、幕府と諸藩とを一切廃止して、国政大混乱に陥り、国民の実生活塗炭《とたん》の苦しみに喘《あへ》いでゐる時、政府の要人数十人袖を列ねて海外に出張し、足掛け三年も漫遊を続けながら、留守政府の官吏は、新任も増員も許さず、法規制度の改正も認めないとは、驚くべき圧制であり暴政であり、西郷も是れには困却して、明治四年十一月三日付、桂四郎に宛てた書翰にも、「其内は先づ廃藩の始末を付け候のみにて、外に手を出さざる賦《つもり》に御治定相成申候。それ迄の処、難渋の留守番にて、苦心此事に御座候。御悲察下さるべく候」と云つてゐる。そのやうな無理な状態が、足掛け三年、続けられる筈は無い。やむを得ず、定員も増員も、法規制度の改正もして、人心の安定、治安の維持に努めた。そこへ大久保が帰朝して、之を見た。参議は高位重職であり、大久保（大蔵卿）より上位に在る。そこへいつの間にか、後藤、大木、江藤が入つてゐる。前には兵部省で統括してゐたものが、今は陸軍省と海軍省とに別れてゐる。以前の親兵は廃せられて近衛兵となり、西郷が陸軍大将兼参議だと云ふ。その他、規程の改正、人事の異動、甚だ多い。大久保にして見れば、武功に於いては西郷に譲るものの、文治に於いては己《おのれ》に意見があり、成算があり、その実施を自分の天職と信じ、その参考の為にこそ欧米を視察して来たのに、鬼の留守に洗濯、勝手な真似をされてたまるものかと立腹したのであらう。左様に考へなければ、帰朝後政務を見ず、月余に亘つて遊覧にあけくれたあの奇怪なる行動は、解釈出来ないであらう。大久保の人柄から考へ、その立場に於いては、それも一応の道理はあるであらう。然しそれならば、西郷は一体どうしたらよかつたのだ。足掛け三年、混乱し苦悶してゐる国民を眼の前にして、政治に足踏みを命じ、人事に異動を禁ずる事が出来るかどうか。長い留守の間大した内乱も無く政府の威信の保てたのは、何といつても西郷の力であつて、大久保も岩倉も、それを感謝してよい。然るに西郷が、大久保や岩倉より受けたものは、感謝では無くして、反感であり、憎悪であつた。西郷は鶴首して待受けたる大久保より、憤激非難の声を聞かうとは、夢にも思はなかつたであらう。明治六年五月二十七日頃行はれたる両雄の再会は、即時両雄の運命を決定した。明治十年九月二十四日城山に於ける西郷の痛ましき自決も、その翌年五月十四日紀尾井町に於ける大久保の遭難も、二つながら明治六年五月下旬両雄再会の時を以て決定せられたのであつた。

運命は明治六年五月下旬に決定した。西郷はそれ以後といへども、相手を憎み、それを排除しようと画策し、努力した形跡は一向に無い。そればかりでなく、相手に魂胆《こんたん》があり、謀略があるとして警戒した様子も更に無い。西郷には憎悪も無ければ、恐れも無かつたらしい。その冀ふところは、僅に残る晩年を、皇威宣揚の為に捧げたいとする一念のみであつた。私利私慾の片鱗も留めざる純忠の英傑西郷、斯の人にして天寿を保ち、長く君側に奉仕したならば、明治の光輝は更に大きく、更に美しく、輝きわたつたであらう。西郷と並んで参議に任ぜられ、西郷と共に参議を辞した副島種臣は、西郷を弔つて歌つた。

子供すら　夜泣かずありけり
大君の　醜《しこ》の御楯《みたて》と　汝《な》がなりし時

最後に一言附記すべき重大事がある。それは、西郷の没落が、権臣秘密の謀略に依り、明治天皇の知ろしめさぬ所に於いて行はれたといふ事である。西郷は、己の窮境を、他人《ひと》の力によつて救はれようとした事、一度も無かつた。ましてや、それを雲の上に奏上して、陛下の宸襟を悩まし奉らうなどとは、夢にも思はなかつた。一方岩倉と大久保とは、西郷の上奏を最も恐れて、宮内卿に連絡し、宮中と西郷との間を遮断して、西郷の参入拝謁は、之を許さない様、万全を期して警戒した。西郷は一体どうしたら良いのであるか。絶代の英雄も、流石に心底感慨無きを得なかつたであらう。

「思はじな　思ひし事は　違《たが》ふぞと
思ひ捨てても　思ふはかなさ　吉之助」

西郷自筆の一葉の短冊、千古の心胸の鼓動を伝へてゐる。私は左手に是の短冊を掲げつつ、右手にペンを走らせて、此の原稿を書き終つた時、かすかに英傑嗚咽《をえつ》の声を聞くが如き感じがした。

（昭和五十七年六月十一日擱筆）

あとがき

平泉洸

父が去る昭和五十九年二月十八日に亡くなつてから、早くも二年にならうとして、此処に、雑誌「日本」に連載して居りました〃首丘の人〃が単行本として発刊される事となりました。これこそ父の最後の著書であつたと申せませう。

「橋公御行状記を編述して西郷に送る」旨が記されてゐる安政四年十二月十四日付、西郷吉兵衛に宛てての橋本景岳先生の書状こそは、西郷さんが城山で自刃される迄、革文庫に入れて携帯されたと伝へられるもので、その書状に見える橋公こそ、最後の将軍慶喜公その人であります。公はあの大政奉還に当つて、一意恭順、やがて明治の大御代を迎へる事となるわけで、この意味からも、景岳先生が春嶽公の指示のもと、安政五年にかけて慶喜公を将軍に推挙された事が、いかに正しかつたか、江戸開城に際してとつた西郷の態度の立派さ、その西郷が所謂、征韓論問題以降歩まれた蹉跌の道を思ふ時、重野安繹博士が、「景岳橋本君碑」に、景岳先生が安政の大獄で刑死されなければ、南洲の城山での悲劇は無かつたであらうと記された事等とあはせ、早くから橋本景岳先生に私淑して居りました父にとつては、すべて終世心にかかる事象でありました。

この為に、いつか大西郷の事績、特に明治六年以降の歴史については、調べたいと思つてゐましたのが、やつと晩年になつて時間を得て、昭和五十五年の晩秋から構想をねり、五十六年に筆をとるや、毎日少しづつながら書きつづけて、五十七年初夏に終了、雑誌「日本」に連載すること三年半、凡そ四十四章に達しました。

その頃、父は「前から書きたかつたが、怖ろしい問題で、今迄は不明の点が多かつたが、今回は、西郷さんの書かれたもの、大久保利通の日記、木戸孝允の手紙を見て断案を下し、他のものは一切見ない。それは本当に何とも言へぬもの」。と述懐して居ります如く、大西郷の生涯は正に小説より奇であり、その影響余波はずつと後々迄続いたのでありますが、大西郷の面目は、本書によつて躍如たるものがあらうと思ひます。

最後になりましたが、本書の出版は、編輯に尽力されました、山口、飯田、篠原の皆様、更に事務局の川野様ほかの方々の御世話による処大きかつた事を改めて御礼申し上げます。

昭和六十一年一月十五日

人　名　索　引

【あ　行】

【か 行】

【さ　行】

【た　行】

【な　行】

【は　行】

【ま 行】

【や　行】

著者略歴

平泉　澄（ひらいずみ　きよし）

明治二十八年（一八九五）二月十六日福井県大野郡（現勝山市）平泉寺村で誕生（父恰合・母貞子の長男）。第四高等学校を経て大正七年（一九一八）東京帝国大学文科大学国史学科卒業、同大学院進学。同十年大阪の森下逸子と結婚。同十二年同大学専任講師、同十五年文学博士・助教授。昭和五年（一九三〇）欧州留学。同十年教授、同二十年辞職。同五十九年二月十八日帰幽（満八十九歳）。

著書

「中世に於ける社寺と社会との関係」「我が歴史観」「芭蕉の俤」「武士道の復活」「国史学の骨髄」「山河あり」「名和世家」「解説近世日本国民史」「祖父の足跡」「寒林史筆」「革命と傳統」「山彦」「先哲を仰ぐ」「日本の悲劇と理想」「中世に於ける精神生活」「解説佳人の奇遇」「明治の源流」「楠公―その忠烈と餘香」「少年日本史」＝「物語日本史」「明治の光輝」「悲劇縦走」「平泉博士史論抄」「平泉澄博士神道論抄」「続 平泉澄博士神道論抄」など。

※「平泉澄博士全著作紹介」（勉誠出版）参照

首丘《しゅきゅう》の人《ひと》 大西郷《だいさいごう》【新装版】

平成二十八年十一月　七日　印刷
平成二十八年十一月二十五日　発行
※本書は、昭和六十一年原書房刊の復刻版です。
※定価はカバーなどに表示してあります。

著　者　平泉　澄
発行者　中藤正道
発行所　株式会社錦正社
〒一六二―〇〇四一
東京都新宿区早稲田鶴巻町五四四―六
電　話　〇三（五二六一）二八九一
FAX　〇三（五二六一）二八九二
URL　http://kinseisha.jp/

印刷所　株式会社平河工業社
製本所　株式会社ブロケード
装　幀　吉野史門

ISBN978-4-7646-0129-1